U0590568

A LIBRARY OF
DOCTORAL
DISSERTATIONS
IN SOCIAL SCIENCES IN CHINA

中国
社会科学
博士论文
文库

# 中国古代文体分类研究

马建智　著

导师　曹顺庆

中国社会科学出版社

**图书在版编目（CIP）数据**

中国古代文体分类研究/马建智著 . —北京：中国社会科学出版社，2008.9

（中国社会科学博士论文文库）

ISBN 978-7-5004-7294-0

Ⅰ．中…　Ⅱ．马…　Ⅲ．文体－分类－研究－中国－古代
Ⅳ．H152

中国版本图书馆 CIP 数据核字（2008）第 158940 号

责任编辑　罗　莉
责任校对　李　莉
技术编辑　李　建

出版发行　中国社会科学出版社
社　　址　北京鼓楼西大街甲 158 号　　邮　编　100720
电　　话　010－84029450（邮购）
网　　址　http：//www.csspw.cn
经　　销　新华书店
印　　刷　北京新魏印刷厂　　　　　　装　订　丰华装订厂
版　　次　2008 年 9 月第 1 版　　　　印　次　2008 年 9 月第 1 次印刷
开　　本　880×1230　1/32
印　　张　8.625　　　　　　　　　　插　页　2
字　　数　214 千字
定　　价　23.00 元

# 作者简介

**马建智** 生于 1962 年，甘肃省庆阳市人，2005 年获四川大学文艺学专业博士学位。现任职于西南民族大学文学院，副教授，文艺学专业硕士生导师。专业兴趣领域较广泛，主要从事中国古代文论、文学和比较文学的教学和研究，参与编著论著教材已出版的有 4 部：《世纪断言》（副主编，中华工商联合出版社 1998 年版）、《比较文学学》（四川大学出版社 2005 年版，研究生教材）、《比较文学教程》（高等教育出版社 2006 年版，国家"十一五"规划教材）、《大学语文》（副主编，四川大学出版社 2007 年版）。在《当代文坛》、《社会科学家》、《求索》、《西南民族大学学报》（哲社版）、《理论与改革》等刊物发表学术论文 30 多篇，在报纸上发表新闻评论等作品 100 多篇。

# 内 容 提 要

　　文体分类，就是探讨文学（文章）类型的划分以建立系统和秩序。文体类型划分的差异，根本原因在于人们对文学性质认识不同。文体分类是文学研究中最基本的问题，也是文学理论非常重要的组成部分。

　　迄今为止，研究中国古代文体的成果较丰，但深入系统地研究中国古代文体分类问题的却很少。本书采用了"史"和"论"整合的研究方法，联系历史文化语境，对中国古代文体分类问题从宏观和微观两方面做了较系统的研究：一是力求勾勒出中国古代文体分类的历史轮廓和发展轨迹；二是通过对部分代表性论著的个案研究，挖掘出中国古代文体分类的基本思想和方法，从而对其中的文学观念做出历史的阐释，以揭示中国古代文体分类演进中人们的审美心理和精神状态，强调说明中国古代的文学观念和现代的文学观念的重大差异。

　　本书主要由三大部分组成。第一，中国古代文体分类研究的基本理论；第二，中国古代文体分类理论的整体观照；第三，中国古代文体分类代表著作的研究。

西南民族大学科研经费资助出版

# 总　序

在胡绳同志倡导和主持下，中国社会科学院组成编委会，从全国每年毕业并通过答辩的社会科学博士论文中遴选优秀者纳入《中国社会科学博士论文文库》，由中国社会科学出版社正式出版，这项工作已持续了 12 年。这 12 年所出版的论文，代表了这一时期中国社会科学各学科博士学位论文水平，较好地实现了本文库编辑出版的初衷。

编辑出版博士文库，既是培养社会科学各学科学术带头人的有效举措，又是一种重要的文化积累，很有意义。在到中国社会科学院之前，我就曾饶有兴趣地看过文库中的部分论文，到社科院以后，也一直关注和支持文库的出版。新旧世纪之交，原编委会主任胡绳同志仙逝，社科院希望我主持文库编委会的工作，我同意了。社会科学博士都是青年社会科学研究人员，青年是国家的未来，青年社科学者是我们社会科学的未来，我们有责任支持他们更快地成长。

每一个时代总有属于它们自己的问题，"问题就是时代的声音"（马克思语）。坚持理论联系实际，注意研究带全局性的战略问题，是我们党的优良传统。我希望包括博士在内的青年社会科学工作者继承和发扬这一优良传统，密切关注、深入研究21世纪初中国面临的重大时代问题。离开了时代性，脱离了社会潮流，社会科学研究的价值就要受到影响。我是鼓励青年人成名成家的，这是党的需要，国家的需要，人民的需要。但问题在于，什么是名呢？名，就是他的价值得到了社会的承认。如果没有得到社会、人民的承认，他的价值又表现在哪里呢？所以说，价值就在于对社会重大问题的回答和解决。一旦回答了时代性的重大问题，就必然会对社会产生巨大而深刻的影响，你也因此而实现了你的价值。在这方面年轻的博士有很大的优势：精力旺盛，思维敏捷，勤于学习，勇于创新。但青年学者要多向老一辈学者学习，博士尤其要很好地向导师学习，在导师的指导下，发挥自己的优势，研究重大问题，就有可能出好的成果，实现自己的价值。过去12年入选文库的论文，也说明了这一点。

　　什么是当前时代的重大问题呢？纵观当今世界，无外乎两种社会制度，一种是资本主义制度，一种是社会主义制度。所有的世界观问题、政治问题、理论问题都离不开对这两大制度的基本看法。对于社会主义，马克思主义者和资本主义世界的学者有很多的研究和论述；对于资本主义，马克思主义者和资本主义世界的学者也有过很多的研究和论述。面对这些众说纷纭的思潮和学说，我们应该如何认识？从基本倾向看，资本主义国家的学者、政治家论证的是资本主义的合理性和长期存在的"必然性"；中国的马克思主义者，中国的社会科学工作者，当然要向世界、向社会讲清楚，中国坚持走自己的路一定能实现现代化，中华民族一定能通过社会主义来实现全面的振兴。中国的问题只能由中国人用自己的理论来解决，让外国人来解决中国的问题，是行不通的。也许有的同志会说，马克思主义也是外来的。但是，要知道，马克思主义只是在中国化了以后才解决中国的问题的。如果没有马克思主义的普遍原理与中国革命和建设的实际相结合而形成的毛泽东思想、邓小平理论，马克思主义同样不能解决中国的问题。教条主义是不行的，东教条不行，西教条也不行，什么教条都不行。把学问、理论当教条，本身就是反科学的。

在21世纪，人类所面临的最重大的问题仍然是两大制度问题：这两大制度的前途、命运如何？资本主义会如何变化？社会主义怎么发展？中国特色的社会主义怎么发展？中国学者无论是研究资本主义，还是研究社会主义，最终总是要落脚到解决中国的现实与未来问题。我看中国的未来就是如何保持长期的稳定和发展。只要能长期稳定，就能长期发展；只要能长期发展，中国的社会主义现代化就能实现。

什么是21世纪的重大理论问题呢？我看还是马克思主义的发展问题。我们的理论是为中国的发展服务的，决不是相反。解决中国问题的关键，取决于我们能否更好地坚持和发展马克思主义，特别是发展马克思主义。不能发展马克思主义也就不能坚持马克思主义。一切不发展的、僵化的东西都是坚持不住的，也不可能坚持住。坚持马克思主义，就是要随着实践，随着社会、经济各方面的发展，不断地发展马克思主义。马克思主义没有穷尽真理，也没有包揽一切答案。它所提供给我们的，更多的是认识世界、改造世界的世界观、方法论、价值观，是立场，是方法。我们必须学会运用科学的世界观来认识社会的发展，在实践中不断地丰富和发展马克思主义，只有发展马克思主义才能真正坚持马克思主义。我们年轻的社会科学博士们要以坚持和发展马克思主义为己任，在这方面多出精品力作。我们将优先出版这种成果。

李铁映

2001 年 8 月 8 日于北戴河

# 目　　录

# 序

曹顺庆

马建智的博士论文《中国古代文体分类理论研究》2005 年 11 月就通过了答辩。在此后三年的时间内，他吸收了评审专家、答辩委员和其他先生的宝贵意见，又进行了认真的修改，论文的质量又有了进一步的提高。现中国社会科学出版社决定出版，我作为他的导师感到由衷的高兴。

记得 2000 年的秋天，建智就对我谈了他想报考我的博士生，当时他还在一家报社做兼职，负责一个部门的工作，事务比较繁忙，他担心没有时间好好做准备，我当时鼓励了他几句。后来听说他辞了报社的工作，回去静下心来认真地复习，结果 2002 年顺利地被录取了。进校后的第二年，在选择毕业论文题目的时候，他也颇费周折，后来选择了这个题目，我觉得有意义有价值就同意了，但也感到写这个题目面临很大的困难。一是中国古代文体分类问题所涉及的历史跨度大，问题多。从先秦到清末历经两千多年，有关文体的论著数量庞大，可谓是汗牛充栋，有的是专门的理论著作和论文，有的是各种诗文集，还有的是随感杂谈之类。要在短时间内做一次清理，实非易事。二是学界长期以来对中国古代的文体分类问题重视不够。一些学者认为中国古代文体分类繁琐芜杂，原则不明，缺乏严格的科学归纳方法，因而中国古代文体分类理论被冷落

1

到一边，导致这方面研究的薄弱，可以参考借鉴的资料不多。三是研究中国古代文体分类问题就必然与我们现代的文体分类和西方的文体分类分不开。这就要求研究者要熟练地掌握古今中外的文体研究的方法，才能比较深入地研究这一问题。四是中国古代的论著大多古奥艰深，词义变化多端，不好理解。就是一部《文心雕龙》专谈文体的就有二十多篇，即使理解词句意思也要费一番功夫的，更何况要真正地理解其内涵那还要对整部著作有相当的熟悉程度。马建智在硕士阶段的专业是中国古代文学，有很好的文献功底，在确定了这个论文选题以后，沉潜下去，经过了长时间认真地研究，终于完成了《中国古代文体分类理论研究》这篇博士论文的写作。

文体分类问题在中国文学发展史占有重要的地位。在先秦时期，《诗经》就已经分为风、雅、颂三类，《尚书》中的文体就分为典、谟、训、诰、誓、命六种。魏晋南北朝时期，曹丕《典论·论文》把当时较为流行的文体分为"四科八体"。晋初的陆机《文赋》分出了诗、赋、碑、诔、铭、箴、颂、论、奏、说十体。刘勰的《文心雕龙》用了近一半的篇幅论说文体。近代以来，章炳麟的《国学概论》分文学为有韵文和无韵文两种，在这两种之下又分出若干亚类。郑振铎在他的《研究中国文学的新途径》一文分出了九大类。可见，文体分类从古到今仍然是不可或缺的重要问题，它与文学的创作、文学批评的关系是非常密切的。

这篇论文在专家评审时，得到了童庆炳教授、曾繁仁教授、杨乃乔教授和张思齐教授的肯定。杨乃乔教授说："《中国古代文体分类理论研究》作为文艺学方向下的博士论文，是一部功底扎实、研究体系相对完整的论文。""这部博士论文的选题很好，中国古代文体分类是中国古代文学发展史与中国古代文学批评史上一个重要的问题，对这个问题的体系化与理论化研究，为进一步推动中国古代文学研究能够提供一个更为清晰的学理背景，为讨论中国古代文学的表现形式也可以建构一个更为澄明的理解平台。在以往的关于类似课题的研究成果中，已经有北京大学中文系褚斌杰先生等所作出的贡献，作者能够在这个很好的基础上再往细化与体系化的研究学理层面递进一步，为国内关于中国古代文体学研究锦上添花，从学术的效果上来看，这部博士论文的选题既有以往研究基础的铺垫而表现出选题的毫无争议，并且，也表现出研究价值的深化性。"张思齐教授的评价是："博士论文《中国古代文体分类理论研究》是一部从理论层面较为清晰地论述中国古代文体分类的实际状况和相关学说的著作，我国已经出版的文体学书籍大多以介绍各种文体的特点为主，从理论层面进行研究的文体学著作似不多见，因此，评审人认为该选题具有重要的理论意义和使用价值。"当然，这些专家们也客观地指出了论文的不足，提出了一些修改意见。我这里引用评审专家的评语，在于想说明马建智的博士论文《中国古代文体分类理论研究》得到了诸位教授专家的认可，本身也证明了这篇论文的价值所在，也证明了他成功地实现了学术研究阶段性的目标。

一篇有质量的论文引用的资料不仅要求丰富广博，同时还要求准确精细。马建智的论文在资料搜集方面是下了很大功夫的。如在写第四章有关《文心雕龙》涉及的文体数量时，他没有因袭别人的说法，而是自己动手作详尽的统计，令人信服地提出《文心雕龙》涉及的文体多达三十四类七十八种。他不仅列出文体的大类和亚类，还列出了各种文体在历史发展过程中异名，包括每一个文体在历史流变中的不同的名称，也包括每一个文体中的子文体的名称，总共有一百五十四种。如果除去重复的名称和相互包容的文体名称也有一百三十多种。再如：当下学界一般认为《昭明文选》所涉及的文体为三十九种，他认为如果加上《文选序》中提及而《昭明文选》没有选录,除去名异而实同的文体,《昭明文选》全书涉及的文体是四十七种。

正是因为论文建立在丰富准确的资料基础上,所以作者的创新的独到见解具有很强的说服力。论文中阐明了中国古代文论所称"体"、"文体"的涵义,指出它是一个不同于西方的"文体"或"文类"概念,主要有三层含义:体类、语体、体貌。尤其是对"体貌"的理解很有新意。论文在梳理中国古代文体分类理论发展的历史过程中,总结出两大方法:推源溯流和聚类区分。论文还指明:中国古代文体分类一般是以功用为依据,各种文体平列而不平等,在主要文体内部又分为亚类和亚亚类,是一个比较复杂的等级结构。论文在比较中还提出萧统的《昭明文选》文体分类与刘勰的《文心雕龙》相比,在理论上的成就主要表现在"聚类区分"上,而在"推源溯流"层面上,萧统的《文选序》中对文体分类的论述却鲜有创新。由此来看,《昭明文选》的文体分类体现的是重视"新变"的美文观,其编选的体例只是传统的继承,并不足以说明它有意识地区分了文学与非文学的界限,等等。以上都是很有见地的结论。

马建智的论文在论文结构的安排上也是很合理的。论文主要由三大部分组成。第一部分,也就是论文的第一章:中国古代文体分类研究的基本理论。这一部分是研究的基础。第二部分,中国古代文体分类理论的整体观照。包括第二章和第三章。这是整体研究。论文将中国古代文体分类理论的发展分为四个阶段,总结了中国古代文体分类理论在历史发展中形成的两大方法。第三部分,中国古代文体分类代表论著的研究。包括第四章和第五章。这部分是个案研究,通过对部分有影响的文体论著的深入考察,客观地呈现其文体分类状况。这种论文结构很好地做到了研究中"面"和"点"的结合、"史"和"论"的结合、"广"和"深"的结合。

马建智的博士论文通过后，主要是对第一章有关文体分类理论部分作了较大的修改。我觉得中国古代文体分类是一个很重要的课题，希望他能在这个问题更加深入一步，在广度和深度上拓宽研究的层面，能出更多的成果。是为序。

2008 年 7 月 26 日于四川大学

# 绪　论

## 一

　　文体分类是文学研究中最基本的问题，也是文学理论一个非常重要的组成部分。中国古代原本自有其比较完备发达的文体分类传统，但是，由于"五四"以来的中国历史大河改道，全面地引进学习西方的文化，传统文化遭到了大面积的肢解，古代的文体分类理论自然也在劫难逃，长期在我国得不到应有的重视。

　　中国古人的文体分类意识产生得比较早，在先秦时期，《诗经》就已经分为风、雅、颂三类，《尚书》中的文体分为典、谟、训、诰、誓、命六种。中国古人是非常重视"文体"的，早在先秦的《尚书·毕命》中就说到"辞尚体要"，《墨子》也说："立辞而不明其类，则必困矣。"虽然《尚书》、《墨子》不是就文学而言的，但我们可以看出中国古人很早就意识到"辞"与"体"、"类"关系的重要。刘勰《文心雕龙·附会》说："夫才童学文，宜正体制。"《文心雕龙·知音》说："是以将阅文情，先标六观：一观位体，二观置辞，三观通变，四观奇正，五观事义，六观宫商，斯术既形，则优劣见矣。"这"六观"中的"位体"是最重要的，放在第一位，以下的"置辞"、"通变"各项中，都涉及文体问题。宋代严羽《沧浪诗话·诗辨》论诗法有五，以体制为第一。明代徐师曾在《文体明辨序说》中说：

1

夫文章之体裁，犹宫室之有制度，器皿之有法式也，为堂必敞，为室必奥，为台必四方而高，为楼必狭而修曲……夫固各有当也。苟舍制度法式，而率意为之，其不见笑于识者鲜矣，况文章乎？[①]

我们的古人在文化实践中逐渐发现总结出了适用于不同目的的各种文体，一旦某种文体形成，它就有一定的规范要求。写文章是要讲究体制格式的，文体意识对一个写作者有着非同寻常的意义。作家应该熟悉文体自身的规律，在创作时要遵守各种文体规则，否则，是会被人耻笑的。反过来说，因为非常重视"文体"，写作注重这一系列的规范要求，各种文体被区分得越来越仔细，这样一来中国古代的文体在走向成熟的过程中种类的数量就非常庞大。古代的学者作家为了学习欣赏批评的需要，在批评或编纂文集时自然要对各种文体排出个子丑寅卯的顺序、说出个甲乙丙丁的道理来，因此，中国古代文体分类学就逐渐地发达起来了。

魏晋南北朝时期，文体理论已经逐渐成熟，曹丕《典论·论文》把当时较为流行的文体分为八类，归纳为四科，就是"四科八体之说"，即奏议、书论、铭诔、诗赋。晋初陆机的《文赋》分出了诗、赋、碑、诔、铭、箴、颂、论、奏、说十体。挚虞的《文章流别志论》、李充的《翰林论》都是文体论的重要著作。这两部著作都已亡佚，现存只是一些片段佚文、残文。但从这之中我们仍然可以看出，它们对文体做了很全面的分类。梁代萧统的《昭明文选》是我国现存的第一部按文体类别编辑的著名的文学总集，列出的诗文有三十九类。刘勰的《文心雕龙》更是一部"体大虑周"的文学理论专著，用了近一半的篇幅，二十多篇论

---

① 徐师曾：《文章明辨序说》，人民文学出版社 1962 年版。

说文体，分类层次清晰。唐宋时期，出现了大量的文章总集，如宋人姚铉的诗文总集《唐文粹》，书中分文体二十二大类，某些大类中又细分了许多子目。明清时期，文体的论说继承了前人的传统，产生了一些集大成的文体论著。明人吴讷的《文章辨体》把文体分为五十九类，徐师曾的《文体明辨》有一百二十七类之多，到了明清时期出现了一个引人注意的现象，就是文体论者开始注意文体的归纳，先将文体分门，然后系类。清代储欣的《唐宋十大家类选》分文章为六门三十类。姚鼐的《古文辞类纂》依文体划分为十三类。从以上概略的事实我们可以清楚地看到，中国古人对文体分类研究历来是非常重视的。徐师曾说："盖自秦汉而下，文愈盛；文愈盛，故类愈增；类愈增，故体愈众；体愈众，故辨当严。"① 我国文学历史悠久，各种文学体裁千姿百态，五彩缤纷。从远古的原始神话到明清时期的小说戏曲，文学体裁数以百计。清吴曾祺《涵芬楼古今文钞》分文体二百一十三类，而清张相《古今文综》将文体分为四百多种。这些书籍中对文体的划分不免多有繁琐、标准混乱等缺点，但从另一方面也不难看出，我国历代文体种类的数量的确非常多。

中国古代文体如此丰富多彩，不同时代的批评家们面对众多的作品努力区分出不同的类型，清理这些文类的关系，寻找各种文类的区别与联系，进而试图建立某种模式原则以阐释和规范作品。中国文学批评史的事实可以证明这一点。中国的文体分类理论为文学创作、文学鉴赏提供了有益的帮助，推动了中国文学的繁荣和发展。

与西方文学史稍做对比就会发现，中国古代的文体分类理论呈现出一些自己民族和地域的特色。诗、文是我国古代认定的文学正统，有关的分类理论著作汗牛充栋，而小说、戏剧文

---

① 徐师曾：《文体明辨序说》，人民文学出版社 1962 年版。

体则长期受到鄙薄。小说这个词在中国古代两千年前早已有之，只是和现代所说的"小说"的概念完全不同。"小说"一词最早见于《庄子》杂篇《外物》："饰小说以干县令，其于大达亦远矣。"以"小说"与"大达"对举，是指那些琐屑的言谈、无关政教的小道理。后来，作为一种文学体裁的小说与《庄子》所说的"小说"含义虽不完全相同，但在古代，小说这种文学体裁始终被视为不登大雅之堂的东西。《荀子》中也说："故智者论道而已矣，小家珍说之所愿皆衰矣。"《荀子》的"小家珍说"和《庄子》的"小说"意思基本相同。庄子把"小说"与"大达"相对，荀子将"小说"与"道"相对，把"小家"与"智者"对举。可见，他们看不起小说。文人看不起小说，从战国时期开始，一直到清末，是一种传统的观念。东汉的班固在《汉书·艺文志》中把"小说家"放在"九流"之外，在对小说家的说明中说："小说家者流，盖出于稗官，街谈巷语，道听途说者之所造也。"在秦汉代时期和之前，小说指的是一切不重要的，不庄重、供人消遣的话，虽然以故事为多，但不一定全是故事，非故事也称之为小说。到了魏晋南北朝，虽说出现了志怪小说（如《搜神记》、《神仙传》）和志人小说（如《世说新语》），但还不具备我们现在"小说"的体裁特征，它们和现代的一般记事文差不多。直到唐代的"传奇"产生以后，才成为一种真正的体裁。戏剧的情况是，到了宋代，滑稽戏承续了唐五代的遗风依然兴盛，当时叫杂剧，后来的元杂剧的得名大概由此而来。宋代是词体的成熟期，同时也是歌舞戏的成熟时期，而传统文体研究中却很少涉及戏剧文体，各种文集一般对它们不予收入，直到明清时期才有少量的理论研究。究其原因，是由于等级森严的社会结构所决定的，是传统文化中宗法等级意识的表现。

文体分类的标准是多种多样的。一般来说，中国古人的主要思维方式是即用致体、体用不二。刘明今在《方法论》①中认为：体为事物的本体、本质，用为事物的功能、作用或表现。一般说来，西方对这两方面分得比较清楚，论事物先明本体，然后因体及用；中国则不同，往往不直接对事物作本质的界定，而习惯于从功能表现的角度去认识，因其用而推究其本，这便是一种即用致体、体用不二的思维方法。我国古代对各类文体的认识莫不从其功能出发加以界定。如古代对诗的分类从创作和鉴赏的功能出发，通常采取从语言节奏、韵律的角度分类，分为四言、五言、七言、杂言，古诗、律诗等，也从内容题材上分类，如山水诗、咏史诗、咏怀诗等。而对散文的分类往往根据其实用性的功能特点去分类。如公牍文由于内容、使用的场合、用途不同，分为诏、令、章、表、议、封事、弹文等等。因此"往往标类不厌其细"。

文体分类，无论标准差异多大，一般都是采取综合、归纳的方法，把特点、体制相似的作品归为一类；而就某一类作品而言，还可采取分析的方法做更细的分类。如诗歌又可分为抒情诗、叙事诗或格律诗、自由诗等；小说又可分为长篇、中篇、短篇或现代小说、历史小说、科幻小说等；戏剧又可分为诗剧、歌剧、话剧等，其中歌剧还可分为现代歌剧、传统戏曲等；至于散文，则更是品种繁多。中国古代文体分类同样采用综合、归纳的方法。如《昭明文选》的选录标准是"以文为本"，将经、史、子排除在外，不予收录。书中分文体为三十九种，赋类又按题材内容分十五目，诗分二十三目。又如《文心雕龙》对文体的分类，在二十篇文体论述中，作为篇名标出的文体就有三十三类，《辨骚》虽在总论里，但论述的还是一种文体——楚辞体。在这些大类之下还分出了许多细类，据统计，《文心雕龙》涉及的文

---

① 刘明今：《方法论》，复旦大学出版社 2000 年版。

体有七十八种。它把所有文体按"文"和"笔"划分为两大类来编排，就是刘勰所说的："若乃论文叙笔，则囿别区分。""文"指韵文，"笔"指非韵文。从以上可以看出：中国古代文体分类采取的也是综合、归纳和分析的方法。

诚然，用我们现代的眼光来看，中国古代各个时代文体分类标准存在着很不一致的现象，由于文学观念的差异，甚至还有许多历史的缺陷，但不能以此否认中国古代文体分类理论的价值。

现在我们看到，在一般的教科书中往往把文体看作是与内容相对的形式，文体分类在语文教学中有所谓的文章的四分法：记叙文、说明文、议论文、应用文。而文学也有文学的四分法：小说、诗歌、散文、戏剧。于是一篇作品的体裁类型常常发生混乱。如鲁迅先生的《风波》，这边说是记叙文，那边归为小说。教师讲授时由于分类带来的各体知识的交叉矛盾，使学生无法清楚把握文章的体裁知识，一片茫然。近年的高考作文题的要求多为"文体不限"、"除诗歌外，文体不限"云云，很多学生懵懵沌沌写完作文，甚至说不清自己写的是什么文体，如此等等。可见，当下文体意识非常淡薄。而这种淡薄是源于文体教育的贫乏。文体教育的贫乏正是当代语文教育的重大误区之一。

文体意识的淡薄、文体教育的贫乏的一个重要的原因是由于文体研究的薄弱。有学者指出，文体研究得不到进展，甚至文体划分也没有达成初步的共识，其原因在于"各种文体的消长变化是很明显的，它们在不断的'流动'，相互影响，相互渗透，也相互'融合'，情况较为复杂；长期形成的'观念'、'习惯'，已经构成了实际上存在的各种划分，尽管它们并不完全'理想'，但照顾这种'习惯'也是行不通的；对'文章'范围认识的不一，对'文体学'研究的薄弱，也是很严重、很突出的一个问题"。① 从文学研究的状况看，文体研究的薄弱也影响了中国古代文学研究的进一步深入。正如钱志熙所说："对于古代文学的教学与研究来说，文体问题似乎尤为重要，因为我们对于古代作家所运用的、作为古代文学作品载体的语体与文体，是比较陌生的。所以因为文体而造成的障碍，是客观存在的。正如我们要掌握相当程度的文言文阅读能力才能欣赏古代的作品，我们同样只有对古代文体具有相当程度的了解才能欣赏古代的作品，至于专业性的批评与研究，则对文体方面的要求就更高了。"② 因此，文体是文学研究的一个中心问题。正如王蒙所说："文体是个性的外化……文学观念的变迁表现为文体的变迁。文学创作的探索表现为文体的革新。文学构思的怪异表现为文体的怪诞。文学思路的僵化表现为文体的千篇一律。文学个性的成熟表现为文体的成熟。文体是文学的最为直观的表现。"③ 从某种意义上说，一部文学史也是各种文体兴衰嬗变的历史。文体分类是文体研究的基础，因而一些学者就力倡文体分类研究。郭绍虞先生在1981年就撰文呼吁："现在觉得提倡一些文体分类学，在学术研究上有它的重要性。""昔人学问常受文体分类学指导，所以容易产生早慧的作家。"④

　　国外的一些学者也很重视文体分类问题。20世纪60年代，弗莱曾经强调："文类理论是批评中尚未开发的一个科目。"⑤ 韦勒克、沃伦也认为："文学类型这一题目为研究文学史和文学批

　　① 刘锡庆：《基础写作学》，中央广播电视大学出版社1990年版，第153页。

　　② 钱志熙：《古代文学教研要重视文体学》，《光明日报》2005年3月4日。

　　③ 王蒙：《〈文体学丛书〉序言》，《文体与文体的创造》，云南人民出版社1994年版。

　　④ 郭绍虞：《提倡一点文体分类学》，《复旦大学学报》1981年第1期。

　　⑤ 弗莱：《批评的剖析》，陈慧等译，百花文艺出版社1998年版，第307页。

评及其二者之间的关系提出了重要的问题。"① 乌尔利希·韦斯坦因的《比较文学与文学理论》、诺思罗普·弗莱的《批评的剖析》等著作都高度重视文体分类问题。

西方的文学类型划分的历史也是久远的。亚里士多德在《诗学》中首次提出了系统的文学分类理论，他认为文学是对真实生活的模仿，以此为根据，从模仿的方式上对文学进行了归类：诗人可以采用叙事的方式进行模仿，就是像荷马那样以他人的身份说话，或以自身真实的身份说话，或把人物栩栩如生地展现在我们面前。由此他分出了史诗、抒情诗、戏剧三大类别。自亚里士多德以后两千年的西方，文学从内容到形式都发生了很大的变化。但是西方还是秉承了亚氏的传统，对文学的类型从不同的理论形态和意识形态出发进行研究分类。在经过了后现代主义的解构浪潮后，人们也不再把小说、诗歌和戏剧的分类界限看作是不可逾越的藩篱。但是，不管怎么说，文学类型划分对文学活动和交流是不可缺少的。因为如果没有文学分类，人们在日常阅读、评论、教学和创作中，就无法组织和从事具有意义的文学活动。美国学者赫希在《阐释的有效性》一书中说：除了言语者的遣词造句和言语的具体环境以外，对话语的理解和阐释在很大程度上取决于对话语意义的期待，而这种期待来自阐释者对于所表达的意义种类的认知，也就是所谓的样式认知，这种认知当然来自以往对此类表达的使用和经历的熟悉过程。"样式期待"是读者、批评家和作家在文学活动中共同达成的契约。比如说一首诗歌不能当作小说去欣赏评论，小说也不同于戏剧，因为各种文体有各自的特性。

中国古人有体类相对分明的文体感和文体意识，而为什么我们今天却感到文体意识越来越弱呢？这是很值得人们认真思考

---

① 韦勒克、沃伦：《文学理论》，刘象愚等译，三联书店1984年版，第271页。

的。说到底这主要是由于社会的转型，一切原有的理论都处在解构与建构中。中国现当代所建立起的一套文学理论（尤其是20世纪80年代大体定型的那套文艺理论）不断失去了原有的真理性。面对当下文学出现的一些新的景象，文学理论感到难以适从。就文学分类来说，这个问题也愈加突出，我们过去已经形成的类型理论越来越与现实脱节，未来则向何处去？正如卡西尔所说："思想不仅要寻求新的迄今无人知晓的目标，还要弄清自己正在向何处去，如何为自己确定旅游的方向。它怀着发现新事物的愉快心情和勇气走向世界，期待着天天都有新的发现。"① 从整体的历史发展过程看，传统中总有未来发展趋向的根据，只有对传统的批判吸收扬弃，才能发展进步。文体研究也是如此，怎么样才能很好地处理"古"与"今"的问题。我们现代所形成的一套文学类型理论实际上是更多沿用了西方传来的文体分类标准，逐渐忘记了本土的文化传统，忽视了中国古代的文体分类理论。现代文体分类缺乏古人兼容并包的胸襟，只重视所谓的文学体裁而忽略文章体制，以至于我们常常有一种大人穿小孩衣服的局促不安。对此我们还可以从以下两方面做进一步的认识。

其一，对中国古代文体分类理论的认识有偏差。在现当代西方文化处于强势地位的状态下，一些国内外的学者囿于种种成见，对中国古代的文体分类尚存认识上的偏见。美国著名学者维斯坦因就曾说过："直到最近（1973）远东国家尚未根据类属对文学现象进行系统的分类，虽然长期以来文类学理论一直是印度美学的一个基本部分。"② 维斯坦因认为包括中国在内的远东地区没有系统的文体分类研究，这种看法并不仅仅只是个别学者的

---

① ［德］E. 卡西勒：《启蒙哲学》，顾伟铭等译，山东人民出版社1988年版，第2—3页。

② 维斯坦因：《比较文学与文学理论》，刘象愚译，辽宁人民出版社1987年版，第104页。

看法。我们从国外的文学研究中几乎看不到有中国古代文体分类理论的介绍就可想而知。国内的一些学者由于受到现代形成的文体分类理论的影响（我国现代文学理论是在西方文学理论的直接浸染中建立的），也对中国古代的文学分类理论评价不高。如陈望道先生在《作文法讲义》（1922）中说："以前流传的文章分类，至少有阶级的（如分奏议与诏令为两类）与凌杂的（如序跋依据文章排印所分，奏议与诏令又依据作者与读者的关系分）两个缺点，今后绝难存在，也且和今后作文方法绝无关系。"① 这些学者认为中国古代文体分类繁琐芜杂，原则不明，进而分析其原因是当时研究者缺乏严格的科学归纳方法，因而中国古代文体分类理论被冷落到一边，导致这方面的研究越来越薄弱。

其二，国内文学研究长期沿用脱胎于西方的文体分类方法。国内现在通行的文学类型划分是"四分法"，分诗歌、小说、戏剧和散文四类。这种划分是有一定的历史文化背景的。"五四"运动前后，随着文学革命运动的兴起，受西方文学的影响，新诗歌（自由体诗）、新小说（现代白话小说）、新戏剧（现代话剧）得到迅速的发展，中国传统的文体分类法已不再能说明这些新出现的文学样式在表情达意等方面的不同方式和特点。于是，逐渐吸收了西方的三分法再加上散文的现代分类法产生了。这种分类一经形成就取得了统治地位，尤其是新中国成立以来最流行的文艺学教科书基本上以此为框架。如以群主编的《文学的基本原理》（1980）、十四院校编写的《文学理论基础》（1981），童庆炳主编的《文学理论教程》只是增加了"报告文学"类，等等。

"四分法"是有其历史的合理性的，它立足中国现代文学的实际，借鉴了中国传统分类法和外来分类法两种资源去创新发

---

① 张寿康主编：《文章学概论》，山东教育出版社1983年版，第63—64页。

展，它较好地解决了中国现代文学实践的文学类型问题。"五四"文学革命时期的一些先驱者，对新的文学分类提出了不少新的见解，为"四分法"奠定了基础。胡适的《文学改良刍议》从提倡白话文学的立场出发，以明清时期的白话小说为文学正宗。钱玄同响应其说，认为戏曲、小说"为近代文学之佳者"。刘半农《我的文学改良观》把诗歌、戏曲归入韵文一类，把小说、杂文归入散文一类，沿用了中国传统的韵文和散文两分法，但他十分重视小说和戏剧在文学中的地位。他提出，应当"提高戏曲对于文学上之位置"，预言"白话之剧"（现代话剧）必将出现"昌明"的前景；并断言小说是"文学之大主脑"。实际上已把诗歌、戏剧文学、小说、杂文（狭义的散文）看作是四种相对独立的文学体裁。他的这种文学分类主张，在当时得到了陈独秀的赞同。"五四"以后，诗歌、小说、散文、戏曲（包括一切戏剧文学）成为文学创作中的主要体裁，并成为人们所习惯的文学分类。20世纪30年代编集的《中国新文学大系》，即采取了诗歌、小说、散文、戏剧的"四分法"。自此以后，"四分法"便成为中国现代文学刊物和文学理论、文学史著作中普遍采用的文学分类法。"五四"以来流行的现代文学分类法主要是西方的"三分法"和这种"四分法"，而尤以后者为人们习用。

任何理论都有自己适用的时空场合，没有一个永恒不变的放之四海而皆准的理论。文体分类理论也是如此，相对于在文学创作和作品中层出不穷的新文类来说，已有的文类理论总是过去式，总是存在滞后性。在当代社会里，我们已经习惯成自然的"四分法"同样面临着一种尴尬的局面：一是许多非传统意义上的文学品种大量出现，用"四分法"无法阐释。在现代社会，随着科学技术的飞速发展和人类生活节奏的加快，人们休闲消费观念和生活方式不断增强，现实生活瞬息万变，于是，就产生了像电影文学、电视文学、网络文学这样一些新的文学品种，甚至还出现了摄影文学、短信文学，等等。近年来，在西方的文学（包括大学课程和学位计划设置）和出版界推崇小说、诗歌、戏剧之外的所谓的第四文学样式：创作性非虚构作品（Greative Non-fiction，Literary Nonfiction），包括传记、自传、回忆录、人物特写、散文、随笔、游记、自然风光等，其特点是采用小说和诗歌的一些写作手法（如对话、人物刻画、场景渲染、心理描写、象征性语言等）来讲述真人真事、真情实感。其"文学性"（lit-eraariness）与一般的应用文、新闻报道以及学术性文章和书籍的"干巴枯燥"相区别，其"真实性"（truthfulness）又是小说、诗歌和戏剧的"假造虚构"（make-believe）所不能比拟的。可以说创作性非虚构作品是一个混合文学样式（hybrid genre），"真实性"为本，"文学性"为辅。在相当的一段时间以来，美国的出版、图书市场上这类创作性非虚构作品比小说等传统影响力很大的作品更加抢手，人们对政治风云人物、影星、球星以及绑架案件、小女孩一夜成名的真人真事的兴趣更加浓厚。① 二是用"四分法"给中国古代文学分类，我们感到常常有"削足适履"之感。如赋这种文体是诗还是散文？我们实在不好把它归为哪一类。如果勉强用脱胎于西方的文体分类方法——"四分法"去切割古代文学体裁，不免常常显得有些牵强，"牛头不对马嘴"。再如古代许多书信奏议虽为一般的应用文，其中也不乏优美的文学篇章，若按现代的文学体裁标准衡量，恐怕要被拒之文学的大门之外，或者勉强的把它们放在"散文"的大类中，而用散文的那套"形散而神不散"理论去阐释，常常显得力不从心。如此种种，不一而举。

在新的历史时期，我们创建具有现实阐释力和涵盖力的文体

---

① 参阅祁寿华、林建忠主编《文学》，中国人民大学出版社 2007 年版，第20—21 页。

分类学显得尤为迫切。当代文学丰富多彩，新时期文学呈现出新的状况，我们要批判地吸收西方的、中国现代的、中国古代的多种文类理论资源，去创建中国新的文体分类理论。从这个意义上讲，全面认识借鉴中国古代文体分类理论是非常重要的。如果能对中国古代文体分类理论做全面而深刻的研究，我相信，这对创建新的中国文体分类理论有重大的意义，对深入研究中国古代文学将大有裨益。当然，现在要建立一种普适性的文体分类学也是不切合实际的，正如米哈伊·格洛文斯基所言："人们很快明白，号称放之四海而皆准的文类学显然是不可能。即使勉为其难人为地建立一种雄心勃勃的文类学，其结果必然空泛、概念化，难以具体谈论体裁、体裁的特性及其运作机制。"①

二

我国从 20 世纪 80 年代起，古代文体学研究成为文学研究的新视角之一，逐渐由冷变热。近年来学界对古代文体学研究更加重视，2002 年，北京大学、中国人民大学先后召开了中国古代文体问题的学术研讨会，北京大学、中山大学还成立了中国古代文体研究中心。2004 年湖南大学又召开了中国古代文体研讨会。2006 年中国文体学研究会首届国际学术会议暨第五届全国文体学研讨会在清华大学召开。这种热潮的兴起既有当代文化背景的催生，也有历史的渊源。

从当代文化背景来看，是 20 世纪 80 年代末年轻一代先锋作家的文体实验，引发了批评家对文体的关注和研究，加之西方文体学研究著作的大量译介，对我国学者产生了很大的影响，于是

---

① ［加］马克·昂热诺、［法］让·贝西埃、［荷］杜沃·佛克马、［加］伊娃·库什纳主编：《问题与观点——20 世纪文艺理论综述》，史忠义、田庆生译，百花文艺出版社 2000 年版，第 98 页。

一些学者把目光转向了中国古代文体理论。近十多年来，出现了一批很有质量的古代文体研究专著和论文。

从历史的传统看，自20世纪以来，我们受西方文体理论的影响，文体学的研究虽与修辞学结合在一起，但并未完全中断，这给古代文体的研究积累了一定的理论资源。这段历史可以分为20世纪上半叶和下半叶，实际上也可称为新中国成立前和新中国成立后两个时期。20世纪上半叶的代表人物为龙伯纯和陈望道。龙伯纯的《文字发凡》1905年发表，作者将文体分为主观和客观两大类。陈望道的《修辞学发凡》有关文体的讨论集中在第11篇"文体或辞体"，作者作了八种分类。20世纪下半叶又可分为出现于50年代末和80年代中的两个高潮。第一次高潮是50年代末和"文化大革命"前。翻译出版了前苏联学者的《语言风格学和风格学论文选译》（1959）和叶菲莫夫的《论文学作品的语言》（1960），同时出版了周迟明的《汉语修辞》（1960）、张弓的《汉语修辞学》（1962）、高名凯的《论言语：言语风格和语言方言》（1963）等著作。第二个高潮是在80年代出版的各种《现代汉语》教材中列入有关文体的专门章节和各种专著的出版。如程祥徽的《语言风格初探》（1985）、徐召勋的《文体分类浅谈》（1986）、黎运汉的《现代汉语语体修辞学》（1989）和《汉语风格探索》（1990）、王焕运的《汉语风格学简论》（1993）、李润新的《文学语言概论》（1994）。到了90年代以后，文体学正在走上独立发展的道路，以童庆炳、陶东风等学者出版"文体学丛书"为代表，① 出现了一批很有质量的研究专著和论文。

（一）中国古代文体的研究情况

从现在的研究状况来说，有关中国古代文体研究的成果还是

---

① 参阅胡壮麟《理论文体学》，外语教学与研究出版社2000年版，第157—164页。

比较丰硕的，体现在两方面：一是出版了一定数量的专门的古代文体研究论著；一是在一些文学批评史专著中专设了文体研究的章节。

1. 专门的古代文体研究论著

近年来专门的古代文体研究论著出现了一些可喜的进展。突出的如1984年出版的褚斌杰先生的《中国古代文体概论》（1990年又出版了增订本）①。该书主要研究了原始型的二言诗和四言诗、楚辞、赋、乐府诗、古体诗、骈体文、近体律诗、词、曲，还有一些古代文章的种类，这是一部比较全面的研究古代文体的论著。1994年以来，由童庆炳、陶东风等学者出版了"文体学丛书"。这套丛书包括：童庆炳先生的《文体与文体的创造》②（1994）主要从理论上分别回顾了中西方文体论的历史，探讨了文体系统的结构，文体的功能和文体的创造。陶东风的《文体演变及其文化意味》③（1994）主要从文化的角度对文体作了考察。还有尹恭弘的《骈文》（中国古代文体丛书）（1994）、叶君远的《诗》（中国古代文体丛书）（1994）、王景琳、徐匋的《词》（中国古代文体丛书）（1994）、谢楚发的《散文》（中国古代文体丛书）（1994）、幺书仪的《戏曲》（中国古代文体丛书）（1994）、袁济喜的《赋》（中国古代文体丛书）（1994），④等等。

另外，吴承学著的《中国古代文体形态研究》⑤（2000）重点研究了一部分文体，如先秦的盟誓、谣谶与诗谶、策问与对

---

① 褚斌杰：《中国古代文体概论》，北京大学出版社1984年版，1990年增订版。

② 童庆炳：《文体与文体的创造》，云南人民出版社1994年版。

③ 陶东风：《文体演变及其文化意味》，云南人民出版社1994年版。

④ 以上几书均为云南人民出版社1994年版。

⑤ 吴承学：《中国古代文体形态研究》，中山大学出版社2000年版，2002年增订版。

15

策、诗题与诗序、留别与赠别、题壁诗、唐代判文、集句、宋代檃括词、明代八股文、晚明小品等，并考察了文体流变的一些特征。

2. 文学批评史专著中文体研究的章节

罗根泽《中国文学批评史》中的《魏晋南北朝文学批评史》里第三章专设"文体类"，较为详尽地介绍了八位作者有关文体方面的思想，并在其他章节中也提到文体问题，如在"论文专家之刘勰"中也重点介绍了刘勰的文体论。除此而外，在其他一些有影响的中国文学批评史著作中，作者在评述作家或介绍文学思潮时都或多或少地涉及古代的文体问题。

（二）对中国文体分类的研究

从所收集的资料看，对中国文体分类理论研究的专门论著较少，主要有吴调公的《文学分类的基本知识》（1959）（1982年修订），主要研究了四种文学作品的分类并简要地讨论了文学分类的一些基本问题；徐召勋的《文体分类浅谈》（1986），在"中国古代的文体分类思想"一章中谈了曹丕、刘勰、萧统、姚鼐和曾国藩的文体分类思想；谢灼华的《中国文学目录学》（1986），也涉及一些古代文体分类的知识，但这本书主要是一部目录学的著作。

总的来说，对中国古代文体的研究成果较多，但专门对中国古代文体分类研究的成果比较少，而把中国古代文体分类理论放在历史文化的语境中系统地加以考察的则更少。

三

本书研究的方法：

1. 历史和逻辑兼顾的方法

从历史的角度看，中国古代文体分类是一个历史的过程，从发生学的意义上讲，它是一定时代的历史条件下的产物。不同的时代、不同的作者对文体类型的划分归类是有差别的，因此，研究中不能用我们现代人的意识简单切割古人的文本，而应该尽可能地仔细体认古代文本，挖掘出古人的文体分类思想，力求接近于历史的"本真"。如本书"中国古代文体分类代表论著的研究"部分就用历史的眼光去研究，揭示出其历史价值。在具体方法上讲究实证，落实细节，避免空泛之谈。这里"本真"之所以加了引号，其原因在于说明完全做到历史本真实际上是不可能的。因为西方的接受理论已经明白告诉我们：任何文学研究都不可能完全复现历史，只能是客观的历史事实、主观的历史认识与历史理解以及表述历史的话语和文本的组合体。强调尽量地反映历史的"本真"在于说明，我们研究中国古代文体分类不能简单地用"四分法"或"三分法"去看待中国古人的做法，也不能用现在"文学"和"非文学"的标准去评估中国古代文体分类依据的是是非非。一部有影响的文体论著流传很广很久，对后世影响很大，本身表明它的思想在历史上具有连续性、继承性。从大的方面看，历代有影响的文体论著是中国文体分类思想整体风貌的记录。从研究的角度看，选择部分有影响的文体论著做深入考察，也便于我们把问题研究得较为深入一些。古代一部有影响的文体论著的文体分类固然反映了作者个人的文体意识，但更重要的是，它是作者那个时代文体分类思想的反映和总结，是作者那个时代人类审美心理和精神状态的折射。我们研究它可以达到窥一斑而知全豹的效果。因为它与一些个别作者文体论述的"只言片语"相比更有普遍意义。同时还要用逻辑抽象演绎或经验归纳进行研究。任何理论体系的构建都是一个预设。古代的文体分类它本身就是一个逻辑模型，思维过程主要体现在一些论著中，或是表现在具体文体分类的操作中，这就需要我们运用逻辑思维的方法，通过分析归纳，将其普遍性抽象出来。如本书"中国古代文体分类意识的整体观照"这一部分就更多地用逻辑抽象的方法进行分析归纳。

## 2. 文学文化学研究的方法

文化研究是当前很有影响力的一种研究方法。从文化的视角进行文学研究，跳出了"纯文学"研究的狭小的圈子，有助于我们完整地认识文学的结构、性质和功能。研究中国古代文体分类虽然更多涉及的是文本、语言和美感，以及文学观念诸问题，但这一切都离不开具体的历史文化语境。一定时期的文学理论与它的历史文化语境是一种双向互动的关系，历史文化语境影响着文学理论，文学理论折射出历史文化语境。因此，本书不是孤立地研究文体分类问题，而是尽可能地把它放置在一个文化背景中去透视。

## 3. 比较文学的研究方法

比较文学的一主要研究方法是平行研究，即研究不同国家的作家与作品之风格、结构、情调、主题思想、艺术表现手法之相似点和相异点。就其比较方式而言，平行研究有"类比"和"对比"之分，类比旨在证同，对比旨在辨异。中国古代文学和西方文学在历史上尤其是上古时期就是两个很少相互影响的体系，文论体系更是如此。但是，在当今这个经济文化交流日益密切的世界，研究中国的文学，不能不参照西方的一些理论。因此，本书在一些章节将述评西方的文体理论，并把中国的文体分类理论与西方的有关理论进行比较，在比较中彰显中国文体分类理论的独特之处。总之，构建中国新文类学也许是一个很长的过程，也是一个不断解构与建构的过程，需要内部和外部的反复整合，需要传统与现实的不断整合。在当今世界被文化霸权主义主宰的历史语境中，我们与西方文论对话，更需要融合各种有价值的理论资源。

# 第　一　章

# 文体分类的基本理论

　　研究实际问题离不开理论的指导，无"知"就谈不上"用"了，"知"和"用"是对立统一的。在考察中国古代文体分类之前，我们首先会遇到一些基本问题，如现代文体、文类的概念，西方文体学的来龙去脉，我国文体学的发展状况，西方文类学的历史，我国的文类学研究的现状，中国古代文论所称"体"、"文体"的涵义，文类划分的功用，文类划分的标准等等。这些问题与中国古代文体分类研究有着密切的关系，对此作一梳理分析，可为后面的进一步研究提供一个理论参照的平台。目前这方面的研究，从纵向上看，大体上可分为两条路径：一是文类学，一是文体学。当然这两条路径也不是"大路朝天，各走一边"，而常常是自觉不自觉地相互交错在一起，难以泾渭分明地加以区分，但是为了研究的需要，我们还是分而述之。

## 第一节　文类与文体

　　西方在文体研究中常用到两个词："文类"和"文体"。英文的"文类"来源于法语词 genre（文类）。戴望舒翻译梵第根的《比较文学论》时，译 genre 为"文体"，译 style 为"作风"。今天的学者多以"文类"译 genre，取代了"文体"的旧称，以"文体"译 style。刘象愚翻译乌尔利希·韦斯坦因的《比较文学与文学理论》时，译 genre 为"体裁"，翻译韦勒克、沃伦的《文学理论》时，译 Literary 为"文学的类型"，译 Style and Stylistics 为"文体和文体学"。

"文类"是西方文学理论中最为古老的范畴之一，一般是指文学的各种类型。文学类型是文学理论、文学批评和文学史中经常要用到的一个术语。但这一术语与其他许多基本术语一样，也是众说纷纭、充满歧义。在英语国家中，常用 kind（类别）、sort（种类）、class（种类、等级），甚至 style（风格）、type（类型）、form（形式）等来解释法语词 genre（文类）。这种语义的模糊性加上实践的历史变化性，使得"文类"一词至今尚无普遍被接受的定义。① 正如 R. 福勒（Roger Fowler）编《现代批评术语辞典》所指出的："在英语批评词汇中，此词（指 genre，引注）尚无普遍被接受的对应词，'类别'（kind）、'类型'（type）、'形式'（form）都与文类（genre）混杂地使用。这一事实指示了贯穿文类理论始终的某种混乱。"②

西文中的"文体"（style）的意思也是极为含混的。在西方，文体也是一个古老的概念。"文体"（style）的词源，据 19 世纪德国语言学家、文艺理论家威廉·威克纳格（1806—1869）的考证，源于希腊文，由希腊文而传入拉丁文，最后再由拉丁文传至德文、英文等。希腊文的文义表示一个长度大于厚度的不变的直线体，后来表示为一柄作为写和画用的金属雕刻刀。拉丁文用此字主要是取其最后的意义"雕刻刀"。"文体"一词首先是表示我们用"手"的意思，可引申为"技巧"、

---

① 参阅陶东风《文体演变及其文化意味》，云南人民出版社 1994 年版，第 42 页。

② R. 福勒：《现代批评术语辞典》genre 条。

20

"手法"、"笔迹"等意义，那么，文体一词就是表示组织文字的一种特定方法。其次，更为重要的是这个词比喻地表示着以文字装饰思想的一种特定方式；这种用法最早见于特伦斯·西塞罗及其他人的著作。（上述所引威克纳格的考证见于王元化先生所翻译的《文学风格论》一书《诗学·修辞学·风格论》一文。）①

在西方，对"文体"（style）这一概念的解释也是众说纷纭。芬兰当代著名文体学家安克威思特在《关于文体的定义：语言学和文体》中列举了"文体"的七种定义：（1）以最有效的方式讲恰当的事情；（2）环绕已存在的思想或情感的内核的外壳；（3）在不同表达方式中的选择；（4）个人特点的综合；（5）对常规的变异；（6）集合特点的综合；（7）超出句子以外的语言单位之间的关系。②

英国杰弗瑞·里奇和米歇尔·肖特在其合著的《小说文体》中也列举了七种关于"文体"的观点：一是语言使用的方式；二是对语言所有表达方式的选择；三是以语言使用领域为准绳；四是文体学以文学语言为研究对象；五是文学文体学的特征在于解释文体与文学功能或审美功能之间的关系；六是文体是透明而朦胧的，可解释和言说不尽的；七是文体的选择限定在语言选择各个方面之中，表现同一主题时采取的不同手法。③

从以上两种说法我们可以窥见西方所理解的"文体"（style）的大致含义。芬兰当代著名文体学家安克威思特对文体的解释非常庞杂模糊，英国杰弗瑞·里奇和米歇尔·肖特主要从语言的层面来解释，这正反映出西方文体研究重视语言的特点。

---

① 参阅童庆炳《文体与文体的创造》，云南人民出版社 1994 年版，第 52—53 页。

② 同上书，第 59—60 页。

③ 同上书，第 60—61 页。

实际上，西方学者理解的文体更多的是把它放在语言学的范畴去研究，文体学常常就成为语言学的一个分支。

但是，仅仅从语言学的角度界定"文体"的含义是不够准确的，西方有学者已经指出了这一点。如美国韦勒克、沃伦所著的《文学理论》一书就指出："有人试图把文体学仅仅看做语言学的一个分支，但是，文体学不论算不算一门独立的学科，都有自己明确的问题要讨论。其中的一部分问题看来属于所有（或实际上所有）人类的口语的范畴。从这一广义出发，文体学研究一切能够获得某种特别表达力的语言手段，因此，比文学甚至修辞学的研究范围更广大。所有能够使语言获得强调和清晰的手段均可置于文体学的研究范畴内：一切语言中，甚至最原始的语言中充满的隐喻；一切修辞手段；一切句法结构模式。"[①] 这就是说，语言学的探讨范围涵盖不了文体学的研究内容，就语言现象而言，文体所涉及的方面也已超出了语言学的范畴。它是一门"有自己明确问题要讨论"的独立学科。文体是一种特殊的言语体系，是"言语之法"，它不同于语言体系的"语言之法"。它们二者有相似之处，在交际中都有一定的规范，都有完整的系统性。但差别也是很明显的，"语言之法"囊括一定语言中所有正确的陈述方式，而文体却不能涵盖所有具体的文本，它有很强的类属意识，包含了很多子系统，有更丰富的内容。

俄罗斯学者瓦·叶·哈利泽夫在《文学学导论》一书的第五章"文学类别和文学体裁"中做了比较清晰的区分。他认为文学类别就是指语言艺术作品通常被归并为三大类：叙事类、戏剧类、抒情类。"尽管作家们（尤其是在 20 世纪）所创作出来的并非全都能纳入这三大类之中，但三分法至今仍葆有其在文学学中

---

① 韦勒克、沃伦：《文学理论》，刘象愚等译，三联书店 1984 年版，第 191 页。

22

的重要性和权威性。"① 而文学体裁是在文学类别框架内划分出来的作品类群。诸体裁中的每一种都具有特定的、由稳定的特性所合成的特征结。体裁与文学类别不同，是难以系统化和分类的，其原因一是体裁的数量太多，二是体裁有各自不同的历史范围，有些是跨历史的，有些是一定历史阶段的产物，具有历史的局部性。哈利泽夫的这种区分不同于西方文学研究的一般看法。他把文类和文体看成一个类属关系，文类涵盖了文体。在他看来文体也不仅仅是一个语言问题。

一般说来，西方在文学研究中的"文类"和"文体"从逻辑层面上看似乎是很清晰的。genre（文类）指文学的种类或类型，style（文体）指文学文体风格。但是在实践操作层面上两者常常混用。徐复观是这样解释这种情况的。他说："西方之所以不易把 genre 与 style 分别清楚，乃在于西方的文学领域是纯文艺性的，很少含有人生实用上的目的，因之，其种类的区分，多是根据由语言文字所构成的形式之异；而由文字语言所构成的形式，在中国称为体裁或体制，如后所说，也是 style 的一个基石，于是使他们感到，文章之类亦即是文章之体。"② 徐复观的说法还是有道理的。这就是说西方的文体是纯文艺性的，体与类基本是一致的，因而在实践中不需要加以区分。

## 第二节　西方文体学的发展与我国现代以来的文体学

西方文体学源于古希腊、古罗马的修辞学。它是一门古老的

① ［俄］瓦·叶·哈利泽夫：《文学学导论》，周启朝等译，北京大学出版社2006年版，第360页。

② 徐复观：《中国文学精神》，上海书店出版社2004年版，第118—188页。

学科，也是一门年轻的学科。早在公元100年，德米特里厄斯（Demetrius）的《论文体》就是专门探讨文体问题的论著。

19世纪末20世纪初，语言学在欧洲迅猛发展起来。在这个浪潮的影响下，西方一些语言学家力图把传统的修辞（文体）手段与语言学基础结合起来；一些文学批评家也力图把传统的修辞（文体）手段与文学批评和实践批评结合起来。西方现代文体学的开创人当推著名瑞士语言学家索绪尔的学生巴利（C. Bally，1865—1947）。他借用索绪尔的结构主义语言学反思传统文体学，力图将文体学作为语言学的一个分支建立起来，使文体分析更为科学化和系统化。巴利研究的对象是口语体，他认为一个人说话时，除客观表达思想外，还常带有各种感情色彩，文体学的任务就是探讨表达感情的种种手段以及它们相互间的关系，并由此入手，分析整个表达方式系统。他于1909年发表了《法语语体学》（或称《法国文体学》），被西方认为是现代文体学开端的标志。巴利把文学文体排除在文体学之外，他认为文体学应研究自发的表达方式，不包括文学文体，因为文学家的词语都是经过反复认真推敲掺有美学意图的。

稍晚于巴利的德国文体学家斯皮泽（L. Spitzer，1887—1960）被普遍尊为（文学）文体学之父。斯皮泽的研究对象是文学作品，他认为文学作品的价值主要体现在语言上，因此详细分析具体语言细节所产生的效果，从而有别于传统印象直觉式批评。此外，他曾提出一种名为"语文圈"（philologicalcircle）的阐释模式：即先找出作品中偏离常规的语言特征，然后对其作者作出心理根源上的解释，之后再回到作品细节中，通过考察相关因素予以证实或修正。斯皮泽认为寻找语言特征的过程不是独立的或盲目的，它受制于批评家以往的阐释经验，是一种有目的、有条件的选择过程。斯皮泽受德国学术思潮的影响，旨在通过一位作者的独特语言探讨他的心灵，由此考察民族文化、思想嬗变的历史。对他而言，更重要的是作者之间的区别而非文本之间的区别。

20世纪50年代末以前，文体学的研究主要是在欧洲大陆展开，没有太大的影响，而在英美盛行的是新批评。后来在英美，随着新批评的逐渐衰落，越来越多的学者意识到语言学理论对于文学研究的重要性，便开始了对文学文体学的研究。1958年在美国印第安纳大学召开的文体学研讨会，是文体学发展史上的一个里程碑，标志着当代文体学的诞生。就英美来说，它标志着文体学研究的全面展开并进入兴盛时期。此后的四十多年，由于在研究对象、所采用的语言学模式或研究目的等方面的差异，文体学形成众多的流派，下面分阶段作一简要介绍。①

60年代至70年代：现代文体学的兴盛期。现代文体学的兴盛，表现在流派纷呈，出现了如形式文体学，功能文体学，话语文体学，社会历史/文化文体学，文学文体学，语言学文体学等众多派别。在这个时期，文学文体学达到鼎盛时期，很多语言学家和文学批评家转向文学文体学。在60年代末以前，无论是"文学文体学"还是"语言学文体学"，采用的语言学理论主要是形式语言学理论，故被视为形式文体学。70年代初以来，系统功能文体学蓬勃发展。韩礼德（Halliday）是功能文体学的开创人之一。1969年他在意大利召开的"文学文体学研讨会"上宣读了一篇颇具影响的论文《语言功能与文学文体》。该文提出"语言的功能理论"是进行文体研究的较好工具。

80年代：话语文体学的兴起。话语文体学指采用话语分析模式以及语用学和语篇语言学来进行分析的文体学派别。与功能文体学家相似，话语文体学家较为重视语言学描写的精确性和系统性，注意展示或检验所采用的语言学模式的可行性。他们强调

---

① 参阅申丹《叙述学与小说文体学研究》，北京大学出版社2001年版。

文本与社会、历史语境的联系，主张超越对文本美学价值的探讨，而将注意力转到文体特征与阶级权利、意识形态的关系上去，这无疑促进了社会历史/文化文体学的发展。

90年代：社会历史/文化文体学的蓬勃发展。社会历史/文化文体学则特指以揭示语篇的意识形态、权力关系为目的的文体研究派别。英国文体学家伯顿（D. Burton）是社会历史/文化文体学的开创人之一。她认为文体分析是了解通过语言建构出来的各种"现实"的强有力的方法，是改造社会的工具。她的文体分析显然不同于传统的文体分析，因为其重点在于探究文本的结构如何建构出它自己的（虚构）现实。西方现代文体学走过了一个世纪的发展历程，近来的发展势头有两个主要特点：一是社会历史/文化文体学在西方文化研究兴盛中风头正猛；二是众多文体学派竞相发展，不断有新的文体学派形成。

我国文体研究直到20世纪80—90年代才真正兴起。首先是一批从事语言教学研究的学者进入了文体研究的领域，秦秀白先生率先出版了既有综合文体知识，又重点介绍英语各语体的《文体学概论》（1986）。次年，王佐良、丁往道主编出版了文体学教材《英语文体学引论》，该书重点在语体知识。后来又陆续出版了侯维瑞先生的《英语语体》（1988）和程雨民先生的《英语语体学》（1989）。1990年代以后又出版了徐有志的《现代文体学》（1992）一书。总之，20世纪80—90年代我国有关文体学的研究成就不少，但大部分著作偏重于语体学，而对原本是文体学研究对象的文学文体学的研究人数似乎偏少。2000年8月，出版了刘世生的《语言模式文体学入门》。该书较全面地反映了当代文体学的内容。2000年10月，胡壮麟先生的《理论文体学》出版，该书阐述了中国与西方文体学史，展示了中外文体学的创立与发展，尤其对西方从传统文体学到现代文体学的流派观点之争作了全面介绍。

从我国文体学的研究看，大体形成的看法是：文体学是用语言学方法研究文体风格的学问。文体学的研究范围大致包括语体学、文学文体学和理论文体学三个方面。语体学研究语言的变体。文学文体学研究语言在文学中的运用情况。理论文体学研究的是文体观和方法论。①

## 第三节　西方的文类学与我国比较
## 文学中的"文类学"

现代西方的文类学（英文 Genology，法文 Genologic），指的是如何按照文学本身的特点来对文学进行分类，也研究各种文类的特征及其在发展中的相互影响与演变。

西方诗学中有关文类的概念，起源于古希腊的思想家。在柏拉图的《理想国》第三卷中苏格拉底就说过作品有不同的种类：第一，可以直接以自己的身份说话，主要是在酒神赞美歌中，实际上是抒情类作品的特性；第二，可以主人公之间的"言语交换"的形式去构建作品，这指的是戏剧类作品；第三，可以把自己的话语与属于出场人物的他人话语结合在一起，这指的是叙述类作品。② 亚里士多德则是最早从理论上对文学进行分类的学者，其《诗学》不仅是西方文学理论的源头，也是最先以文类观点来讨论文学的专著，他提出了"三分法"。在文艺复兴时期，亚里士多德的三分法被具体化了。明托诺在《诗艺》一书中，从语言艺术中划分出史诗（叙事类）、抒情诗（抒情类）和舞台诗（戏剧类）。到了18—19世纪，文学类别分为叙事类、抒情类和

---

① 参阅刘世生、朱瑞青编著《文体学概论》，北京大学出版社 2006 年版，第 3—4 页。

② 参阅柏拉图《文艺对话录》，朱光潜译，第 47—54 页。

戏剧类的概念具有了普世意义。19世纪浪漫主义时期，仍然坚持三分法，不过他们对叙事类、抒情类和戏剧类的概念的理解不同于传统的解释，不是作为语言艺术的形式来看，而是把它当作艺术内容的类型，是某些可以凭借智慧领悟的本质。

韦勒克、沃伦在《文学理论》中略述了西方文体分类的一些有代表性的理论：亚里士多德和贺拉斯的古典类型理论是，文学可以划分为戏剧、史诗和抒情诗。后来，费多尔建议：文学类型这一术语不能既指小说、戏剧和诗这三个不能再分的种类范畴，又指悲剧和喜剧这样的历史种类，应该专指后者。因为给前者确定一个术语是困难的，在实践中往往是不需要的。还有学者试图以时间的长短，甚至以语言形态上的不同来区分文体类型。如霍布士先把世界划分为宫廷、城市和乡村，然后找出三个对应的种类：英雄诗（史诗和悲剧）、谐谑诗（讽刺诗和喜剧）和田园诗。英国的批评家总结出三个诗的基本类型：戏剧、故事和歌曲。认为戏剧是第二人称，现在时态；史诗是第三人称，过去时态；抒情诗是第一人称单数，将来时态。1912年厄斯金提出：抒情诗表现现在时态，悲剧是过去时，史诗是将来时。[①]

弗莱曾提出他自己的文学分类法：文字作品可以分为两大类：虚构型和主题型，前者以叙述人物及其故事为主，后者则以作者向读者传达某种寓意为主，在这两个极端之间存在许多中间类型。虚构作品根据书中主人公力量与普通人的水平比较，可以分为以下几种基本模式：神话——其中主人公的行动力量绝对地高于普通人，并能超越自然规律；浪漫故事——其中主人公的行动力量相对地高于普通人，但服从于自然规律；高级模仿——人物水平略高于普通人的文学作品；低级模仿——模仿现实生活中

---

① 韦勒克、沃伦：《文学理论》，刘象愚等译，三联书店1984年版，第258—259页。

普通人的作品；反讽或讽刺——其中人物的水平低于普通人。他分别研究了悲剧和喜剧中的这五种模式，认为这五种模式依序不断演变并形成循环。[1]

从卡冈的《艺术形态学》一书中，我们可以看到：西方文论史上对于艺术类型、文学类型的划分至少有以下九种：以题材划分、以作品的认识容量划分、以价值态度划分、以形象模式类型划分、以材料划分、以知觉作品的方式划分、以创作方式划分、以反映现实的方式划分、以形象存在的方式划分。[2]

韦斯坦因《比较文学与文学理论》中有专门的一节"体裁"，其中讨论了文类划分的各种原则。他主要列举了以下几种：（1）按照心理学的标准来划分文类。如席勒的《论素朴的诗和感伤的诗》就是把诗分为素朴的和感伤的两类。（2）按照文学体裁预期的效果来分类。如亚里士多德《诗学》对悲剧的界定。（3）按照我们今天所说的"观察的角度"来分类。如柏拉图的《理想国》就可以看到这种最古老的划分体裁的方法。（4）人们最常用的方法是按照形式或内容来划分的方法。[3]

从上面的介绍可以看出西方文体划分的标准是极其多样化的。由于这些原因，加之到了19世纪以后，尤其是现代，传统文类的"破格"和各种新文类的涌现以及文类越界现象的出现，一些作家和理论家就开始怀疑文类区分的意义。莫里斯·布朗肖就认为：文学不再容忍体裁划分，企图打破界限。这种取消文类的见解，在德国浪漫派的施莱格尔那里就已经有所主张，他追求"宇宙诗"和"元类"而反对文类划分。克罗齐则从其艺术即直觉表现说出发，认定艺术是不可分的，它们没有种类上的分别，

---

① 参阅弗莱《批评的剖析》，陈慧等译，百花文艺出版社1998年版。

② 参阅卡冈《艺术形态学》，三联书店1986年版。

③ 韦斯坦因：《比较文学与文学理论》，刘象愚译，辽宁人民出版社1987年版，第113—120页。

而艺术种类的划分是没有什么意义的。他说："艺术家们尽管在口头上假装同意……其实都把这些种类的规律抛到脑后。每一个真正的艺术作品都破坏了某一种已成的种类，推翻了批评家们的观念，批评家们于是不得不把那些种类加以扩充，以致到最后连那扩充的种类还是太窄，由于新的艺术作品出现，不免又有新的推翻和新的扩充跟着来。"① 克罗齐认为艺术的分类是不可能做到的，他在谈论喜剧时指出，柏拉图、亚里士多德、霍布士、康德等人对喜剧的界定都是一些"含混的字眼"，"他们无法用逻辑的方法下喜剧的定义……谁会用逻辑的方法定一个界线，来划分喜剧的与非喜剧的，笑与微笑，微笑与严肃呢？或是把生命所流注的有差别而却又相衔接的整体，割成无数分得清楚的部分呢？"② 克罗齐认为给文学分类是理智追求普遍化的结果。他说："理智主义的最大错误在艺术的和文学的种类说，这在文学论著中仍然风行，使批评家和艺术史家们都被迷惑了。我们且来穷究它的根源。人的心灵能从审美的转进到逻辑的，正因为审美的是逻辑的初步。心灵想到了共相，就破坏了表现，因为表现是对于殊相的思想。"③

到后来的解构主义，干脆用"文本"概念颠覆了文类区分。德里达在1979年发表的《样式的法规》的学术报告中，认为文本才是文体的依据。文体的逻辑之所以是矛盾的，不仅因为具体的文本经常游离飘忽，无法分类，而且因为标志具体文本属于某一样式的文本符号本身不能够属于该样式的一部分。也就是说文学类别界限在其建立的同时也就瓦解消散了。

这是一种轻视文类的说法，更多的批评家却对文类理论的合

---

　　① 克罗齐：《美学原理·美学纲要》，朱光潜等译，外国文学出版社1983年版，第45页。

　　② 同上书，第102—103页。

　　③ 同上书，第43页。

法性给以辩护。托多洛夫说："一种新文类无不是对一种或数种旧有文类的改造，借助反转，借助置换或借助组合。"① 托多洛夫认为文类像一种制度一样存在。"对读者而言，犹如期待域，而对作者而言则如同写作规范。"② 乔纳森·卡勒用"程式与归化"理论进一步阐述了托多洛夫的观点。他认为文类具有某种约定俗成的功能，是一种规范或期望。每一种文类都有其具体的程式，而使一部文本归化就是使其与某种话语或模式建立关系。新批评学者韦勒克和沃伦也认为：文类问题不只是名称问题，一部作品的种类特性是由它所参加其内的美学传统所决定的。"文学的各种类别'可被视为惯例性的规则，这些规则强制着作家去遵守它，反过来又为作家所强制'。"③

由此看来，文类的区分是很有必要的，也是可能的。我们今天在前人认识的基础上应该对各种文体类型的认识更加深入。如韦斯坦因所言：今天"我们完全不必像贺拉斯那样强调'每一种体裁都应该谨守派给自己的那份疆土'，但却应该在条件成熟的时候尽力把界线划清，并使我们的术语前后一致，符合常理，经得起历史的考验"。④

文类的划分标准尽管是多种多样，但从大的方面不外乎两个方面，美国学者韦勒克和沃伦对此作了概括，说："上述对文学种类的探讨趋向于两个极端，一个极端是依附于语言形态学，另一极端是依附于对宇宙的终极态度。"⑤ 就是说一个是依重于语

① 托多洛夫：《文类的起源》，原载《新文学史》第 8 卷（1976），后载于托氏文集《话语中的文类》，凯瑟琳·波特英译本，剑桥 1990 年版。

② 托多洛夫：《巴赫金、对话理论及其他》，蒋子华等译，百花文艺出版社 2001 年版，第 28 页。

③ 韦勒克、沃伦：《文学理论》，刘象愚等译，三联书店 1984 年版，第 256 页。

④ 韦斯坦因：《比较文学与文学理论》，刘象愚译，辽宁人民出版社 1987 年版，第 120 页。

⑤ 韦勒克、沃伦：《文学理论》，刘象愚等译，三联书店 1984 年版，第 259 页。

言外在形式方面，另一个则偏重于社会文化心理内容。那么，文类的划分方式可以分为以形式（文体）划分和以题材（内容、描写对象）功用划分两种。文类的划分以形式规范或结构方式为依据时，它容易体现文体的特征，但当它是以题材为依据时就很难体现该文类的文体特征。如侦探小说、言情小说、武侠小说、田园诗、山水诗等等。因此韦勒克和沃伦认为文类的划分应从两方面考虑，说："我们认为文学类型应视为一种对文学作品的分类编组，在理论上，这种编组是建立在两个根据之上的：一是外在形式（如特殊的格律或结构等），一是内在的形式（如态度、情调、目的等以及较为粗糙的题材和读者观众范围等）。"① 这说明文体不仅仅是一种外在的结构，也包含了内在的情感等成分。他们二人还认为判定文学体裁类型需要将这两个方面结合起来，关键问题还在于寻找"另外一个"，以便从外在和内在两个方面确定文学类型。但是由于单纯依据内容、题材划分的文类无法体现文体的特征，当代西方文学类型理论一般向形式方面倾斜。韦勒克指出："文学类型的理论是一个关于秩序的原理，它把文学和文学史加以分类时，不是以时间或地域（如时代或民族语言等）为标准，而是以特殊的文学上组织或结构类型为标准。"② 从这一立场出发，韦勒克对仅仅从题材着眼的文类划分法表示不满，主张"总的说来，我们的类型概念应该倾向形式主义一边"。③

不过，笔者觉得不必如此绝对，我们也要辩证地看待从题材着眼的文类划分法。实际上，从内容功用上着眼的文类划分也伴随有形式和文体上的特征，像侦探小说、言情小说、武侠小说等基本上都有一套惯例化的结构规范，并不是完全单一的标准。中

---

① 韦勒克、沃伦：《文学理论》，刘象愚等译，三联书店1984年版，第263—264页。

② 同上书，第257页。

③ 同上。

国古代文体的名称，往往从表面上看是以其功用划分。如清代姚鼐编的《古文辞类纂》化繁为简，把文章分为论辩、序跋、奏议、书说、赠序、诏令、传状、碑志、杂记、箴铭、赞颂、辞赋、哀祭等十三类，而实际上每一类中的单个文体都有一套比较严格的结构规范，或者说形式规范。

西方的文类理论从 20 世纪 80 年代以后陆续被我国翻译引进，但开始并未引起人们的广泛兴趣。较早对"文类"问题关注的是一些比较文学学者。张汉良 1986 年出版的《比较文学理论与实践》第三编即是"文类研究"。① 中国当代文学理论对"文类"概念的研究大约有四种方式：

第一种是比较文学研究中对"文类"概念的评介，如乐黛云、卢康华、陈淳、孙景尧、谢天振、刘象愚、刘献彪等人对文类学研究的理论、方法等问题都作了探讨。

第二种是深入研究诗、散文、小说等的文类特征，如孙绍振的《文学创作论》对诗、散文和小说的文类规范有深入而辩证的阐明。

第三种是文类的文体学研究，童庆炳的《文体与文体的创造》和陶东风的《文体演变及其文化意味》都把文类概念放在"文体学"框架内予以讨论。

第四种用法更关注文类概念的形而上意味和意识形态功能。陈清侨的《美感形式与小说的文类特征》一文讨论了小说文类的形而上悲剧意味。南帆的《文类与散文》应用现代"文类"概念进行文学批评，他更关注文类包含的强大权力："文类的功能与语法相似。语法的管辖范围到句子为止，而文类的管辖范围则是从句子开始——文类提供了文本组织句子的秩序。作为一种形式

---

① 参阅张汉良《比较文学理论与实践》，台北，东大图书公司 1986 年版，第 112 页。

凝聚力，文类的惯例和成规有能力与外部抗衡。"①

关于文类学概念的含义，陈惇、孙景尧、谢天振主编的《比较文学》是这样定义的："文类学研究如何按照文学本身的特点来对文学分类，研究各种文类的特征及其在发展中的相互影响与演变。它属于文学批评的一支。"②

虽然文类学有着悠久的历史，但是对文类学研究的对象和范围等问题，迄今仍然纷争不断。在比较文学研究中，一些中国学者在这个问题上做了积极的探讨。谢天振在其《文类学的研究范围、对象和方法初探》一文中提出，文类目前可以从三个方面进行研究：（1）文学的分类；（2）文学体裁的研究；（3）文学风格的研究。台湾学者张静二在其《试论文类学的研究范畴》中提出，文类学的研究范畴可以分四个方面：（1）作品分类法；（2）文类生命史；（3）文类理论批评；（4）文类实用批评。③ 在以上两位学者所论的基础上，卢康华作了补充，将文类学的研究范围对象分为五个方面：（1）文学的分类；（2）文学体裁的研究；（3）文类理论批评；（4）文类实用批评；（5）文学风格的研究。④ 文学的分类，就是探讨文学类型划类以建立系统和秩序，文学类型划分的差异，根本原因在于人们对文学类型的性质认识不同；文学体裁的研究，就是探讨文学体裁划分的标准，探讨各种体裁的产生、发展、衰落直到消亡的现象，以及相互影响和演变；文类理论批评，就是探讨文学分类所依凭的文类理论，文类理论所考察的是文类的美学问题；文类实用批评，就是从文类的

————————

① 南帆：《文学的维度》，上海三联书店 1998 年版，第 273 页。

② 陈惇、孙景尧、谢天振主编：《比较文学》，高等教育出版社 1997 年版，第87 页。

③ 参阅陈惇、孙景尧、谢天振主编《比较文学》，高等教育出版社 1997 年版，第 97 页。

④ 同上书，第 97—102 页。

观点来探讨作品；文学风格的研究，就是探讨各种文学体裁的不同风格。

以上的讨论多把文类学与文体学混合使用，那么，它们的区别和联系在哪里呢？我们先来看看文体学的学科特性。由于现代意义上的"文体学"是建立在现代语言学的基础之上的，人们对文体学的学科属性有不同的认识。有人认为文体学是语言学的一个分支，它研究语言的不同风格和表达方式；有人认为文体学是文艺学的一个分支，因此又称为文学文体学，这就使文体学有了广义和狭小之分。这二者比较起来看，它们的区分也基本上是清楚的。作为语言学分支的文体学，主要是研究在不同的场合各种语言中句子、句群和语篇中的修辞和表达方式问题，因而可以称之为"语体学"。而文学文体学主要研究文学的各种体裁样式，也包括从中所体现出来的作家作品的艺术风格。我们的文学理论研究一般是在这个意义使用这一概念的。文类学一般指的是文学类型、种类极其相关研究。而文学类型种类的划分，其标准依据并不仅仅是体裁样式上的标准，还有"题材"的标准、"主题学"的标准、"风格"标准等等，例如骑士文学、伤痕文学、流浪汉小说、侦探小说、言情小说、武侠小说、历史小说、田园诗、山水诗、玄言诗、哲理诗等，这些依据内容、题材划分的种类也是文学"类型"，但不是体裁的种类，它也研究在文学分类中所体现出的文学观念。如何对文学分类，以什么样的标准，用什么样的方法，这实际上体现的是如何认识文学的问题。因而文体学与文类学的区别也是比较明显的，目前我们的文学理论界常常混淆这二者的界限，如在一些比较文学的教材和论著中不加区分，把西方的"文体"、"文体学"翻译为"文类"、"文类学"。但是，我们也要看到，文体学和文类学也是密切联系的。文类学主要研究如何按照文学本身的特点来对文学进行分类，也研究各种体裁的特征及其在发展中的相互影响与演变。由此可见，文体学与文类学的研究范围多有重合，只是二者的侧重点有所不同罢了。

## 第四节　中国古代文论的"体"、"文体"

文体，在现代一般意义上讲是指文学的体裁、体制或样式，属于与内容相对的形式的范畴。《辞海·文学分册》在"体裁"辞条中是这样解释的："体裁，又称'样式'。指各种文学作品的类别，如诗、散文、小说、戏剧文学等……文学体裁是人类长期艺术实践的产物，是随着社会生活的发展而不断丰富、发展的。由于在反映社会生活、表达思想感情方面各具特点和不同的效能，而形成不同的体裁。"

我们在中国古代文论中常常会看到"体"、"文体"等字眼，它们和西方的 genre（文类）和 style（文体）的意思是否相同，这就需要我们仔细地加以甄别。事实上，中国古代文论中的"体"、"文体"，除指我们一般熟悉的文章或文学体类外，还包括了文章或文学的诸多方面的内容。童庆炳先生就时下把中国古代的"文体"仅仅理解为体裁做过纠正，说："'体'、'文体'是中国古文论中经常出现的概念。但对这一概念的理解，多数论者仅仅把它归结为'体裁'。这种简单化的理解不符合中国古代文论的实际。"[①] 钱志熙先生在《论中国古代的文体学传统》一文中更明确指出："文体这个词，本身的涵义就很复杂，从目前古典文学界对这个词的运用来看，主要是指文章（或文学）的体裁……大家所理解的文体就是指体裁，所讨论的也主要是体裁及与体裁相关的问题。当然，我们所说的文体学，也主要是指围绕体裁这一核心而展开的一门学问。但是文体学这个词，在语言学领域也同样在使用，而且较文学研究

---

① 童庆炳：《文体与文体的创造》，云南人民出版社 1994 年版，第 10 页。

领域更为流行，涵义更为明确。而作为语言学一个分支的文体学，与我们所说的文体学是差别很大的。在他们那里，主要是研究语言在不同的使用场合中所表现出来的变化。"① 在这里，钱志熙先生说明了三点：其一，中国古代所谓的"文体"不能简单等同我们现在所说的"体裁"；其二，中国古代的"文体"也不是完全和现在我们所说的"体裁"没有关系，而是一个基于体裁而有更丰富内容的概念；其三，文体学与作为语言学一个分支的文体学是有很大差别的，西方的文体学主要是建立在语言学之上的文体学。

中国古代的"文体"是什么涵义呢？学界对此的看法并不一致。

罗根泽在其所著的《中国文学批评史》中认为："中国所谓文体，有两种不同的意义：一是体派之体，指文学的作风（Style）而言，如元和体、西昆体、李长吉体、李义山体……皆是也。一是体类之体，指文学的类别（Literary kinds）而言，如诗体、赋体、论体、序体……皆是也。"② 也就是说，在古人所说的"体"中，既有指风格的"体"，又有指体裁的"体"。而在讲风格的所谓的"体"中，也包含了以风格为核心而形成的文学流派。

徐复观认为，文体之"体"是指形体，中国古代的"文体"即是他所说的"艺术的形相性"。它包含三个方面的意义：一是"体裁"之体，或称为"体制"，是低次元的形体，是由语言文字的多少、长短所排列而成的形相，是人们容易把握的。如诗的四言体、五言体、七言体、杂言体、今体、古体，

---

① 钱志熙：《论中国古代的文体学传统》刊《北京大学学报》（哲学社会科学版）第5期，2004年9月。

② 罗根泽：《中国文学批评史》，上海书店出版社2003年版，第147页。

乃至赋中有大赋、小赋，有散文，有骈文等。二是"体要"之体，三是"体貌"之体。"若以体貌之体是感情为主，则体要之体是以事义为主。若以体貌之体是来自文学的艺术性，则体要之体是出自文学的实用性。若以体貌之体是通过声采以形成其形相，则体要之体是通过法则以形成其形相。"① 这就是说，"体要"之体规定了是文章所表达的思想内容，而"体貌"之体是文章所呈现出来的艺术风格，"体要"之体和"体貌"之体是高次元的形体。这三者的关系是，"体要"之体和"体貌"之体必须以"体裁"之体为底基；而"体裁"之体只有向"体要"之体和"体貌"之体升华才有文体的艺术性，否则只是一堆文字的排列。

徐复观还指出中国古代自唐代的古文运动以后，文体观念日趋模糊，明代竟以文类为文体，遂致现代中日两国学者研究我国文学史者踵谬承讹，使"文体"和"文类"两概念混乱。徐复观认为，从明代到现代中日两国学者所说的文体，实际上只是文类，是指由文章题材性质不同所分的文类。②

童庆炳先生在《文体与文体的创造》一书的第一章讨论中国古代文体概念的涵义时，认为文体是作为系统呈现出来的，在中国古代文论中，"体"、"文体"的涵义很丰富，起码可以把它分为三个层次："体裁的规范"、"语体的创造"和"风格的追求"。

陈剑晖认为文体可以细分为四个层次。第一层次：文类文体，也即各种文学体裁的文体。第二层次：作为语言现象的文体，也可称为文学作品的语体文体。它包括作家对语符的选择和编码方式，还包括一个作家特有的表述方式、用词的习惯以及语气、调子和标点符号的使用等。第三层次：主体文体。它是特定

---

① 徐复观：《中国文学精神》，上海书店出版社 2004 年版，第 133—134 页。

② 同上书，第 118—188 页。

的作家艺术地把握生活的方式，也是一个作家作为创作主体的艺术思维的总和。主体文体可视为是一种"深层结构"的文体形式。第四层次：时代文体或民族文体，这是在语体文体和主体文体的基础上扩展起来的文体。当历史的某一时期，作家们的主体文体意识得以觉醒，并不约而同地采用相近的语体文体进行创作；同时，这些创作又打上了鲜明的民族文化的烙印，这时，带有民族特色的时代文体也就产生了。这就是所谓的一时代有一时代的文体。①

近来有学者提出中国古代的"文体"应包括六方面的含义：（1）体裁或文体类别。（2）具体的语言特征和语言系统。（3）章法结构与表现形式。（4）体要或大体。古人在综合考虑具体文体的题材质料、语言特征、体制结构等的基础上，往往力求得到对于文体的整体性的把握。这种把握可以分成两个方面，一方面指"体性"、"体貌"；一方面指"体要"、"大体"，指的是文体的内在质的规定性。（5）体性、体貌。它相近于我们今天所说的"风格"。（6）文章或文学之本体。②

从以上的观点看，这些学者都注意到中国古代文论所称"体"、"文体"的涵义是丰富的，并不仅仅只是一个与内容相对的形式问题，但是，他们对中国古代"文体"具体涵义的认识却莫衷一是。

笔者认为，中国古代文论所称"体"、"文体"尽管有非常丰富的涵义，但文体并不等于文章（兼指诗、文等）等具体的作品，更不能把涉及文章的诸多问题都作为文体的内容。由于文体的存在离不开文章的表现形态，有的文体确实有较为固定的表现

---

① 陈剑晖：《论新时期散文艺术的发展》，《新东方》1990年第1期。
② 吴承学、沙红兵：《中国古代文体学学科论纲》，《文学遗产》2005年第1期。

方式和风格特征，故研究文体必然会涉及文学作品的内在精神以及表现艺术和风格特征，但那并非文体的核心内容。"体"的本义是指人的身体。《说文》解释："体，总十二属也。"意思是说"体"是身体的十二个部分的总称。把"体"运用于文学批评，恐怕与中国古人近取诸身、以类取譬的思维习惯有关。"体"就是形体，它不能代替"神"（精神）。概括起来说，笔者认为中国古代文论所称"体"、"文体"大致有三层含义：体类、语体、体貌。

（一）体类

体类就是指体裁或文体类别，也就是文章的结构形态。不同的体裁在发展过程中逐渐形成了各自不同的本色和程式规范，何种文体用于何种场合，有一系列的规则和要求，作家在写某一体文章时就必须遵守。诗赋等文学体裁有自己的程式规范。如诗歌要讲究句式的整齐，音韵的和谐等，赋一般要有主客问答等。正是由于各种体裁具有各自的一些鲜明的特征，所以才能够被人们区分。胡应麟说："文章自有体裁，凡为某体，务须寻其本色，庶几当行。"① 因此，历代文体学家都在概括各类文体的不同特点上做了大量的研究，"辨体"就成为文体论的一项重要的内容。在他们看来，文各有体，不可相互混淆。若"以词为诗，诗斯劣矣；以诗为词，词斯乖矣"。② 因此许多文体理论，正是建立在具体的体裁之上的。在辨体的基础上进行文体分类，这一直是历代文体学家所做的一项重要工作。

程式规范在各种应用文的行文规定中更为严格一些。如蔡邕《独断》卷上记载大臣呈递文书的四种：章、奏、表、驳议。《文心雕龙·章表》："汉定礼仪，则有四品：一曰章，二曰奏，三曰

---

① 胡应麟：《诗薮》内编（卷一）上海古籍出版社 1958 年版。
② 李开先：《李开先集·闲居集·西野春游词序》，中华书局 2004 年版。

表，四曰议。章以谢恩，奏以按劾，表以陈请，议以执异。"章，《独断》曰："章者，需头，称稽首，上书谢恩陈事诣阙通者也。"当是谢恩时作也。奏，《独断》曰："奏者，亦需头。其京师官但言稽首。下言稽首以闻。其中有所请，若罪法劾案公府送御史台，公卿校尉送谒者台也。"当是按劾时作也。表，《独断》曰："表者不需头。上言臣某言，下言臣某诚惶诚恐，稽首顿首，死罪死罪。左方下附曰某官臣某甲上。文多用编两行，文少以五行。诣尚书通者也。公卿校尉诸将不言姓。大夫以下有同姓官别者言姓。章口报闻。"当是陈请时作也。驳议，《独断》曰："其有疑事，公卿百官会议，若台阁有所正处，而独执异议者，曰驳议。驳议曰：某官某甲议以为如是。下言臣愚赣议异，其非驳议，不言议异。其合于上意者，文报曰某官某甲议可。"当是执议时作也。蔡邕又把天子下行文书分为四类：曰策书，曰制书，曰诏书，曰戒书。蔡邕对每一种文体的用途和写作要求都作了具体说明，辨体明晰。

徐复观认为："文体的观念，虽在六朝是特别显著，而文类的观念，则在六朝尚无一个固定名称。但从曹丕以迄六朝，一谈到'文体'，所指的都是文学中的艺术的形相性；它和文章中由题材不同而来的种类，完全是两回事。"[①] 徐复观先生认为从曹丕迄六朝的"文体"概念都指形相性，也就是我们一般所说的风格，而非指文体类别。这种说法的合理之处，在于道出了从曹丕开始，六朝人对"文体"认识更加深入了。不同的体裁，从内在层次上看，它呈现不同的特征。如曹丕《典论·论文》说："奏议宜雅，书论宜理，铭诔尚实，诗赋欲丽。"奏议、书论、铭诔、诗赋四科八种文体分别用"雅"、"理"、"实"、"丽"来概括。但是徐氏认为六朝所说的"文体"与文

① 徐复观：《中国文学精神》，上海书店出版社 2004 年版，第 133—134 页。

类完全是两回事的看法却值得商榷。曹丕还说过："夫人善于自见，而文非一体，鲜能备善。"这个"体"很明显指的是文类。梁代昭明太子萧统编《昭明文选》，以文体分卷，分文体为三十八类，几乎囊括了梁以前的所有文体。"凡次文之体，各以汇聚。诗赋体既不一，文以类分。类分之中，各以时代相次。"① 这里明确说明诗、赋体不同，因而以体分类，怎么能够说六朝的"体"、"文体"没有体类的含义呢？刘勰撰写《文心雕龙》五十篇，加上《辨骚》，论述的文体有三十四种之多。对每一种文体都"囿别区分"，分门别类，不但辨体，而且明体，这也表明刘勰文体论中有很强的体类意识，中国古代文论实际上是很重视体类的。宋代的沈括说："往岁士人多尚对偶为文，穆修、张景辈时为平文，当时谓之'古文'……时文体新变，二人之语皆拙涩，当时已谓之工，传之至今。"② 这里所说的"对偶文"和"古文"（古文）指的是骈文和散文，他所言"文体"很显然是指体裁或样式。清代阮元说："自齐梁以后，溺于声律，彦和《雕龙》，渐开四六之体，至唐而四六更卑。然文体不可谓之不弊，而文统不可谓之不正。"③ "文体"、"体"指的是骈文，也是指体裁或样式。徐复观却认为中国古代自唐代的古文运动以后，文体观念日趋模糊，明代竟以文类为文体，遂致现代中日两国学者研究我国文学史者踵谬承讹，使"文体"和"文类"两概念混乱。从历史事实看，这种说法尚且值得商榷。中国古代的"文体"和"文类"两概念并非完全对立的，而是相互包容的，"文体"的概念中包含"文类"，只是到了明代，一些文论家由于编辑总集的需要辨别文体时更

---

① 《文选序》，李善《文选注》，中华书局1977年版。
② 沈括：《梦溪笔谈》卷十四，《艺文》，中华书局1962年版。
③ 阮元：《文言说》，转引自黄侃《文心雕龙札记》，华东师范大学出版社1996年版，第6页。

加强调"文类"的意义罢了。

（二）语体

语体就是指具体的语言特征和语言系统。作为语言现象的文体，它包括作家对语符的选择和编码方式，还包括一个作家特有的表述方式、用词的习惯以及语气、调子和标点符号的使用等。"语体"一说在中国古代是没有的，现在所说的"语体"在古代都是用"体"或"文体"一词来表示。

在现代语言学看来，语体与文体是根本不同的两个概念，前者属于语言学的范畴，后者则属于文章学的范畴。但二者都离不开对语言运用的研究，因此它们又是互相关联的。语体的形成是由于交际领域、目的、对象和方式等非语言因素的不同而产生的。由于这些不同，在语言（既指口语，也指书面语）运用上形成了一定的音调、词语、句式、修辞方式等方面的语言特点，这些特点的综合体就构成了语体。而文体是因为人们书面交际中思想主旨、思维方式、写作内容、表现方式、目的对象与作用功效等等不同而形成的文章的样式。文体所要研究的除了涉及其所形成的语言特点系列外，还涉及选材、立意、组织结构、表现方法以及作家的思想情感等等。不同文体的区别表现在内容、结构、表达方式、语体等方面。也就是说，对每个语言成分的选择和使用的差异是区别文体的主要特征之一。文体不同，其语体式也是不同的。

在中国古人的认识中，文体掩盖了语体。西晋时期，傅玄《连珠序》论连珠体云："其文体，辞丽而旨约，不指说事情，必假喻以达其旨……班固喻美辞壮，文章弘丽，最得其体。"[①] 傅玄这里是说连珠这种文体的语言风格是"辞丽旨约"，表达的方式是"假喻以达旨"，可见傅玄所说的"文体"包括了语体特征

---

① 严可均辑：《全晋文》（卷四十六），中华书局1987年版。

和表达方式。梁代萧子显《南齐书·文学传论》云："今之文章，作者虽众，总而论之，略有三体：一则启心闲绎，托辞华旷，虽存巧绮，终致迂回……次则缉事比类，非对不发，博物可嘉，职成拘制……次则发唱惊听，操调险急，雕藻淫艳，倾炫心魂。"这里列举的三体显然是三种不同的语体。

《文心雕龙》一书，对"文体"、"体"等词的运用，也最能体现魏晋南北朝时期人们对"文体"内涵的认识程度。如《定势》篇在论到晋宋以来的文体变化时，云："自近代辞人，率好诡巧，原其为体，讹势所变，厌黩旧式，故穿凿取新。察其讹意，似难而实无他术也，反正而已。故文反正为乏，辞反正为奇。效奇之法，必颠倒文句，上字而抑下，中辞而出外，回互不常，则新色耳。夫通衢夷坦，而多行捷径者，趋近故也；正文明白，而常务反言者，适俗故也。然密会者以意新得巧，苟异者以失体成怪。旧练之才，则执正以驭奇；新学之锐，则逐奇而失正；势流不返，则文体遂弊。"① 这里所说"原其为体"、"苟异者以失体成怪"、"文体遂弊"的"体"就包括了语体特征。又如《明诗》篇中说："宋初文咏，体有因革，庄老告退而山水方滋，俪采百字之偶，争价一句之奇，情必极貌以写物，辞必穷力而追新，此近世之所竞也。"这里所说的"体有因革"不仅指狭义的体裁，而是还包含诗风、诗格、语体等多项因素。元代刘祁说："文章各有体，本不可相犯欺。故古文不宜蹈袭前人成语，当以奇异自强。四六宜用前人成语，复不宜生涩求异。如散文不宜用诗家语，诗句不宜用散文言。律赋不宜犯散文言，散文不宜犯律赋语。皆判然各异，如杂用之，非惟失体，且梗目难通。"② 李东阳也说："言之成章为文，文之成声则为诗。诗与文同谓之言，

---

① 《文心雕龙·定势》。
② 刘祁：《归潜志》卷十二，中华书局1997年版。

亦各有体而不相乱。"① 这里所谓"有体"与"失体"之"体"，应该是指不同体裁所应有的语体特征。

（三）体貌

体貌就是我们一般所称的风格。我这里没有用"风格"一词，是因为"风格"的含义一般是指特定时代特定流派作家，或某一个作家、一部作品的典型的语言模式，如反复运用的结构或词语，或不同的文体节奏。之所以用"体貌"，在于表明中国古代所说的"文体"有很复杂的内容，它是一种文体典型语言模式所呈现出来的整体感觉。

"体"指文章的"体貌"这一种意义，大概从西汉就产生了。《西京杂记》卷二记载："其（司马相如）友人盛览……尝问以作赋，相如曰，合纂组以成文，列锦绣而为质，一经一纬，一宫一商，此赋之迹也。"这里的"赋之迹"大体上就是赋的体貌的意思，就是赋这种文体呈现出的整体面貌。真正用"体"最早的恐怕是扬雄的《法言·问神》篇"惟圣人得言之解，得书之体"，扬雄讲到书有"体"。魏晋南北朝时代，文体观念已经成熟。曹丕在《典论·论文》已经注意到"文体"的内涵不仅仅是指体类，还指不同文体的体貌，曹丕《典论·论文》中把当时较为流行的文体分为八类，归纳为四科。接着说："此四科不同，故能之者偏也，唯通才能备其体。"他所说的"体"显然是指不同文章的体貌。陆机《文赋》云："体有万殊，物无一量，纷纭挥霍，形难为状。"李善注云："文章之体，有万变之殊；中众物之形，无一定之量。"又云："其为物也多姿，其为体也屡迁。""体有万殊"是说文章的体貌是千姿百态的，原因在于"物无一量"，文章描写的事物是多姿多彩的，因而文章的"体"的变化是由描写

① 李东阳：《匏翁家藏集序》，《怀麓堂集》卷六十四，"文后稿四"，文渊阁四库全书集部别集类。

的对象所决定的。可见，这里的"体"主要是指文章的体貌而言的。刘勰《文心雕龙·体性》篇中说："若总其归途，则数穷八体"，所列八体如典雅、远奥、精约、显附、繁缛、壮丽、新奇、轻靡就是指八种体貌。唐代皎然《诗式》有《辨体一十九字》列举了诗歌十九种体貌，他用高、逸、贞、忠、节、志、气、情、思、德、诚、闲、达、悲、怨、意、力、静、远等十九个字来概括，他认为，"体有所长，故各功归一字，""其一十九字，括文章德体风味尽矣"。日僧遍照金刚《文镜秘府论》有《论体》篇，列举的是六种文体特征。另外，沈约在《宋书·谢灵运传论》中也多次提到了"文体"，说"自汉至魏，四百余年，辞人才子，文体三变"，"自灵均以来，多历年代，虽文体稍精，而此秘未睹"，这里的"文体"正是整体之文体，也就是体貌。

体貌是指文章整体风貌，它是作者主观感受和文体客观要求融合后的体现，就文本看应该包含了两个层面：客观面和主观面。

从客观面上说，由于社会交际的需要，每一种文体都有一个基本的面貌。如诗有诗的面貌，论有论的特征。因此，曹丕《典论·论文》说："奏议宜雅，书论宜理，铭诔尚实，诗赋欲丽。"奏议、书论、铭诔、诗赋四科八种文体体貌的客观要求分别是"雅"、"理"、"实"、"丽"。陆机《文赋》中分文体为十，其体貌是：诗绮靡，赋浏亮，碑相质，诔凄怆，铭温润，箴清壮，颂彬蔚，论朗畅，奏闲雅，说炜晔。刘勰在《文心雕龙·章表》论述章表文体时说："章以造阙，风矩应明；表以致禁，骨彩宜耀。"就是说不同文体有不同的体貌特征。元朝陈绎曾的《文说·明体法》概括了二十种文体的体貌："颂宜典服和粹。乐宜古雅谐韶。赞宜温润典实。箴宜谨严切直。铭宜深藏切实。碑宜雄浑典雅。碣宜质实典雅。表宜张大典实。传宜质实，而随所传之人变化。行状宜质实详备。纪宜简实方正，而随所纪之人变化。序宜舒通

46

圆美，而随所序之人变化。论宜圆析远深。说宜平易明白。辨宜曲折明白。议宜方直明白。书宜简要明切。奏宜情辞恳切，意思忠厚。诏宜典重温雅，谦冲测恒之意蔼然。制诰宜竣厉典重。"因此说，文体的体貌不是纯主观的产物，而是由于社会文化的需要，每一种文体都有它的客观要求。

当然，文章是作者创造出来的，它是特定的作家艺术地把握生活的方式。别林斯基曾指出："文体——这是才能本身，思想本身。文体是思想的浮雕性、可感性，在文体里表现着整个的人。"[①] 这里，别林斯基指出文体鲜明地体现了作家的主体意识，包含了作家潜在的美学的、情感的、个性的审美心理结构，因此，文体又是主观的产物。由于作家个性、才力、秉赋及个人所受的教养和环境等种种因素的影响，在相同的文体中却呈现出不同的体貌特征。刘勰在《文心雕龙·明诗》篇中说："诗有恒裁，思无定位。"又在《文心雕龙·通变》篇中说："夫设文之体有常，变文之数无方，何以明其然耶？凡诗赋书记，名理相因，此有常之体也；文辞气力，通变则久，此无方之数也。"曹丕认为八种文体是本同而末异，文体在客观方面对作家创作个性有影响，所以他指出"文非一体，鲜能备善"，王粲长于辞赋，陈琳、阮瑀擅长章表。而主观方面作家主体所禀的气不同，也影响了作家的创作个性，从而对作家的风格产生影响。不同的作家对不同文体各有所长，写出来的文章体貌各异，原因在于"文以气为主"。"气"分清浊两体，不同作家在相同的文体中会所表现出不同的体貌。正因为如此，不同的文章有不同的体貌，不同的文体有不同的体貌，不同的作家有不同的体貌，不同的时代有不同的体貌。

我们再来讨论一下体类、语体、体貌三者之间的关系。从

---

① 别林斯基：《别林斯基论文学》，上海译文出版社1979年版，第234页。

作品来说，一篇文章大体上是属于我们认可的一种文体种类，写的诗就是诗，写的赋就是赋，各种文章基本都有一个类属。各种体类的不同又是由于语言特征的不同。文章就是语言系统，作为语言现象的文体，它包括语符的选择和编码方式，还包括一个特有的表述方式、用词的习惯以及语气、调子和标点符号的使用等。正是由于选择语言的编码方式不同，因而各种文章呈现出风格迥异的体貌。所以三者是相互紧密联系的。从作者来说，作家要写文章首先要明了写什么，怎么写，就是说要懂得基本的文体，掌握各种文体的基本格式，至于选择什么样的表述方式、怎样用词以及用什么样的语气、调子和标点符号等常常更多的是靠个人的才学和习惯。从而也就体现出作家个人的文体风格，文体风格更多的是一种自然的流露，是无法自己刻意达到的。从读者方面看，读者需要具备一定的文体种类知识，依靠这些知识才能较好地解读一篇文章，知道作者要表达什么，同时，通过作品的语体特征的分析进而把握文章的体貌。由此可见，体类、语体、体貌是文体的三个有机组成部分，体类、语体是文章的显性特征，而体貌则是文章的隐性特征。文章体类、语体与文章体貌其实是一个问题的两个方面：不同的体类、语体，规定了不同的体貌。从语言学的角度看，文体就是一个由不同文体因素参与构成的语言存在体，从外在的形态上说，它可以分为不同的体裁，从内在层次与文体因素和作者的情感因素组构上看，它呈现不同的体貌。体类是一篇文章的类别，就像人有不同的长相特征，我们可以根据某些外表特征加以区别；语体是文章的内部构成，就像人的血肉；体貌是文章整体风貌的体现，是它的审美特征，就像不同人有不同的精神气质。

中国古代文论中"文体"一词的内容具有丰富性、复杂性与模糊性。这使西方学者感到奇怪，因为在西方无法找到一个与中国古代文论"文体"对应的术语。美国学者宇文所安就曾感叹地说：中国古代文论中"文体"，"既指风格（style），也指文类（genres）及各种各样的形式（forms），或许因为它的指涉范围如此之广，西方读者听起来很不习惯"。[①]

中国古代对文体的研究形成了一门学问，古代又称为"文章流别论"。它主要研究各种文体的特点、流变以及各种文体相互影响等问题。文体学（或称文体论）是中国古代文学理论体系的一个重要组成部分。

中国文体学的滥觞可以上溯到先秦时期，这个时期对一些文体的认识就比较清晰了。如《礼记·祭统》中对"铭"这种文体的概括就非常精当，云："夫鼎有铭，铭者自名也，自名以称扬其先祖之美，而明著之后世者也。为先祖者莫不有美焉，莫不有恶焉。铭之文，称美而不称恶，此孝子孝孙之心也，唯贤者能之。铭者，论譔其先祖之有德善、功烈、勋劳、庆赏、声名列于天下，而酌之祭器，自成其名焉，以祀其先祖者也。"这段文字可以说是中国最早研究文体的论述，它较为详细地说明了"铭"这种文体名称、特点、用途及写作要求，"铭"文是铸在鼎上的，其目的是"称扬其先祖之美，而明著之后世者"，其体例要求是"称美而不称恶"。

这种文体研究的方法对后世文体研究的影响是很大的，基本上确立了一套研究文体的路径，从刘勰《文心雕龙》中就可以看出。《明诗第六》至《书记第二十五》都是专门论述各种文体的，刘勰在《序志》篇中说明了他的文体学研究方法。他说："若乃论文叙笔，则囿别区分，原始以表末，释名以章义，选文以定篇，敷理以举统，上篇以上，纲领明矣。""原始以表末"是指叙

① 参阅宇文所安《中国文论：英译与评论》，上海社会科学院出版社 2003 年版。

述各种文体的起源和演变情况；"释名以章义"是指说明各种文体的名称含义；"选文以定篇"是指评述各种文体的代表作家和作品；"敷理以举统"是指论述各种文体写作的道理和特色。由此可见，刘勰《文心雕龙》文体研究的方法论与《礼记·祭统》解说文体是一脉相承的。当然，《文心雕龙》并不仅仅是研究文体的名称、特点、用途及写作要求，它的另一重大贡献是对文体的分类，在二十篇文体论述中，作为篇名标出的文体就有三十三类，在这些大类之下还分出了许多亚类。刘勰《文心雕龙》是中国古代文体学的集大成者，它继承了前人的成就，系统地建立了一个文体研究的体系。

中国的文体学兴起于魏晋时期，刘勰《文心雕龙》标志着它的成熟，以后则流波不绝，不断得到发展。明代出现了吴讷《文章辨体》和徐师曾《文体明辨》这样专门的文体学著作。宋元以后由于社会历史环境的变化，文体学开始对词、曲、小说、戏剧等俗文学予以关注，使中国文体学的内容不断拓展。中国古代文体学的内容是很庞杂、细致的。不仅研究各种文体的特点、流变以及各种文体相互影响等问题，也研究文体的分类问题。

因此，笔者认为，中国古代的体与类在逻辑上是不分的，"体"本身就涵盖了"类"的意义。有时说"体"就是"类"，但是，在实践层面上中国古人对"体"与"类"的区分是清晰的，我们从古代的文体论著和诗文总集的分类就可以清楚地看到这一点。中国古代的"体"、"文体"概念本身就包含了文类的涵义，研究中国古代文体分类应该与文体研究结合起来，本书就是从这个角度来进行研究的，不过，由于中国文体理论非常复杂，限于本人的水平和精力，不可能对这一问题全面展开，只能在文体分类这个层面做一定的探讨。

## 第五节　文体分类的普适性与历史性

在人类社会历史的发展中，由于人们交际的需要，产生了许许多多的文学类型。各种文体的丰富多样，生生灭灭，向人们提出了分类的问题。而文体的分类又相当困难和复杂，直到现在，我们仍然没有找到令人满意和为各方接受的文体划分的方法。

中西的文学类型理论虽说有一些主流的说法，但分类标准从来没有统一过。西方的主要标准之一就是"三分法"，经歌德规范之后成为经典标准，即"诗的自然形式"：抒情式、英雄史诗式和戏剧式。这一标准是根据"模仿方式"加以区分的，被广泛接受、运用。人们普遍以为这一标准是真理。事实上，千百年来，西方文体分类理论的划分标准仍然是很不一致的，呈现多元化的现象。即使西方最讲规则的古典主义时期也是这样。正如韦勒克、沃伦所言：

> 十七世纪和十八世纪是对文学类型十分重视的两个世纪。这两个世纪的批评家们认为类型的存在是确确实实的。文学类型的区分是清楚明白的，而且也应该明确地加以区别，这是新古典主义信奉的一条总则。但是，如果我们仔细考察一下新古典主义的批评理论关于类型的定义或关于类型的区分方法，就会发现他们在基本原理方面甚少连贯性，甚至就根本没有什么基本原理。①

文体分类理论是一个复杂的问题，也是众说纷纭而没有答案的问题。迄今为止，我们仍然没有找到一个放之四海而皆准的唯

---

① 韦勒克、沃伦：《文学理论》，刘象愚等译，三联书店1984年版，第261页。

一标准，我们又怎么能苛求古人，抱怨他们的文体分类混乱呢？尽管我们曾有一些似乎成经典的说法，但它不可能是一劳永逸的定论。它永远是一个向未来敞开的话题。正因为这一点，这个问题也就充满了无穷的诱惑力。借用弗莱在《批评的剖析》前言中引马修·阿诺德的格言描述这一情形，就是"让思想在一个为之百般努力而前景仍不明朗的课题周围自由驰骋"。①

## 一　各种文体是一个复杂特殊的等级体系

文体分类就是确立一个层次等级的关系。华沙科学院教授米哈伊·格洛文斯基认为：就文体分类而言，"我们面对的也许是一个等级方面的关系问题，可是这一等级体制从来没有完整过，也从来不是一成不变的。最近有人发现体裁其实一直意味着小类别对更高一级类别的臣服关系，但是这种关系决不意味着较受限制的现象对更广泛的现象的完全从属，因为每一个低一级的现象都包含着一些不容压缩归并的特性。"② 一般来说，文学的分类标准绝大部分采用实用性标准和结构性标准，人们对文学作品结构的典型特征认识存在着差异，因而分类也不一致。再者，体裁划分的标准由于涉及对象的范围不同，划分的层次自然就不同。有些是用来区分最广泛的文学现象，如"三分法"。有些适用的范围要小些，如悲剧、喜剧。再如我国古代的《文心雕龙》将文体分为"文"和"笔"两大类。在"文"类下又分骚、诗、乐府、赋、颂、赞、祝等十七类，刘勰以"有韵"为依据把它们归为一个大类，又根据各种文体结构差异再做进一步的区分。

文学类型是一个复杂的结构体，从不同的角度、从不同的层

①　弗莱：《批评的剖析》，陈慧等译，百花文艺出版社1998年版，第307页。

②　[加] 马克·昂热诺、[法] 让·贝西埃、[荷] 杜沃·佛克马、[加] 伊娃·库什纳主编：《问题与观点——20世纪文艺理论综述》，史忠义、田庆生译，百花文艺出版社2000年版，第99页。

次去区分，文体划分自然会有许许多多的原则和结果。比如，我国古代面对复杂的文学现象，依据不同的需要，在区分文体时常常复合运用多种标准，从较低的子层次对文体进行划分，因而"往往标类不厌其细"。如果不仔细地考察这种现象，我们就不易发现其分类标准和方法，难免会得出中国古代文体"分类原则不明"的结论。

## 二　文学类型是层出不穷、变动不居的

随着时代的迁移、社会生活的发展和文学创作经验的积累以及人们审美趣味的演变，文学的体裁也必然会发生兴盛衰亡的变易。马克思曾经指出，古代神话是在人类童年时代未成熟的社会条件下产生的，而随着生产力的发展，随着"自然力之实际上被支配，神话也就消失了"①。神话只能产生在人类的童年时期，在现代是不可能再产生神话这种文学体裁了，而新的文学体裁又在不断地萌生、成长，有的经历了很长的历史时期，有的只是昙花一现。

文学类型始终处于变动之中，随着新成员的不断诞生，习以为常的文类概念常常被胀破，难以阐释文学现实，不能自圆其说，于是文学理论不得不对人们习以为常的文学类型及文类概念重新认识，文学类型的序列被重新排列。如我国古代的一个重要文学体裁——词，最初产生于民间，在民间广泛流传，大约到了中唐时代，才较多地引起了文人的重视，文人也开始采用这一形式写作，经过了五代到了宋代，发展成为人们普遍喜爱的体裁。在唐代之前的文体学著作中没有词的位置，文人们看不起它，称之为"诗余"，认为诗是正统的形式，词是后起的从民间俗曲中转化来的。五代的一位词作者和凝，据《北梦琐言》（卷六）记

---

① 《马克思恩格斯选集》第 2 卷，人民出版社 1995 年版，第 113 页。

载：早年写过"花间"词，后来作了相，连忙"托人收拾焚毁不暇"，害怕因此成为他人生的污点。后来词这种文学体裁在宋代被人们普遍接受以后，在严羽《沧浪诗话》"诗体"部分对"诗体"作分类时才给了"词"的位置。文学类型不断出现新成员，文体分类自然也不是一劳永逸的。

### 三　文体分类丰富多样是因为文学观念的不断改写

文体分类的多元化和文学观念的差异紧密联系在一起，文学观念是一定的具体社会文化语境中人们建构的产物。对文学的认识不同，分类对象的范围也不同。中外文学理论发展的历史告诉我们：人们对文学的认识一直处在不断发展变化之中，关于文学体裁的"特征"是一定时期的理论家依据一定时期的作品概括起来的，文学没有一种普遍有效的"本质"定义，因而文学体裁的分类也不可能只有一种标准。

当代英国的理论家特里·伊格尔顿在《当代西方文学理论》(Literary Theory：An Introduction 中国社会出版社 1988 年版)中开首就专列一章讨论"什么是文学？"指出被人们看作文学的东西显然是一种不稳定的事物。他引述了约翰·M. 艾利斯的观点："'文学'这个术语的作用颇有点象'杂草'这个词：杂草不是特定品种的植物，而只是园工因这种或那种原因不想要的某种植物。也许'文学'的意思似乎恰好相反：它是因这种或那种原因而被某些人高度评价的任何一种写作。正如一些哲学家所说，'文学'和'杂草'是功能论的而不是本体论的术语：它告诉我们要做些什么，而不是关于事物的固定存在。"我们无法找到文学的本质属性，就像"杂草"一样是一个无法确定内在特征的概念。同时，特里·伊格尔顿也指出文学也不是一个完全主观的随意的东西。他说："如果把文学看作一种'客观的'、描述的类型行不通的话，那么说文学仅仅是人们凭臆想而选定称作文学的写作同样行不通。因为关于这种种的价值判断根本不存在任何想入非非的东西：它们扎根于更深的信念结构，而这些信念结构显然象帝国大厦一样不可动摇。"① 文学是一种社会价值信念，不是个体随意把什么当成文学就是文学，文学是和社会意识形态联系在一起的，它们是历史的变化的，但却不是主观臆想的。

由于文学是一个历史的不断变化的概念，不同时代由于社会文化语境的作用，人们对"文"的认定就不同。我们怎能把我们现代所认定的"文学"作为一切文学的本质属性呢？显然，那种只顾用现代的价值判断要求古人的做法是很不妥的，会使我们忽视古代文体分类背后的种种起重要作用的因素。换句话说，重要的是我们要看看历史上是什么力量决定了何种文本被称作了"文学"，是什么原因促成对这些被当作"文学"的东西做如此的分类。

文体分类有其普适性，同时具有其历史性。如果仅仅抓住每一种文体的普遍特性而不去探究它是什么时代、什么社会条件下发展起来的文体，或者把某一时代、某一社会出现过的文体的特征视为那一文体的整个特征，都是片面的。所以说，各种体裁之间没有绝对的界限。划分文体，揭示其特点和规律，一般是就各类文体中典型的文章来说的。有些融合了不同文体特点的文章，只能按照其变化情况和总的倾向，或者，从方便出发，把它归入某一大类，不能拘于条文、泥古不化。要采取明智的态度，把"守格"和"创格"统一起来，让文章既不失体制，又不被体制所束缚。只要真正把握住某种体裁的基本精神和要求，大致"得体"，就可以了。正如德国浪漫主义时期哲学家和评论家弗里德里希·施莱格尔所说："就心智而言，拥有体系和没有体系同样

---

① 伊格尔顿：《当代西方文学理论》，王逢振译，中国社会科学出版社 1988 年版，第 34 页。

致命。最好还是把两者结合起来。"① 文体分类墨守成规不行，同样没有文体分类更不行，我们还是要坚持肯定文体分类的重要意义。"所有时代的文学作品都有一定的类别性的特征。类别的属性在许多方面决定着作品的组织、作品的形式和结构上的特点。所以文学类别这一概念，在理论诗学的组成中乃是不可分割和不可或缺的。"②

---

① 转引祁寿华、林建忠主编《文学》，中国人民大学出版社 2007 年版，第 35 页。

② ［俄］瓦·叶·哈利泽夫：《文学学导论》，周启朝等译，北京大学出版社 2006 年版，第 390 页。

# 第 二 章

# 中国古代文体分类的流变

中国古代文体分类的渊源可以上溯到先秦时期。这个时期中国古代文体分类意识初步萌生，还不具有较为清醒的文体辨别观念。到了汉代成帝时的刘向，写成了《别录》，是我国最早的目录学著作，其文体分类方法被刘歆《七略》及班固《汉书·艺文志》所采用。这标志着中国古代文体分类理论已经初步形成。魏晋南北朝时期，文体理论已经成熟，曹丕《典论·论文》把当时较为流行的文体分为八类，归纳为四科，就是"四科八体之说"，这标明中国古代文体分类已经走向成熟。

根据中国古代文体分类的发展状况，我们可以分为四个阶段：汉代之前是形成期，魏晋南北朝是成熟期，隋唐宋元是发展期，明清是总结期。

## 第一节　汉代之前:形成期

### 一　中国古代文体分类理论的渊源

在远古时期，歌、舞、乐是三位一体的，常常结合在一起，因而原始诗歌是最古老的文学样式之一。文字产生以后，就保留了许多诗歌。《诗经》是中国第一部诗歌总集，它收入的是自西周初至春秋中叶大约五百年的诗歌。我们今天所见到的《诗经》

本子是依照风、雅、颂的体例来编排的，因此可以说《诗经》是中国古代诗歌文体分类的最早的史料了。《诗经》在"风"、"颂"之下又以作品的不同产地划分小类，即周南、召南、邶、鄘、卫、王、郑、齐、魏、唐、秦、陈、桧、曹、豳等十五国风；周、鲁、商三颂，在"雅"下分为小雅、大雅。《诗经》有标目的诗共三百一十一篇，实际留存三百零五篇。三百零五篇中，包括国风一百六十篇，雅诗一百零五篇（大雅三十一篇，小雅七十四篇），颂诗四十篇（周颂三十一篇，鲁颂四篇、商颂六篇）。另有六篇有目无辞，称为"笙诗"。"笙诗"之称，可能源于它们用笙演奏，"有声无辞"，属于"过门曲"之类。①

  《诗经》初时只叫"诗"或"诗三百"，汉代被定为儒家经典后才称为《诗经》。对《诗经》编定成书的解释，有孔子删诗之说。司马迁在《史记》中说是孔子从三千首古诗中选编的。《史记·孔子世家》中说："古者诗三千余篇，及至孔子，去其重，取可施于礼义……礼乐自此可得而述，以备王道，成'六艺'。"有人又找到了一个证据：《论语·子罕》篇："子曰：吾自卫返鲁，然后乐正，雅颂各得其所。"因此，有人认为是孔子对《诗经》作了编定。但据《左传》襄公二十九年的记载，吴国公子访问鲁国时，鲁国乐工演唱风雅颂的次序和篇目与今本《诗经》大体一致，可知公元前544年诗经已有编定本，这年孔子刚刚八岁，因此孔子删诗之说并不可信。孔子删诗之说虽不可信，但《诗经》从时间上说包括了五百余年的作品，从地域上说包括了黄河、江汉流域的广大地区，从语言形式上说押韵一致、语法相同，显然是经过一番整理加工的。现在学者推断《诗经》的编辑者应该是周王朝的乐官。

---

  ① "笙诗"：《诗经·小雅》"鹿鸣之什"的《南陔》、《白华》、《华黍》，"南有嘉鱼之什"的《由庚》、《崇丘》、《由仪》。

关于风、雅、颂的分类，主要有这么几种解释：

1. 从诗的政治功能角度来解释，如《毛诗大序》说："风，风也，教也。风以动之，教以化之。……上以风化下，下以风刺上，主文而谲谏，言之者无罪，闻之者足以戒，故曰风。"又说："是以一国之事，系一人之本，谓之风；言天下之事，形四方之风，谓之雅。雅者，正也，言王政之所由兴废也。政有大小，故有小雅焉，有大雅焉。"又说："颂者，美盛德之形容，以其成功告于神明者也。"这说明《诗经》分为风、雅、颂是由于不同的诗有不同的政治作用，风类是为了教化和刺上；雅类是以王道的盛衰兴废为鉴；颂类是向神灵歌功颂德。

2. 从诗所反映的生活来解释，如朱熹《诗集传序》说："凡诗之所谓风，多出于里巷歌谣之作，所谓男女相与咏歌，各言其情者也。……若夫雅、颂之篇，则皆成周之世，朝庭郊庙乐歌之词。"又说："颂者，宗庙之乐歌。"朱熹认为风、雅、颂的分类是诗歌所反映的生活内容不同，风是表达男女情感方面内容；雅、颂各反映的是与朝庭和宗庙祭祀有关的内容。

3. 从音乐的角度解释，如郑樵在《通志序》说："风土之音曰风，朝庭之音曰雅，宗庙之音曰颂。"今人也多认为是音乐上的分类。因为在《诗经》的时代，诗和音乐是融合为一的，按照诗歌的音乐来划分风雅颂是合理的。据近人的考证，风就是乐调的意思，是有地方色彩的音乐，顾颉刚《论诗经所录全为乐歌》说："所谓《国风》，犹之乎说'土乐'。"十五国风就是各诸侯国统治地区十五个地方的土风歌谣。雅就是正的意思，"雅乐"就是"正乐"，天子之乐曰雅，是相对于地方的音乐而言的，当时人把周王朝直接统治地区的音乐看成正声，是出于尊王的思想。雅又分大雅和小雅，这可能和雅乐产生的先后有关，大约先产生的叫大雅，后产生的叫小雅。颂有形容（舞容）的意思，颂，宗庙之乐歌，是一种宗庙祭祀用的配合舞蹈的乐曲。

尽管对《诗经》风、雅、颂的分类的解释众说纷纭，但我们可以看出在先秦时期人们已经在依据一定的标准和方法对诗歌进行分类。

除了诗歌这种文体之外，在先秦时期由于社会发展的需要还产生了其他的各种文体。如《左传》中就引录下来当时流行和使用着的许多文体资料。宋代陈骙在他所著的《文则》中，就曾经说："春秋之时，王道虽微，文风未殄，森罗词翰，备括规模，考诸《左氏》，摘其英华，别为八体……作者观之，庶知古人之大全。"陈骙列举出《左传》中录存的文体就有八种：命、誓、盟、祷、谏、让、书、对。褚斌杰先生对此还做了一些补充，说："其实除此八体之外，还可以补充不少，如：晏子之论'和同'，穆叔之论'不朽'，则属于论辩体；王子朝告诸侯，则属于诏令体；虞人之箴，正考父之鼎铭，则属于箴铭体；鲁哀公孔子之诔，则属于哀祭体等等。这些文体通过《左传》的录存，为后世文体的发展提供了借鉴；同时也说明我国繁富的文体，早在先秦时代就已经萌蘖，而且已有了相当的发展。"①

正是由于这些各种不同体式的文体在使用时有不同的范围和用途，人们在编选文集时就要进行分类，最早对散文文体分类编集恐怕就是《尚书》了。据《左传》等书记载，在《尚书》之前，有《三坟》、《五典》、《八索》、《九丘》，但这些书都没有传下来，《汉书·艺文志》已不见著录。因此说《尚书》是我国最早的一部历史文献。《尚书》的文体分为典、谟、训、诰、誓、命六种。汉代孔安国《尚书序》中说："芟夷烦乱，翦截浮辞，举其宏纲，撮其机要，足以垂世立教。典、谟、训、诰、誓、命之文凡百篇。所以恢弘至道，示人主以轨范也。"又一说为十类，

① 褚斌杰：《中国古代文体概论》（增订本），北京大学出版社1992年版，第7页。

唐孔颖达《尚书正义》："捡其此体，为例有十：一曰典，二曰谟，三曰贡，四曰歌，五曰誓，六曰诰，七曰训，八曰命，九曰征，十曰范。《尧典》、《舜典》二篇，典也。《大禹谟》、《皋陶谟》二篇，谟也。《禹贡》一篇，贡也。《五子之歌》一篇，歌也。《甘誓》、《秦誓》三篇、《汤誓》、《牧雪》、《费誓》、《秦誓》八篇，誓也。《仲虺之诰》、《汤诰》、《大诰》、《康诰》、《酒诰》、《召诰》、《洛诰》、《康王之诰》八篇，诰也。《伊训》一篇，训也。《说命》三篇、《微子之命》、《蔡仲之命》、《顾命》、《毕命》、《周命》、《文侯之命》九篇，命也。《胤征》一篇，征也。《供范》一篇，范也。"

《尚书》是一部颇有争议的著作，有今古文之分，有真伪之别。《尚书》原名叫作《书》，因它是记载上古之事的，而"尚"在古代和"上"是同义通用字，故名之为《尚书》；又因它是儒家经典之一，故又称为《书经》。《尚书》所涉及的年代，起自原始社会末期的虞舜时代，迄至春秋前期的秦穆公时代，为时约一千四百年（公元前21世纪至公元前7世纪）。《尚书》包括夏、商、周三代的重要历史文献，以及追述原始社会末期事迹的著作。《尚书》成于何时，为何人所编定，历来说法不一。目前比较一致的看法是，它不是成于一时，也并非出自一人之手，而是经过较长时间的汇集流传。到春秋战国时期才最后成书。

《诗经》把诗区分为风、雅、颂三体，《尚书》把文章分成典、谟、训、诰、誓、命等类，从这些情况看，我国最早的文体分类，主要体现在文章总集的编排上，一般比较粗略，大都着眼于实际功用。这些分类的方法对后世影响较大，甚至史传散文也受其影响，如《史记》把纪传体分为本纪、世家、列传、表、书五种等。班固的《汉书》承袭了《史记》的体例而稍有变化，分为纪、表、志、传四体，改"书"为"志"，舍弃"世家"，体例更为严整。

## 二　中国古代文体分类理论的萌芽

真正有意识地对文体开始辨析分类的是汉代的刘向的《别录》、刘歆的《七略》和班固的《汉书·艺文志》。汉初由于秦始皇的焚书，加上战乱，很多文献损失。汉武帝、汉成帝均在全国范围内大规模地征集图书。《汉书·艺文志》载："汉兴改秦之败，大收篇籍，广开献书之路。迄孝武世……于是建藏书之策，置写书之官，下及诸子传说，皆充秘府。至成帝时，以书颇散亡，使谒者陈农求遗书于天下。"汉成帝时一面继续向民间征求书籍，一面命刘向等清理皇家藏书，刘向的工作持续了近二十年。"每一书已，向辄条其篇目，撮其指意，录而奏之。"因为刘向所编要目与本书分开编订，新的称之为"别录"。刘向死后，他的儿子刘歆继续完成父业，将书分成六类，先作总说性质的《辑略》，又分别作《六艺略》、《诸子略》、《诗赋略》、《兵书略》、《术数略》和《方技略》。依《汉书·艺文志》所记，其大类下又分为若干种，属于细类、小类。种下则有家，属于目。刘向的《别录》、刘歆的《七略》不只是著录了书名、作者等项，而值得特别注意的，是"部次条别，将以辨章学术，考镜源流"。

可惜刘向、刘歆父子的原书已佚失，好在《汉书·艺文志》保存了《七略》的概貌。《隋书·经籍志·总序》对之有详细的记载："光武中兴，笃好文雅，明、章继轨，尤重经术。四方鸿生巨儒，负帙自远而至者不可胜算。石室、兰台，弥以充积。又于东观及仁寿阁集新书，校书郎班固、傅毅等典掌焉。并依《七略》而为书部，固又编之，以为《汉书·艺文志》。"《汉书·艺文志》的目录分类分为六类，与《七略》的六略分类相同，只是《辑略》这一部分的内容却散入各种类书目介绍之下。《汉书·艺文志》所收录书籍文献的数量空前增加，其六大类目下共收录38种596家，计13269卷。《汉书·艺文志》中《六艺略》共录

103家，计3123篇，《诸子略》中儒家53家，计836篇，合计156家，3959篇，占整个六略596家的26%，占13269卷的近30%。这反映了汉武帝"罢黜百家，独尊儒术"政策之后，儒家在国家政治文化生活中的统治地位开始形成，经学繁荣的状况。

就文学性的文体看，《七略》的《诗赋略》据班固《汉书·艺文志》只有106家，仅1318篇，只及六艺儒家的三分之一。《诗赋略》分诗赋为五种，其中赋为四家，歌诗为一家。四家赋为：（1）屈原赋类；（2）陆贾赋类；（3）孙卿赋类；（4）客主赋类。由于班固对《七略》进行了删减加工，班固在《总序》里说"今删其要，以备典籍"，因而，刘向父子将赋分为四种的原因就不清楚了。后人便根据《七略》体例作各种推测。姚振宗《汉书艺文志拾补》[①] 卷三说："按诗赋略，旧目凡五，一、二、三皆曰赋，盖以体分，四曰杂赋，五曰歌诗。其中颇有类乎总集，亦有似乎别集。"他在论屈原赋类说："此二十种大抵皆楚骚之体，师范屈宋者也。故区为第一篇。"论陆贾赋类说："此二十一家大抵不尽为骚体，观扬子云诸赋，略可知矣。故区为第二篇。"论孙卿赋类说："此二十五家大抵皆赋之纤小者。观孙卿《礼》、《知》、《云》、《蚕》、《箴》五赋，其体类从可知也。故又区为第三篇。"论客主赋类说："此十二家大抵尤其纤小者，故其大篇标曰《大杂赋》而《成相辞》、《隐书》置之末简，其例亦从可知矣。"从这些论述可以看出，姚氏认为《诗赋略》是以体裁而分。《诗赋略》虽分为五种，实际上只有两种：诗、赋。这反映出汉代及此前创作的状况，以及文学创作并不是十分普遍，文学还依附于政治、哲学、历史等学科未获得独立地位的事实。而且文体也比较简单单一。

刘向的《别录》、刘歆的《七略》和班固的《汉书·艺文志》

---

① 　姚振宗：《汉书艺文志拾补》，中华书局1988年重印《二十五史补编》本。

把文献分为六类的"六分法"体现了当时学者对不同学术性质流派的认识,反映了他们心目中的文献分类观念,也标志着中国古代文体分类意识的萌生。其分类注意类属层次,类下有种,种下有家,同时在文献分类中注意"考镜源流"。这些学术思想和方法初步形成了中国古代文体分类的基本特征,对魏晋以后的文体研究产生很大的影响。

### 三 中国古代文体分类理论的初步形成

东汉以后,文体发展很快。刘师培《中国中古文学史讲义》第三课说:"文章各体,至东汉而大备。汉魏之际,文家承其体式,故辨别文体,其说不淆。"这说明到了东汉时期中国古代的许多文体已经形成,人们对各种文体的体式特点都有了比较清晰的认识。如《三国志》中所著录文体就有十二种之多。从《后汉书》著录的文体统计的结果看,大致有诗、赋、铭、诔、颂、书、论、奏、议、记、碑、箴、七、九、赞、连珠、吊、章表、说、嘲、策、教、哀辞、檄、难、答、辩、祝文、荐、笺等三十余种,真可谓文体大备了。这一事实既说明到了东汉文体的种类已经很多了,而且各种文体大都有了名称,也说明时人对文体开始细致辨析区分。

虽然《三国志》、《后汉书》是我们重要的参考资料,但是,由于两书的作者毕竟不是生活在那个时代,他们所记载的情况,往往是晋宋以后的归纳和命名,我们只能把它们作为一个重要的佐证材料。具体说到这个时期的文体分类研究还必须参照秦汉时代的著述。这方面的除了上面提到的班固《汉书·艺文志》的文体分类外,还有一些著作。从现存资料来看,有关文体研究的论著,当以蔡邕《独断》为最早。周勋初先生曾经说:"考文体论的产生,是由研究朝廷公文格式开始的。汉末蔡邕著《独断》,就对天子下令群臣的策书、制书、诏书、戒书,群臣上天子的章、奏、表、驳议等体裁进行了研究，而在《铭论》一文中，更从历史发展的观点详加论述，这是因为朝廷的公文格式特别要求措词得体的缘故。"① 跃进也说："从现存资料来看，有关文体研究的论著，当以蔡邕《独断》为最早。"② 《独断》在中国古代文体论之发展历程中的重大意义在于，最早从文章学的层面论及文体。

《独断》始见于《后汉书·蔡邕传》。《南齐书·礼志上》："汉初叔孙通制汉礼，而班固之志不载。及至东京，太尉胡广撰《旧仪》，左中郎蔡邕造《独断》，应劭、蔡质咸缀识时事，而司马彪之书不取。"据此，我们可以推断蔡邕《独断》至少在晋宋以来已广为流传。《独断》所论有两大类，一是皇帝发布的诏书，二是大臣呈递的章表书记。③ 天子独用的文体有四种，《独断》卷上记载说："一曰策书，二曰制书，三曰诏书，四曰戒书。"该书卷二论官文书四体曰："凡群臣上书于天子者有四名：一曰章，二曰奏，三曰表，四曰驳议。"

天子独用的这四种文体始于汉初。《文心雕龙·诏策》篇云："汉初定仪则，则命有四品：一曰策书，二曰制书，三曰诏书，四曰戒敕。敕戒州郡，诏诰百官，制施赦命，策封王侯。"所谓汉初定仪则，始于汉高祖刘邦五年，叔孙通制定礼乐制度，至七年始成定制。（1）策书。《独断》曰："策书。策者，简也。礼曰：不满百丈，不书于策。其制长二尺，短者半之。其次一长一短，两编。下附篆书，起年月日，称皇帝曰，以命诸侯王、三公。其诸侯王、三公之薨于位者，亦以策书诔谥其行而赐之，如诸侯之策。三公以罪免，亦赐策。文体如上策而隶书，以一尺木

① 周勋初：《周勋初文集》第 2 卷，江苏古籍出版社 2000 年版。
② 跃进：《〈独断〉与秦汉文体研究》，《文学遗产》2002 年第 5 期。
③ 本书据上海古籍出版社影印四库全书本《独断》。

两行，唯此为异者也。"（2）制书。《独断》曰："制书，帝者制度之命也。其文曰制。诏三公、赦令、赎令之属是也。刺史太守相劾奏，申下土，迁书文，亦如之。其征为九卿，若迁京师近宫，则言官具言姓名，其免若得罪，无姓。凡制书者有印使符，下远近皆玺封。尚书令印重封。唯赦令赎令召三公诣朝堂受制书，司徒印封，露布下州郡。"（3）诏书。《独断》曰："诏书者，诏诰也。有三品。其文曰：告某官。官如故事，是为诏书。群臣有所奏请，尚书令奏之，下有制曰。天子答之曰可。若下某官（云云），亦曰诏书。群臣有所奏请，无尚书令奏制之字，则答曰已奏。如书本官下所当至，亦曰诏。"可见是告百官的文书。（4）戒书。《独断》曰："戒书，戒敕刺史太守及三边营官，被敕文曰：有诏敕某官，是为戒敕也。世皆名此为策书，失之远矣。"又称戒敕。《文心雕龙·诏策》篇："戒敕为文，实诏制切者。"可见是对于各地太守的命令。此外，《独断》还记录了"天子命令之别名"，即命、令、政："出君下臣名曰命"、"奉而行之名曰令"、"著之竹帛名曰政"。

蔡邕《独断》卷上记载大臣呈递文书的四种：章，奏，表，驳议。《文心雕龙·章表》篇云："汉定礼仪，则有四品：一曰章，二曰奏，三曰表，四曰议。章以谢恩，奏以按劾，表以陈请，议以执异。"（1）章。《独断》曰："章者，需头，称稽首，上书谢恩陈事诣阙通者也。"当是谢恩时作也。《文心雕龙·章表》篇称："章者，明也。……前汉表谢，遗篇寡存。及后汉察举，必试章奏。"（2）奏。《独断》曰："奏者，亦需头。其京师官但言稽首。下言稽首以闻。其中者所请，若罪法劾案公府送御史台，公卿校尉送谒者台也。"当是按劾时作也。《文心雕龙·章表》篇云："秦初定制，改书曰奏。"奏以按劾。（3）表。《独断》曰："表者不需头。上言臣某言，下言臣某。诚惶诚恐，稽首顿首，死罪死罪。左方下附曰某官臣某甲上。文多用编两行。文少以五行。诣尚书通者也。公卿校尉诸将不言姓。大夫以下有同姓官别者言姓。章口报闻。公卿使谒者，将大夫以下至吏民，尚书左丞奏闻报可。表文报已奏如书，凡章表皆启封，其言密事得皂囊盛。"当是陈请时作也。（4）驳议。《独断》曰："其有疑事，公卿百官会议，若台阁有所正处，而独执异议者，曰驳议。驳议曰：某官某甲议以为如是。下言臣愚赣议异，其非驳议，不言议异。其合于上意者，文报曰某官某甲议可。"当是执议时作也。《文心雕龙·议对》篇云："迄至有汉，始立驳议。驳者，杂也；杂议不纯，故曰驳也。"这种文体的特点是："必枢纽经典，采故实于前代，观通变于当今，理不谬摇其枝，字不妄舒其藻。"从《独断》可以看出，蔡邕把天子下行文书分为四类：曰策书，曰制书，曰诏书，曰戒书；臣子上行文书也分为四类：曰章，曰奏，曰表，曰驳议，并对每一种文体的用途和写作要求都作了具体说明，辨体明晰，这说明当时各种文体的区分已经十分明晰。汉代的"文章"概念涵盖了文学文体和应用文体，而文体体制体式观念的产生和文体规范的建立，正是在应用文体中得以明确的。

除了蔡邕《独断》区分的文体外，我们还可以看出当时的人们分出了许多文体。如《后汉书·蔡邕传》说："所著诗、赋、碑、诔、铭、赞、连珠、箴、吊、论、议、《独断》、《劝学》、《释海》、《叙乐》、《女训》、《篆势》、祝文、章表、书记，凡百四篇，传于世。"《后汉书》虽然成于刘宋时代，但是，《蔡邕传》中所谓诗、赋、碑、诔、铭、赞、连珠、箴、吊、论等文体在这之前确实已经为当时士人所熟知、所掌握是事实，可以说是当时的主要文体。

这个时期的人们不仅区分出很多种文体，同时也开始对文体归类。东汉王充撰的《论衡》书中就分文体为五类，《轶文》云："文王之文，传在孔子，孔子为汉制文，传在汉也。受天之文，文人宜遵五经六艺为文，诸书传书为文，造论著说为文，上书奏记为文，文德之操为文。立五文在世，皆当贤也。"

从文体分类理论的发展来看，我们可以注意到汉代之前有这样几个特点：第一，中国古代文体种类在汉代已经初具规模，文体分类的意识自然也就相伴而生。《文心雕龙》所论述的七十八种文体，"原始以表末"，推溯源流，将各种文体的起源、流变以及重要作品作了比较细致的描述，可以看出多数重要作品均产生于汉代。甚至像《文章缘起》论列八十四体，就明确标明始于秦汉者六十七体。这说明东汉时期中国古代的许多文体已经形成，人们对各种文体的体式特点都有了一定的认识，这标志着中国古代文体分类理论的初步形成，但这个时期人们对文体分类还多有混乱的现象，如有些文体没有名称，只能用篇名代替等等。第二，这个时期在人的心目中，实用性文体与抒情性文体并没有明显的区分，都为他们所重视，甚至在某种程度上说，那些应用性文体更能得到时人的重视。总之，先秦、两汉时期只能是中国古代文体分类逐步形成的时期。

## 第二节　魏晋南北朝:成熟期

### 一　魏晋南北朝文体分类理论概说

如前所述，中国古代的文体分类在先秦就有了，《诗经》和《尚书》将不同的文体（诗歌与散文）分别编纂成集。但是，我们也不难看出那时期的人们尚无明确的文体分类意识，汉代刘歆作《七略》，始有文体分类的尝试，班固继之，但他们也主要着眼于"家"，即学术的流派。除了对诗、赋的体式特征有所描述外，对其他文体的特征皆不予以说明。

由建安而魏晋，是中国文学自觉时代的开始。文学观念自觉之后，文人"体"的意识就更为鲜明，在理论上开始论说文体分类．首功应属于曹丕。曹丕在《典论·论文》中说："夫文本同而末异，盖奏议宜雅，书论宜理，铭诔尚实，诗赋欲丽。"曹丕将当时八种常用文体及其特征明确开列，把文体一分为八，归纳为四科，用"雅"、"理"、"实"、"丽"来概括各体的体貌特征。虽然用语十分简省，只取一字，但却相当精确。曹丕用四个字概括了四种文体的体貌特征，第一次区分了文体，这在文章史上是首创。《典论·论文》区分文体，是以文体的体貌为依据，虽然不涉及各种文体具体的语体特征，但文体的体貌的显现毕竟是通过语言等因素形成的。例如奏议宜雅，雅就要求语言不能太浅俗，语气要庄重，体式要符合规范等。曹丕以文体的体貌特征区分文体，虽然简单，但把握住不同文体的不同特征。

其后陆机的《文赋》在曹丕八体的基础上，进而分成十体，即："诗缘情而绮靡，赋体物而浏亮，碑披文以相质，诔缠绵而凄怆，铭博约而温润，箴顿挫而清壮，颂优游以彬蔚，论精微而朗畅，奏平彻以闲雅，说炜晔而谲诳。"陆机揭示文体特征比曹丕更贴切、精当，文体风格的把握更为准确。陆机对于各种文体的界说，基本上承袭曹丕以文体的体貌特征为依据来分类。但他比曹丕的文体分类又多了对各种文体性质解说的内容。例如："诗缘情而绮靡，赋体物而浏亮。""缘情"是说明诗是情的产物，这是对诗的性质阐释。"体物"是赋的性质，就是说赋这种文体就是要详尽的描述外物。陆机分文体为十种，对文体的分类和界说，都从文体性质和文体体貌两个方面加以界定，因此，他的文体分类比曹丕更加细致深入。

挚虞的《文章流别论》是文学批评史上首次明确地以"流别"为题，研究文体发展变化的著作。这部著作在文体分类理论上至少有这样三方面的价值：

其一，从其片断佚文中，可以看出对诸体都注重研探其渊源流别，对魏晋之前尤其是汉代"文章"各种文体作了"以类聚区分"①。今存的片段中开列并论述的文体有颂、赋、诗、七、箴、铭、诔、哀辞、哀策、对问、图谶等十一体，按文体来考察其流变。现存残卷对以上各体都有或详或略的解说。如说"颂"：

> 颂，诗之美者也。古者圣帝明王，功成治定而颂声兴。于是史录其篇，工歌其章，以奏于宗庙，告于鬼神。故颂之所美者，圣王之德也，则以为律吕。或以颂形，或以颂声，其细已甚，非古颂之意。昔班固为《安丰戴侯颂》，史岑为《出师颂》，《和熹邓后颂》，与《鲁颂》体意相类，而文辞之异，古今之变也。扬雄《赵充国颂》，颂而似雅；傅毅《显宗颂》，文与《周颂》相似，而杂以风雅之意。若马融《广成》、《上林》之属，纯为今赋之体，而谓之颂，失之远矣。②

挚虞对"颂"这种文体的解说是非常详尽的，先给文体下定义，再述渊源，然后分说这种文体的流变。这种探源溯流的方法，比曹丕、陆机的文体分类理论又进了一步。从现存佚文中看到，挚虞对颂、赋、诗、七、铭这几种文体的阐释比较详细，一般都用了三百字左右。挚虞对赋体的论述也较为深入，表现在一方面能够正确评价赋史的渊流及其发展，对屈贾之骚赋给予很高评价；另一方面又能指出赋体的特点在于"假象尽辞，敷陈其志"；又分析古之赋是"以情义为主，以事类为佐"，今之赋"则是以事形为本，以义正为助"，从而肯定古诗之赋，而批评今人之赋"假象过大，则与类相远"的毛病。这些思想，都表现出比

---

① 《晋书·挚虞传》。
② 《太平御览》卷五百九十六。

较正统的观念，对刘勰《文心雕龙》对赋的分析有一定的启发。可是，对于其他一些文体的解说，却又相当简略。如说"哀策"就只有一句话："今所（脱一字）哀策者，古诔之义。"①

其二，把文章分体之后，还就某些文体进一步分为小类，对各体章句的变化也能一一进行胪列，是中国文学批评史上较早注意到诗体形式的一家。仅就现存佚文看，比如佚文"《书》云"一条，对古来诗体从三言、四言、五言、六言、七言、九言等诗句的字数去进行划分，他说："古诗率以四言为体，而时有一句二句杂在四言之间，后世演之，遂以为篇。"这是现存文献中所见最早的。虽然挚虞仍以四言为诗体之正，但他对三言、四言、五言诸体的划分，显示了他比较自觉的文体分类意识。

其三，从社会原因去阐明文体的形成。现存佚文中有一段文字说："王泽流而诗作，成功臻而颂兴，德勋立而铭著，嘉美终而诔集，祝史陈辞，官箴王阙。"② 他在考察各种文体时从社会原因去阐明文体的形成："王泽流"产生了诗，"成功臻"产生了颂，"德勋立"产生了铭，"嘉美终"产生了诔。这样从社会原因上阐明文体的形成，对文体的认识是有积极意义的。

继之又有李充著《翰林论》（今存少量佚文），"论为文体要"，开列每种文体（如图赞、表、论、议、盟、檄、诫等）时，皆举优秀作品示例。大规模地论述文体的是刘勰，《文心雕龙》五十篇，前五篇是"文之枢纽"，有专门的文体论二十篇，论及文体三十四类（包括骚体），七十八种。对每一种文体不但"囿别区分"，分门别类，而且"原始以表末，释名以章义，选文以定篇，敷理以举统"，论述每种文体的起源和流变，解释文体的名称，评论代表作家作品，说明文体的规格要求。梁代昭明太子

---

① 《太平御览》卷五百九十六。
② 同上。

萧统编《昭明文选》，承袭《文章流别集》，以文体分卷，"凡次文之体，各以汇聚。诗赋体既不一，文以类分。类分之中，各以时代相次"。[①] 当下学界一般都认为：《昭明文选》中所涉及的文体为三十九种。如果我们把《文选序》中提及的戒、诰、记、誓、悲、碣、三言、八字、篇、引等十体《昭明文选》没有选录其作品的文体，以及《昭明文选》中涉及的文体加起来，差不多近五十体。除去有些文体，如《序》之"答客"、"指事"与《昭明文选》之"七"、"设论"等，两者名异而实同的情况，《昭明文选》全书涉及的文体恐怕也有47种左右（关于《文心雕龙》和《昭明文选》，后面有专章论述）。

## 二　重要的文体著作

### （一）曹丕的《典论·论文》

曹丕的《典论·论文》是《典论》中的一篇，《典论》原有五卷，至宋而全书亡。萧统《昭明文选》李善注卷五十二，中华书局影印清胡克家本；《北堂书钞》卷一百辑佚《典论》佚文；严可均辑《全三国文》卷八《典论》。《典论》写成于建安末年，据严可均《全三国文》卷八按语："谨案《隋志》儒家《典论》五卷，魏文帝撰。旧新《唐志》同。……唐时石本亡，至宋而写本亦亡，世所习见，仅裴注之帝《自叙》，及《文选》之《论文》而已。"曹丕喜好著书，据《三国志·魏书》本传所载："帝好文学，以著述为务，自所勒成垂百篇。"《典论》写成后，曹丕曾以绢素书成一部赠孙权，又以纸写一部送张昭，可见他对此书较为得意。

《典论·论文》是一篇文学批评的总论，在文学批评史上意义重大。《典论·论文》包括的文学批评观念是多方面的，其中

---

① 《文选序》，李善《文选注》，中华书局1977年版。

涉及文体的论述是，将前此的若干文体分为四科八体。曹丕对八体的文体特征均一一予以指出，并认为八种文体是本同而末异。同时又指出"文非一体，鲜能备善"，不同的作家对不同文体各有所长，风格各异，原因在于"文以气为主"。曹丕的"气"，一指作家的才情气质，二指贯穿于作品中的与作家气质相通的艺术风格。曹丕认为"气"分清浊两体，是先天性的。这对我们研究不同的文体和不同作家在相同的文体中所表现出不同的文体风格是很有价值的。

（二）傅玄的《傅子》

傅玄的《傅子》一书原有一百四十篇，至宋亡佚。现存《傅子》佚文中最重要的文学批评文献是两篇研究文体的文章，一是《连珠序》，二是《七谟序》，两文现最早见于《艺文类聚》及《太平御览》。清严可均《全晋文》辑录有《傅子》佚文五卷。近人叶德辉辑并撰订讹《傅子》三卷附订讹一卷，有观古堂所著书本。

《连珠序》及《七谟序》在文体研究方面卓有意义。两篇序文对"连珠体"和"七体"的来龙去脉及主要作家作品进行了扼要的说明，其方法大致是推究体制的来源、发展，从体名研究其文体的特点，再论述该文体的代表作家及作品。傅玄的这一文体研究方法，与挚虞、李充等人的文体研究，可以说是刘勰《文心雕龙》中文体研究的先驱。

（三）陆机的《文赋》

陆机的《文赋》是西晋最有名的一篇文学批评文献。此文初见于《昭明文选》；另收录在陆氏别集中，有宋徐民赡辑《晋二俊文集》本《陆士衡集》十卷，四部备要本；明张溥辑《汉魏六朝百三家集》本《陆平原集》二卷，四库全书本。

《文赋》是中国文学批评史上第一篇专门讨论文学创作内部规律的文献，全篇用赋体写成。《文赋》将文体划分为十种，是对曹丕四科八体的文体分类的发展；对各体特点及文风的描述更为准确，也切合实际。如"诗缘情而绮靡"的提法，是就诗这一文体的特殊表征而提出来的，就对后世有极大影响。在中国诗学史上，它第一次明确地宣告诗歌的产生是由人的情感体验而来，"情"是诗歌的生命本原。那么"情"还要讲求文采，因"情"而生成"绮靡"。这标志着一个时期文学观念的变化，因而具有重大意义。《文赋》还论述了文人个性与文体风格之间的关系，说："故夫夸目者尚奢，惬心者贵当，言穷者无隘，论达者唯旷。"

（四）挚虞的《文章流别论》

挚虞的《文章流别论》今存佚文十二条，见清严可均《全晋文》卷七十七。据《晋书·挚虞传》，挚虞有《文章志》四卷、《文章流别集》三十卷；另《隋书·经籍志》著录挚虞"《文章流别集》四十一卷，梁六十卷，志二卷，论二卷"。又《文章流别志论》二卷。其中《文章流别集》当是文章选本，"论"与"志"大概是原附于《文章流别集》中，在当时及其后也可能曾单行过，所以《隋书·经籍志》又著录《文章流别志论》二卷。刘师培曾说："文学史者，所以考历代文学之变迁也。古代之书，莫备于晋之挚虞。虞之所作，一曰《文章志》，一曰《文章流别》。志者，以人为纲者也；流别者，以文体为纲者也。"[①] 一般人据刘师培的说法，以为其中的"志"是作者小传，"论"是文学专论。

关于《文章流别集》，《隋书·经籍志》以为它是总集的开始："总集者，以建安之后，辞赋转繁，众家之集，日以滋广，晋代挚虞，苦览者之劳倦，于是采摘孔翠，芟剪繁芜，自诗赋下，各为条贯，合而编之，谓为《流别》。"《四库提要》也持此

① 刘师培：《中国中古文学史讲义》，上海古籍出版社2000年版，第114页。

意，认为总集"体例所成，以挚虞《流别》为始"。挚虞的《文章流别论》是文学批评史上首次明确地以"流别"为题，研究文体发展变化的著作。现今学者一般认为，《文章流别志论》是附在《文章流别集》中又相对独立的部分，如从整体看，《文章流别集》既有选文，又有作者小传，又有文体研究及作家评论，这种三合一的编制形式，也为后世选家所采用，而挚虞是其中最早的一位。

（五）李充的《翰林论》

《翰林论》据《隋书·经籍志》记载，它原有文五十四卷，论三卷，除了没有"志"以外，基本体制仿《文章流别集》。可惜全书已散失，《翰林论》也仅剩佚文十余条。散见在《艺文类聚》、《初学记》及《太平御览》等书中，严可均《全晋文》将其佚文大部收入，收录在卷五十三。现存《翰林论》佚文十余条，数目虽然不多，但简短有致。论文体的，如"论贵于允理，不求支离。若嵇康之论，成美文矣"（《全晋文》为"若嵇康之论文矣"，今据《太平御览》本改）。又如"表宜以远大为本，不以华藻为先。若曹子建之表，可谓成文矣"。李充对典籍的分类做出过很大贡献。据《隋志》记载，曹魏时，秘书监荀勖曾著《新经》，最早将图书分为甲、乙、丙、丁四部。李充在任大著作郎时，在《新经》的基础上，对荀勖的"四部"分法进行了改造，将原归在丙部的《史记》划归乙部，遂成后世"四部"定法，即以《五经》为甲部，以《史记》为乙部，诸子为丙部，诗赋为丁部，这是经、史、子、集"四部"分类法最早定型之作。

（六）《文章缘起》

《文章缘起》，据《隋志》，其原名为《文章始》一卷，且注其已亡，其后新旧《唐书》子部杂家类均著有《文章始》一卷，题为任昉撰，张绩补。《四库提要》以为此书在隋已亡，今本乃张绩所补。此书题为"文章缘起"，实包含诗、赋、诏、策、表、书、启、牋、论、令、奏记、駮（驳）、议、弹文、荐、教等八十四种文体。宋王得臣《麈史》曾说：“梁任昉集秦汉以来文章名之始，目曰《文章缘起》。自诗赋《离骚》，至于契约，凡八十五题，可谓博矣！”该书虽在文体分类上有许多混乱不清的地方，但在记载由先秦至晋代的作家作品及各种诗文体制方面有一定意义，是研究文体史的重要文献。

（七）《诗品》

《诗品》，梁钟嵘撰。《诗品》与《文心雕龙》齐名。在文学理论及批评方面，两书各有所长。《文心雕龙》长于文学总论，《诗品》则长于品评诗艺。《诗品》不仅在对五言诗的研究方面令人瞩目，其分品论人的体制和溯流别的方法深受后人的赞赏。

（八）《金楼子》

《金楼子》，梁萧绎撰，此书中的《立言》及书前萧绎的自序值得注意。萧绎在此书中表现出的思想似以儒家为主，比如强调立言为本，重视文学移风易俗的教化作用，在文质观上注重文而有质等，均是儒家传统诗论的核心。但他不一概反对流连哀思、宫徵靡曼之文，只不过他认为抒情之文与实用之笔有所不同罢了，既反映出萧绎注意到“文”与“笔”的区别，另一方面也说明他对文有自己的清醒认识。

（九）《颜氏家训》

《颜氏家训》，是此期唯一出自北朝的文学批评著作。其作者颜之推，原为南人，梁灭入北齐，齐灭又入北周，隋开皇中又被召为文学。此书原为一部家学之书，文学是其中一部分内容。颜生于梁末，生活于北朝，所以对南朝士风颇有不满，此书中不少有关文学的论述均是有感而发。书中也有文体方面的一些论述，《颜氏家训·文章篇》对文体的起源作了解释，认为“夫文章者原出五经”，这同刘勰《文心雕龙》的见解是一脉相承的。文中分文章为五类：生于《书》者诏命、策檄；生于《易》者序述、论议；生于《诗》者歌咏、赋颂；生于《礼》者祭祀、哀谏诵；生于《春秋》者书奏、箴铭。此书所代表的思想是北人的思想，也是由南北朝过渡到隋唐的一部重要的文学批评文献。

以上对魏晋南北朝时期比较重要的有关文体研究的文献做了一番简要的介绍，除上述外，南朝还有一些比较重要的论文和与文学批评有关的书信序文，梁裴子野的《雕虫论》（《通典》）、萧纲的《与湘东王书》（《梁书·庾良吾传》）、刘孝绰的《昭明太子集序》（《昭明太子文集》弁首）等，也各有一些值得注意的有关文体的内容。大体看来，以上比较重要的文献基本上体现了南北朝时期文体分类思想发展的基本状况。

《诗品序》曾对前此的文学批评文献做过一个概括的估价：

> 陆机《文赋》，通而无贬；李充《翰林》，疏而不切；王微《鸿宝》，密而无裁；颜延论文，精而难晓；挚虞《文志》，详而博赡，颇曰知言。观斯数家，皆就谈文体，而不显优劣。至于谢客集诗，逢诗辄取；张骘《文士》，逢文即书。诸英志录，并义在文，曾无品第。

钟嵘序中的这段话主要还是为了说明其《诗品》胜于前人，但值得注意的是，钟嵘也指出了这些批评著作都谈到文体问题。钟嵘最赞赏的是挚虞的《文章流别志论》，称其"详而博赡"，可见其内容原是相当丰富的，而从其"就谈文体"而言，这个时期挚虞的《文章流别志论》对文体的特征及流变的研究成就也是最高的。

## 三 魏晋南北朝文体分类理论特征

### （一）对文体的认识更加深入全面

在魏晋南北朝之前，人们根据社会生活的需要创制了各种各样的文体，在实践中不断丰富发展，并且也试图归纳总结不同文体的写作范式，如蔡邕的《独断》把天子下行文书分为四类：曰策书，曰制书，曰诏书，曰戒书；臣子上行文书也分为四类：曰章，曰奏，曰表，曰驳议，并对每一种文体的用途和写作要求都作了具体说明，辨体明晰。但这只是单一的就一些应用文的体裁的辨析而论，还缺乏比较深入的从理论上对文体的论述。再者，蔡邕不是把这些文体当作"文"来看待，并加以研究的，而是当作典章制度的一个部分来考察的，因此说还不能说是具有了清醒的"文体"意识。是曹丕的《典论·论文》第一次自觉地确立了文体观念，把八种文体纳入到了"文"的范围内来考虑的了。

曹丕在《典论·论文》中已经注意到"文体"的内涵不仅仅是指体类，还指不同文体通过语体所表现出来的体貌。不同的体类，规定了不同的体貌。曹丕对奏议、书论、铭诔、诗赋四科八种文体的体貌特征分别用"雅"、"理"、"实"、"丽"来概括。西晋时期，"体"、"文体"已经成为重要的文学理论范畴，其内涵是比较丰富的。傅玄《连珠序》论连珠体云："其文体，辞丽而旨约，不指说事情，必假喻以达其旨……班固喻美辞壮，文章弘丽，最得其体。"① 傅玄这里是说连珠这种文体的语言风格是"辞丽旨约"，表达的方式是"假喻以达旨"，可见傅玄所说的"文体"内涵包括了语言风格和表达方式。

《文心雕龙》一书，对"文体"、"体"的认识是最为深刻的。詹锳先生《〈文心雕龙〉义证》中说："《文心雕龙》中作为专门术语用之'体'，含义有三方面之意义，其一为体类之体，即所谓体裁；其二为'体要'或'体貌'之体，'体要'有时又称'大体'、'大要'，指对于某种文体之规格要求；'体貌'之体，则指对于某种文体之风格要求……而在本篇中'体性'之体，亦

---

① 严可均辑：《全晋文》（卷四十六），中华书局 1987 年版。

属体貌之类，但指个人风格。"①从以上文论家对"文体"、"体"的运用中，我们会发现魏晋南北朝时期人们对"文体"内涵的认识是很全面而深入的，从一定意义上看，它反映出整个中国古代文体分类理论已经走向成熟。

（二）文体分类更趋于细密

东汉以来各种文体日益繁富，文学写作常常出现由于文体界限不清而发生一些混乱的现象。挚虞在《文章流别论》中就批评了这种混乱的状况，说："昔班固为《安丰戴侯颂》，史岑为《出师颂》、《和熹邓后颂》，与《鲁颂》体意相类，而文辞之异，古今之变也。扬雄《赵充国颂》，颂而似雅；傅毅《显宗颂》，文与《周颂》相似，而杂以风雅之意。若马融《广成》、《上林》之属，纯为今赋之体，而谓之颂，失之远矣。"从挚虞的这段话中，我们可以看出当时文体清界限不清的情况确实严重存在。这种情况一直持续到魏晋南北朝时期。《颜氏家训·文章》说："凡诗人之作，刺箴美颂，各有源流，未尝混杂，善恶同篇也。陆机为《齐讴篇》，前叙山川物产风教之盛，后章忽鄙山川之情，殊失厥体。"颜之推指出陆机《齐讴篇》就是文体不清，不应该前颂而后鄙。他认为颂体主美，箴体主刺，二体不得混杂。

面对文体如此混乱的状况，辨析文体成为一个时代的要求。文体辨析在六朝时期一直得到作家、研习者和批评家的重视。南朝时期，由于上层统治者的重视，文学地位的提高，文体的辨析空前地得到了社会的重视，因而出现了一大批的文论家著述探讨这一问题，文体越辨越细密，种类越来越多。

曹丕将当时八种常用文体一分为八，归纳为四科。其后桓范作《世要论》，论文体涉及的有序作、赞象、铭诔三篇，论以上诸体之"作体"又较《典论·论文》为详。其后陆机的《文赋》

---

① 詹锳：《〈文心雕龙〉义证》，上海古籍出版社1989年版。

在曹丕八体的基础上，进而分成十体。晋代的挚虞撰《文章流别集》，今存的片段就涉及文体有十一类，对魏晋之前尤其是汉代"文章"各种新文体作了"以类聚区分"。继之又有李充著《翰林论》（今存少量佚文），"论为文体要"，开列了图赞、表、论、议、盟、檄、诫等文体。《文心雕龙》论及文体三十四类（包括骚体），七十八种。梁代昭明太子萧统编《昭明文选》所涉及的文体为三十九种。《文章缘起》据《隋志》载，包含诗、赋、诏、策、表、书、启、牋、论、令、奏记、驳（驳）、议、弹文、荐、教等八十四种文体。

这个时期的文体辨析最值得注意的是"文笔之辨"。"文笔"一词在魏晋时期已屡屡使用，且已隐含了文和笔两方面内容。《晋书·蔡谟传》说："文笔论议，有集行于世。"《魏书·温子昇传》说："台中文笔，皆子昇为之。"《北史·魏高祖纪》说："有大文笔，马上口授。"但是明确地分辨文笔到底是谁？学者一般认为是刘宋时的颜延之，其依据是《南史·颜延之传》一条记载："宋文帝问延之诸子才能。延之曰：竣得臣笔，测得臣文。"这里将文与笔对举，显然各有不同内容，与魏晋时连用则不同。那么颜延之所讲的文和笔各指什么内容呢？《宋书·颜延之传》记："先是竣为世祖南中郎谘议参军。及义师入讨，竣参定密谋，兼造书檄。劭召延之，示以檄文，问曰：'此笔谁所造？'延之对曰竣之笔也。'又问：'何以知之？'延之曰：'竣笔体，臣不容不识。'"这里把檄文称为笔。檄文是无韵的文体，而"文"指诗而言。据此可知笔大概就是无韵的文体。从有关史料看，"文"、"笔"分类并能辨析各自的特征实际上从东晋到刘宋就比较清楚。宋文帝在位是公元424—453年，颜延之去世是456年，但445年被杀的范晔在《狱中与诸甥侄书》就言及"文"与"笔"的不同特点，云："文"是"情志所托，以意为主……此中情性旨趣，千条百品，屈曲有成理"云云；而"笔"："手笔差异，文不拘韵故。”

《文心雕龙·总术》对此作了专门的说明，他说：“今之常言，有文有笔。以为无韵者笔也，有韵者文也。夫文以足言，理兼诗书；别目两名，自近代耳。”这说明以有韵为文，无韵为笔的观点，在齐梁时或更早些时期已为大家普遍接受。《文镜秘府论·西卷·文笔十病得失》所引《文笔式》说：“制作之道，唯笔与文。文者，诗、赋、铭、颂、箴、赞、吊、诔等是也；笔者，诏、策、移、檄、章、奏、书、启等也。即而言之，韵者为文，非韵者为笔。”刘勰也接受和采用了以有韵无韵为标准的文体分类方法。他在《文心雕龙·序志》篇中说自己的著作体例是：“若乃论文叙笔，则囿别区分。……上篇以上，纲领明矣。”《文心雕龙》上半部分是文体论，他把文体区分成文与笔两大部分。自《明诗》至《谐隐》是有韵的文；自《史传》至《书记》则是无韵的笔。

除了以有韵为文，无韵为笔的观点之外，萧绎《金楼子·立言》对“文”又有不同的看法。他说：“然而古人之学者有二，今之学者有四。夫子门徒，转相师受，通圣人之经者，谓之儒；屈原、宋玉、枚乘、长卿之徒，止于辞赋，则谓之文。今之儒，博穷子史，但能识其事，不能通其理者，谓之学。至如不便为诗如阎纂，善为章奏如伯松，若此之流，泛谓之笔。吟咏风谣，流连哀思者，谓之文。而学者率多不便属辞，守其章句，迟于通变，质于心用。学者不能定礼乐之是非。辩经教之宗旨，徒能扬榷前言，抵掌多识，然而挹源之流，亦足可贵。笔退则非谓成篇，进则不云取义，神其惠巧，笔端而已。至如文者，惟须绮縠纷披，宫徵靡曼，唇吻遒会，情灵摇荡。而古之文笔，今之文笔，其源又异。”萧绎在这里说古之学者有二，分为儒与文两类；今之学者有四，即儒、学、文、笔。是因为从古的学者的“儒”中又分出了“学”，从古的学者的“文”中又分出了“笔”。既然今之"文"是从古之"文"中分出来的，那么，他认为"吟咏风谣，流连哀思者"才能称之为"文"，其必须具备"绮縠纷披，宫徵靡曼，唇吻遒会，情灵摇荡"的条件。那就是说，不具备这些条件的古代被认为是"文"的那些作品只能成为"笔"了。

所谓"绮縠纷披"是指辞采的华美；所谓"宫徵靡曼，唇吻遒会"是指声韵的和谐动听；所谓"情灵摇荡"是指浓烈的感情色彩。这就是萧绎所理解的"文"的特征，概括起来，主要有三方面的内容：华美的辞采、和谐动听的声韵、浓烈的感情。

那么，萧绎所理解的"笔"到底是什么呢？他没有像"文"那样说得很清楚，看来是比较含糊的。他说："不便为诗如阎纂，善为章奏如伯松，若此之流，泛谓之笔。""不便为诗如阎纂"是什么意思？是指不善于写诗的阎纂所写的诗以外的各种文体，还是指不善于写诗的阎纂所写的诗这种文体？如果是前者尚且好理解，他所认为的"笔"就是除了诗这一类文体之外的文体了。如果是后者，那么诗中不符合华美的辞采、和谐动听的声韵、浓烈的感情这些条件也不能称为"文"了，这样看来"笔"包括的范围就很大了。萧绎又说："笔退则非谓成篇，进则不云取义，神其惠巧，笔端而已"。他认为"笔"不能是"成篇"，"成篇"就是萧纲所说的"篇什之美"的诗赋类的文体了，也不能是"取义"的立论之作了，那么它是什么？萧绎没有明确说明，只说："若此之流，泛谓之笔。"这里特意强调一个"泛"字，恐怕在于说明"笔"的范围是很大的。近代刘师培在《中国中古文学史·文学辨体》中曾对"文笔"区分做过探讨，说："偶语韵词谓之文，凡非偶语韵词概谓之笔。盖文以韵词为主，无韵而偶，亦得称文，《金楼子》所诠，至为昭晰。"[①]

不管怎么说，我们从萧绎这段话中可以看出，六朝时期

---

① 刘师培：《中国中古文学史讲义》，上海古籍出版社2000年版，第5页。

"文"和"笔"的区分经历了一个发展过程，对文体的理解和认识更进了一步。从最初以有韵和无韵去区分发展到了以艺术特征去区分，从语言形式、审美特征的整体的"体"去把握文体的形貌。从这一点看，萧绎远远超过了同时代的批评家。这样的认识实际上比简单的以有韵和无韵去区分文笔更具有意义。南朝的文学批评已不是简单地区分文体，而是更纵深地讨论各文体的体貌、作家写作的得失，探讨文学本身的特点和规律。

（三）推源溯流成为经典的方法

文体类别的区分，其源始自《七略》。在文体分类研究的方法上，汉魏以来继承和发扬了《七略》、班固《艺文志》的"考镜源流"传统。在挚虞《文章流别论》和李充《翰林论》佚文中，可以看出二书在辨别文章体类时，都追溯了各文体的源流发展。从现存一些文论专著和编集叙例中，也可看出追源溯流已经成为这个时期文体分类研究的一种主要方法。

文论专著当以《文心雕龙》为代表。刘勰首先在批评体例中特意把"原始以表末"这一条放在首位，作为研究文体分类的最主要的方法。这一点在《文心雕龙》处处得到了体现。如《文心雕龙·乐府》篇，刘勰先追溯乐府的起源，然后由周秦至汉魏，渐失雅声，而"溺音腾沸"。在汉武帝时成立了专门的音乐机构——乐府，"总赵代之音，撮齐楚之气。延年以曼声协律，朱、马以骚体制歌"，结果是"丽而不经"、"靡而非典"。到了汉末，"魏之三祖，气爽才丽，宰割辞调，音靡节平。……虽三调之正声，实《韶》、《夏》之郑曲"。这样例子很多，后有专章论述，故不再赘述。

除刘勰外，还有许多文论家也在自觉或不自觉地运用这一方法。钟嵘的《诗品》就采用追源溯流的方法。在他品评的一百二十多位诗人时，对其中许多人的创作风格，都追溯其源流。如说曹植"其源出于古风"，说刘桢"其源出于《古诗》"等等。章学诚在《文史通义·诗话》篇中说："盖《文心》笼罩群言，而《诗品》深从六艺溯流别也。论诗论文，而知溯流别，则可以探源经籍，而进窥天地之纯，古人之大体矣。"① 另外从这个时期的一些总集中我们也可以看到追源溯流的方法。如任昉的《文章缘起》，一名作《文章始》，选列八十四种文体，"缘起"、"始"本身就表明是探讨各种文体之起源，其书中的内容也是如此。

总之，推源溯流在这个时期逐渐成为文体分类研究的一种主要方法。面对文体日益繁富，写作时因文体不明而出现的文体混乱现象，辨析文体时推源溯流是一个非常有用的方法。魏晋南北朝时期的文论家在批评实践中不断丰富和完善这种方法，使其成为中国古代文体研究的一大传统。

（四）研究文体分类不脱离具体的文本

魏晋南北朝时期的文体分类研究不是纯粹的理论分析，而是常常结合具体的文本进行阐释的。文体和文本是两个既有区别又有联系的概念，文体是一个潜在的规则，它通过具体的文本得以显现。比如说诗这种文体是体现在我们大家熟知的诗歌文本中，如陶渊明的《归园田居》、李白的《蜀道难》等等。那反过来说，某种文体也不是文本的简单之和，它有其独特的生存方式。这说明一点，我们研究文体不能脱离具体的文本，魏晋南北朝时期的文体分类研究很好地处理了这一点。刘勰所采用的方法就是："选文以定篇"。如《文心雕龙·诠赋》篇就精选了历代的代表赋作，云："荀结隐语，事数自环；宋发夸谈，实始淫丽；枚乘《菟园》，举要以会新；相如《上林》，繁类以成艳；贾谊《鹏鸟》，致辨以情理；子渊《洞箫》，穷变于声貌；孟坚《两都》，明绚以雅赡；张衡《二京》，迅发以宏富；子云《甘泉》，构深玮之风；延寿《灵光》，含飞动之势：凡此十家，并辞赋之英杰也。

---

① 章学诚：《章学诚遗书》，文物出版社 1985 年版，第 95 页。

及仲宣靡密，发篇必遒；伟长博通，时逢壮采；太冲安仁，策勋于鸿规；士衡子安，底绩于流制，景纯绮巧，缛理有馀；彦伯梗概，情韵不匮：亦魏、晋之赋首也。"在这里，刘勰列举出了一些代表作家和作品，来说明赋体的发展变化。钟嵘的《诗品》也是以大量作家和作品来论述五言诗的起源和历史发展。挚虞的《文章流别集》、李充的《翰林论》皆举优秀作品示例。萧统编《昭明文选》更是以作品的选编来体现其文体分类思想。

## 第三节　隋唐宋元：发展期

隋唐宋元是一个比较长的历史时期。就文体的种类而言，这个时期又出现了一批新的文体，如词、曲、传奇等。许多传统文体在历史的长河中也在不断地发生变异，有的渐渐死亡，有的已发生了很大的变化，尤其是唐代我国古典诗文的各种体类趋于成熟并得到了比较全面的发展。唐以后各个时代的文学样式更是丰富多彩。这里之所以把隋唐宋元放在一起，是因为从文体分类研究的层面上看隋唐宋元这几个朝代具有某些相似的特征，其主要表现是：

一是这个时期对"文体"的认识总体上是在魏晋南北朝认识的基础上的深入。魏晋南北朝时期对文体内涵的认识主要包括三方面的内容：体类、语体和体貌。隋唐宋元时期对"文体"的研究大体上都是在这三个层面展开。他们研究各种文体的基本结构样式；研究各种文体的语言特征和作法；研究各种文体所具有的整体风貌，也就是有学者所认为的文体的风格。二是文体分类更加多样化。由于对文体内涵的认识越来越清晰，分类的依据和标准多样化，因而从不同的角度对文体作分类。三是文学批评文献众体皆备，所涉及的文体增多。至宋金元，中国文学批评史的基本文献形式可以说是众体兼备了。宋以前的文学批评文献，先后形成了序跋、书信、选本、疏注、专文、专书、论诗诗等文献形式。到了宋代，又新增了诗话、词话、评点等批评形式。随着文学批评形式的完备，文献所涉及的文体也增多，属于新增的有"词"，属于以前有零星涉猎而此期文献增多的有小说和戏曲等。四是文体的分类研究大量体现在选本批评中。自北宋始，随着活字印刷术的发明，一般书籍可通过活字拼版多次印刷，所以此时各种公私刻书非常盛行，诗文选集大量出现。这些诗文选集在编排时首先要考虑文体分类问题。

下面拟分几个方面对隋唐宋元时期的文体分类作进一步的论述。

## 一 隋唐宋元时期的文体

提起这个时期的文体，人们会自然想到：唐诗、宋词、元曲。诚然，诗、词、曲是这一时期文学文体的代表。胡应麟在《诗薮》中说："诗至于唐而格备，至于绝而体穷。故宋人不得不变而之词，元人不得不变而之曲。词胜而诗亡，曲胜而词亦亡矣。"胡应麟的这段话基本上概括了这一时期具有代表性的主要文学文体的状况。

诗歌发展到了唐代，经过了沈佺期、宋之问的创制形成了格律诗，在形式声韵等方面都有严格的规则。格律诗文字整饬华美，声韵流畅和谐。还有传统的古体诗，在唐代也得到进一步的发展，这两者在唐人的手里都大放异彩。如果说诗还是一种传统的文体，而发源于中晚唐五代在宋代夺人耳目的词，萌发于金而鼎盛于元的曲，则是新型的文体了。除此而外，还有我们经常讲的小说的起源——唐传奇、宋元话本，还有俗文学中的变文、俗赋、词文等，都是新型的文体了。这个时期的散文，有我们常常称道的"唐宋八大家"散文和两次"古文运动"。一些传统的文体种类，如碑铭文、论说文、传状文、哀祭文等文体经过韩、柳、欧、苏等人的发展呈现出了新的特征。一些大家还创制了新的文体，如韩愈的"原"、"解"、"赠序"，柳宗元的"山水游记"等体。

事实上，我们看看有关唐代的诗文总集远远不止这些，当时的文体要多得多。宋代姚铉的《唐文粹》全书一百卷，不取近体诗、律赋和骈体文，收文、赋一千一百零四篇，诗九百六十一首，分文体二十二大类，某些文体下又细分子类，共有二百一十六小类，兹列于下：

1. 古赋：圣德类、失道类、京都类、庙享类、符宝类、象纬类、阅武类、誓师类、江海类、名山类、花卉草木类、鸟兽昆虫类、古器类、物景类、决疑类、修身类、哀乐愁思类、梦类。

2. 古调：古乐章类、今乐章类、琴操类、楚骚类、效古类、功成作乐类、古乐类、感慨类、兴亡类、幽怨类、贞节类、愁恨类、艰危类、边塞类、神仙类、侠少类、行乐类、追悼类、愁苦类、鸟兽花卉类、古城道路类、古意类、杂兴类、伤感类、怀古类、怀贤类、集会类、饯送类、行役类、怀寄类、失意类、疾病类、伤悼类、知己类、交友类、规诲类、纪赠类、散逸类、狭少类、登览类、胜概类、幽居类、山居类、伤叹类、寺观类、庙社类、边塞类、图画类、古器物类、乐器类、草木类、禽鸟类、道路类、月类、风雨露雪类、江海泉水类、宫禁类、神仙类、感寓类、咏史类、慨叹类、感物类、春感类、秋感类。

3. 颂：神武类、时政类、丰年类、祥应类、高世类、古贤宰类、良牧类、兴利类、灵迹类、高道类、宗理类、祠祀类、监牧类。

4. 赞：帝王类、将相功臣类、庶官类、孝子类、古贤类、名臣类、浮图类、图画类、鸟类、绝艺类、雅乐类、桥梁类。

5. 表奏书疏：

表——尊号类、肆赦类、政事类、献事类、配祭类、教化类、削爵类、抑外戚类。

书——政事类、传导类、崇儒类、大葬类、庙号类、进贡类、佛寺类、边事类。

疏——政事类、学校类、逃案类、罢兵类、寺观类、关市类、亢旱类、复位类、去滥赏类、去滥刑类、弹奏类、诛戮类。

6. 檄。

7. 露布。

8. 制策。

9. 文：践祚类、封弹类、祝寿类、告谢类、徽号类、肆赦类、戒励类、怨死类、帝王谥册类、帝王哀册类、后妃谥册类、吊古类、雷霆类、军政类、畏途类、祛厉类、责檄类、伤悼类。

10. 论：天类、帝王类、封禅类、封建类、兴亡类、正统类、辨析类、文质类、经旨类、放君类、让国类、兵刑类、监御类、谏诤类、嬖惑类、前贤类、失策类、降将类、佞臣类。

11. 议：陵寝类、明堂类、雅乐类、车服类、刑辟类、谥议类、古诸侯世子谥议类、历代是非类。

12. 古文：五原类、三原类、五规类、二恶类、复平类、隐书类、言语对答类、经旨类、读类、辩类、解类、说类、评类、录命类、论兵类、析微类、毁誉类、时事类、变化类。

13. 碑：岳渎祠庙类、圣帝类、先圣类、大儒类、神异类、高世类、义士类、忠烈类、忠臣类、纯臣类、烈女类、古迹类、土风类、遗爱类、贞义类、奸雄类、英杰类、公主类、宰辅类、使相类、节制类、庶官类、牧守类、纪功类、太庙类、释类、释道类。

14. 铭：名迹类、高道类、忠孝类、暴虐类、浮图类、轿梁类、宅井类、冢类、宰辅类、节制类、庶官类、牧守类、贤宰类、命妇类、贤母类、隐居类。

15. 记：古迹类、陵庙类、水石岩穴类、外物类、府署类、堂楼亭阁类、兴利类、卜胜类、馆舍类、桥梁类、井类、浮图类、灾沴类、讲会类、宴犒类、书画琴故物类、种植类。

16. 箴。

17. 诫。

18. 铭（此多为物铭）。

19. 书：论政类、论兵类、论易类、论书类、论史类、论选举类、论谏诤类、论仕进类、论虚无类、论法乘类、论服饵类、论文类、荐贤类、师资类、自荐类、激发类、怂恿类、切磋类、规诲类、谕类。

20. 序：集序类、文集序类、后序类、天地类、修养类、博弈类、鸟兽类、果实类、著撰类、唱和联题类、歌诗类、赐宴类、宴集类、饯别类。

21. 传录记事：题传后类、忠烈类、隐逸类、奇才类、杂技类、妖惑类、录类、记事类、五纪类。

22. 状：立机类、论功类。

宋代的文体种类数量我们可以从南宋吕祖谦辑的《宋文鉴》窥知大概。该书仿《昭明文选》体例，主要选录北宋时期的诗文。书中分文体为五十九类：有：

1. 赋，2. 律赋，3. 诗，4. 五言古诗，5. 七言古诗，6. 五言律诗，7. 七有律诗，8. 五言绝句，9. 七言绝句，10. 杂体，11. 骚，12. 诏，13. 敕，14. 赦文，15. 册，16. 御札，17. 批答，18. 制，19. 诰，20. 奏疏，21. 表，22. 笺，23. 箴，24. 铭，25. 颂，26. 赞，27. 碑文，28. 记，29. 序，30. 论，31. 论义，32. 策，33. 议，34. 说，35. 诫，36. 制策，37. 说书，38. 经义，39. 书，40. 启，41. 策问，42. 杂著，43. 对问，44. 移文，45. 连珠，46. 琴操，47. 上梁文，48. 书判，49. 题跋，50. 乐语，51. 祭文，52. 谥议，53. 行状，54. 墓志，55. 墓表，56. 神道碑铭，57. 神通碑，58. 传，59. 露布。

元代文体的数量也不比唐宋少。据元苏天爵编纂的《元文类》，该书选录元代诗文八百余篇，分文体为四十三类：

赋、骚、乐章、四言诗、五言古诗、乐府歌行、七言古诗、杂言、杂体、五言律诗、七言律诗、五言绝句、七言绝句、诏赦、册文、制、奏议、表、笺、箴、铭、颂、赞、碑文、记、序、书、说、题跋、杂著、策问、启、上梁文、祝文、祭文、哀辞、谥议、行状、墓志、墓碣、墓表、神道碑、传。

从以上的文献不难看出，隋唐宋元时期的文体种类的数量呈现出更加繁多的状况。另外，值得注意的是，这个时期的"文"仍然是骈体文居于优势地位。骈体文产生于东汉，到魏晋南北朝而盛行，甚至到唐宋而不衰。唐朝的许多大家都是写骈体文的高手。"初唐四杰"的文章是骈文的代表。李白在诗歌上提倡复古，但其文章仍是骈体。白居易的诗歌通俗晓畅，但所写的律赋、百节判等却是被人竞相传诵的骈文。中唐时期韩愈、柳宗元不满骈体文的"偶对骊句"，发动了"古文运动"，但并没有动摇骈体文的地位，到了晚唐五代，古文势力衰微，骈体文更加盛行。到了北宋，欧阳修等再次形成了第二次古文运动，才使得古文占据优势地位，但是，宋代的公文仍然还多用四六体，只是文风较明白晓畅。

## 二　隋唐宋元时期文体分类的特征

隋唐宋元时期的"文体分类"是在魏晋南北朝时期对文体内涵的认识基础上发展的结果。

### （一）以各种文体的功用和基本结构样式进行文体分类

以各种文体的功用和基本结构样式进行文体分类，这是对魏晋南北朝时期所形成的传统的继承，文体论著运用这种方法是比较普遍的，如上文所提到的宋代姚铉的《唐文粹》，南宋吕祖谦辑的《宋文鉴》和元苏天爵编纂的《元文类》，大体上都是属于这一类型。除此而外还有很多。如北宋李昉等奉旨编纂的《文苑英华》一千卷，收录了南朝梁末至唐代的诗文。书中分文体为三十八类：赋、诗、歌行、杂文、中书制诰、翰林制诰、策问、策、判、表、笺、状、檄、露布、弹文、移文、启、书、疏、序、论、议、连珠、喻对、颂、赞、铭、箴、传、记、谥哀册文、谥议、诔、碑、志、墓表、行状、祭文。

北宋曾巩的《元丰类稿》分文体为二十三类，有古诗、律诗、论、传、序、书、记、制诰、拟词、诏、策、表、疏、札子、奏状、启状、祭文、哀词、志铭、碑、传（一般人物传）、本朝政要策、金石录跋尾。

南宋章樵辑的文章总集《古文苑》，书中分文体为二十类：分文（刻石文）、赋、歌、曲、诗、敕、启、书、对、状、颂、文、述、赞、铭、箴、杂文、记、碑、诔。

（二）研究文体语言的运作和构成，并以此分类

文体有一系列的要素，诸如语音、词汇、句法、语境、修辞等等，各要素遵从一定的技术操作程序而形成了不同的文体。反过来说，不同文体的技术操作程序是不一样的。隋唐宋元时期在文体语言的运作和构成方面的探索是比较深入的，并在此基础上总结各体的美学特征。如唐朝日僧遍照金刚撰的《文镜秘府论》，主要叙述了六朝至唐朝关于诗歌的体裁、声韵、对偶等方面的理论。其中探讨了诗歌体裁的风格特征，对所分各体一一定义，并以具体诗文进行说明。只可惜所引资料今多散佚。其在《地卷·十体》据崔氏《新定诗体》分诗为十体：（1）形似体；（2）质气体；（3）情理体；（4）直置体；（5）雕藻体；（6）映带体；（7）飞动体；（8）婉转体；（9）清切体；（10）菁华体。《南卷·论体》又分文为六体："凡制作之士，祖述多门，人心不同，文体各异。较而言之：有博雅焉，有清典焉，有绮艳焉，有宏壮焉，有要约焉，有切至焉。夫模范经诰，褒述功业，渊平不测，洋哉有闲，博雅之裁也；敷演情志气，宣照德音，植义必命，结言唯正，清典型之致也；体其淑姿，因其壮观，文率交映，光彩傍发，绮艳之则也；魁张奇伟，阐耀威灵，纵气凌人，扬声骇物，宏壮之道也；指事述心，断辞趣理，微而能显，少而斯洽，要约之旨也；抒陈哀愤，献纳约戒，言唯折中，情必曲尽，切至之功也。"

唐代释皎然撰的《诗式》主要阐述诗的作法，如气势、四声、格调、用事、取境、对句等写作要求，在此基础上把诗体概括为十九个字：（1）高：风韵切畅曰高；（2）逸：体格闲放曰逸；（3）贞：放词正直曰贞；（4）忠：临危不变曰忠；（5）节：持节不改曰节；（6）志：立志不改曰志；（7）气：风情耿耿曰气；（8）情：缘情不尽曰情；（9）思：气多含蓄曰思；（10）德：

92

词温而正曰德；（11）诫：捡束防闲曰诫；（12）闲：性情疏野曰闲；（13）达：心迹旷诞曰达；（14）悲：伤甚曰悲；（15）怨：词理凄切曰怨；（16）意：立言曰意；（17）力：体裁劲健曰力；（18）静：非若松风不动，林穴未鸣，乃谓意中之静；（19）远：非谓森森望水，杳杳看山，乃谓意中之远。

南宋著名的女词人李清照撰的《论词》是一篇见解独到的词论，文中主要讨论了词这种文体与诗体的区别。针对苏轼"以诗为词"的观点，主张词"别是一家"，与诗体是不同的。她从五音、五声、六律、清浊、轻重等方面论述了词体语言技术操作程序的特征。

总之，像这样一些主要从语体上探讨文体并给文体分类的论著在这一时期多若星辰，现在我们从语言学的角度看是具有相当的科学性的。

（三）探讨各种文体的体貌，并进行分类

探讨各种文体的体貌，即其美学特征，也就是现在一些学者所认为的文体风格，并在此基础上进行分类。

文体是一种语言组构存在体。由于语言的复杂性，在社会文化的发展中产生的各种文体也就呈现出彼此不同的美学特征。如元朝陈绎曾的《文说》把文体为二十种，并扼要概括了各体的体貌特征。他在《明体法》中云："颂宜典服和粹。乐宜古雅谐韶。赞宜温润典实。箴宜谨严切直。铭宜深藏切实。碑宜雄浑典雅。碣宜质实典雅。表宜张大典实。传宜质实，而随所传之人变化。行状宜质实详备。纪宜简实方正，而随所纪之人变化。序宜舒通圆美，而随所序之人变化。论宜圆析远深。说宜平易明白。辨宜曲折明白。议宜方直明白。书宜简要明切。奏宜情辞恳切，意思忠厚。诏宜典重温雅，谦冲测恒之意蔼然。制诰宜竣厉典重。"

就一种文体来看，语言组构中作家的主观因素也是很重要的。每个作家由于自身文化修养不同，对语言运用的能力和习惯不同，甚至生活态度和价值取向也不同，这些可变因素使得一种文体也呈现种种风貌。如旧题唐司空图的《二十四诗品》主要论述诗歌的种种体貌。书中分诗为二十四类：雄浑、冲淡、纤秾、沈著、高古、典雅、洗练、劲健、绮丽、自然、含蓄、豪放、精神、缜密、疏野、清奇、委曲、实境、悲慨、形容、超诣、飘逸、旷达、流动。

以上分层从三个方面对隋唐宋元时期文体分类研究做了分析，只是为了理论分析的方便而作的区分，实际上这几个方面也不能完全分开，它们的关系是一种相辅相成的关系。不同社会文化的需要产生不同的文体，文体在基本格式上自然也有所不同；文体格式上的差别体现在语言组构的方式的不同，因为文体是一种语言的存在体；不同文体语言组构的方式不同必然体现出不同的美学特征，形成不同的文体风貌。就以上提及的论著看，它们在分析文体时常常把这三方面结合在一起进行论述。如《文镜秘府论》、《诗式》、《文说》等都是这样的。最有代表性的是南宋严羽撰的《沧浪诗话》对诗体的分类。

《沧浪诗话》分诗辨、诗体、诗法、诗评、考证五部分。《沧浪诗话》的宗旨是定"诗之宗旨"，严羽认为诗之"宗旨"则取决于诗之"体"，"作诗正须辨尽诸家体制，然后不为旁门所惑"。其中《诗体》一章，阐述了诗歌的起源和演变，从时代、作者、风格、样式、性质等不同角度对诗歌作了具体的分类。书中有以下几种诗的分类：

以时代来分类：有建安体、黄初体、正始体、太康体、元嘉体、永明体、齐梁体、南北朝体、唐初体、大历体、元和体、晚唐体、本朝体、元祐体、江西宗派体。

以作家来分类：有苏李体、曹刘体、陶体、谢体、徐庾体、沈宋体、陈拾遗体、王杨卢骆体、张曲江体、少陵体、太白体、高达夫体、孟浩然体、岑嘉州体、王右丞体、韦苏州体、韩昌黎体、柳子厚体、韦柳体、李长吉体、李商隐体、卢仝体、白乐天体、元白体、杜牧之体、张籍王建体、贾浪仙体、孟东野体、杜荀鹤体、东坡体、山谷体、后山体、王荆公体、邵康节体、除简斋体、杨诚斋体。

以流派来分类：有选体、柏梁体、玉台体、西昆体、香奁体、宫体。

以结构样式来分类：有古诗、近体、绝句、杂言、三五七言、半五六言、一字至七字、三句之歌、两句之歌、一句之歌、口号、歌行、乐府、楚词、琴操、谣、吟、词、引、咏、曲、篇、唱、弄、长调、短调。

还有一些作品实在不好分类了，严羽把它们放在杂体这一大类中，如：回文、反复、离合等虽不是什么重要诗体，但其体制亦很古老。至于建除、字谜、人名、卦名、数名、药名、州名这类所谓的诗，不过是为了戏谑的体裁，还不能算做是诗体。

以风格来分类：诗之品有九：曰高、曰古、曰深、曰远、曰长、曰雄浑、曰飘逸、曰悲壮、曰凄婉。

严羽提出"当行本色"说，反对"诗文合流"，主张维护诗歌文体的"本色"。他在《答出继叔临安吴景仙》中举例："雄深雅健。仆谓此四字，但可评文，于诗则用健字不得。不若《诗辨》雄深悲壮之语，为得诗之体也。毫厘之差，不可不辨。坡谷诸公之诗，如米元章之字，虽笔力劲健，终有子路事夫子时气象。盛唐诸公之诗，如颜鲁公书，既笔力雄壮，又气象浑厚，其不同如此。只此一字，便见吾叔脚根未点地处也。"在严羽看来，诗文之间的差异是很明显的，如退之以文为诗，子瞻以诗为词，虽极天下之工，却非本色。他在《诗辨》中提出"惟悟乃为当行，乃为本色"，《诗法》中专条列出诗"须是本色，须为当行"。从严羽的《沧浪诗话》可以看出，由于隋唐宋元时期在魏晋南北朝的基础上对文体的内涵的认识越来越清晰，因而对文体分类的视角更加多样。严羽作为中国诗学史上最早以专章形式系统论述诗之体制的理论家，为后世分体的精致化奠定了基础。

## 第四节　明清：总结期

明清是中国封建社会的后期，总体上看，文体分类理论也呈现出总结的特征。这个时期的学者通过对先秦以来一直到宋元不同文体分类思想和方法的比较选择，予以继承和发展。他们总结了各种文体的特征，尤其是诗文两体的体式特征。他们弥合前人众说，或阐发其旨，或补其未备，完成了中国古代文体分类的集大成。我们可以从以下三个方面来认识。

### 一　总结性的文体专著出现

明清时期集大成的文体著作的代表，当是明人吴讷的《文章辨体》和徐师曾的《文体明辨》。前者因录古代文章正体，始于古歌辞，终于祭文，全书分为五十卷，分文体五十九类，每体自为一类，每类各著序题，"使数千载文体之正变高下，一览要以具见"①。后者在前者的基础上作了修订补充，作者在卷前自序中云："大抵以同郡吴文恪公讷所纂《文章辨体》为主而损益之。"全书八十四卷，上采黄虞，下及近代，分文体有一百二十七类，文各标其体，体各归其类，条分缕析，辨析清楚。

（一）全面继承和发扬了中国古代文体分类研究的传统

吴、徐两人全面继承和发扬了中国古代文体分类研究的两大传统：推源溯流和类聚区分。"推源溯流"是一种历时态的，纵向的历史的方法，"类聚区分"则是一种共时态的，横向的文体分类研究方法。《文章辨体》和《文体明辨》都是以推源溯流为

---

① 彭时：《文章辨体序》，人民出版社1962年版。

主，同时论说了各体的具体作法和体制特点。从历时性和共时性的角度，对各种文体的格式、语体和体貌做了总结性的论述。

在论说各种文体的具体作法和体制特点时，《文章辨体》和《文体明辨》弥合前人众说。如《文章辨体》中论表，引真德秀《文章正宗》中说的"大抵表文以简洁精致为先，用意忌深僻，造语忌纤巧，铺叙忌繁冗"，论铭则引陆机"铭贵博约而温润"，论颂则引刘勰"敷写似赋，而不入华侈之区，敬慎如铭，而异乎规谏之域"，以为"须铺张扬厉，而以典雅丰缛为贵"。"典雅"和"丰缛"，也就是刘勰所说的"似赋铺张而不华侈"之意。徐师曾也同样如此，如论铭引陆机的"铭贵博约而温润"，论祭文引刘勰"宜恭且哀，若夫辞华而靡实，情郁而不宣，皆非工于此者也"一语，等等。这些用语基本不出前人范围，意思也基本相同。

值得注意的是，《文章辨体》和《文体明辨》在总结前人的论述时又做了"补其未备"的工作。两书都以推源溯流为主，并且论说了各体的具体作法和体制特点。如《文章辨体》论四言、七言古诗和近体诗云：

> 大抵四言之作，拘于模拟者，则有蹈袭《风》、《雅》辞意之讥；涉于理趣者，又有铭赞文体之诮。惟能辞意融化而一出于性情六义之正，为得之矣。
>
> 大抵七言古诗贵乎句语浑雄，格调苍古，若或穷镂刻以为巧，务喝喊以为豪，或流于萎弱，或过乎纤丽，则失之矣。
>
> 大抵律诗构于定体，固弗若古体之高远，然对偶音律，亦文辞之不可废者。故学之者当以子美为正宗，其命辞用事，联对声律，须取温厚和平不失六义之正者为袼式。若换句拗体，粗豪险怪者，斯皆律体之变，非学者所先也。杨仲

弘云："凡作唐律，起处要平直，承处要舂容，转处要变化，结处要渊永，上下要相联，首尾要相应，最忌俗意俗字，俗语俗韵，用功二十年，始有所得。"呜呼，其可易而视之哉！

在这里吴讷论述了古诗到近体诗的流变，进一步总结出了各自不同的体貌特征，古体重"高远"、"句语浑雄"、"格调苍古"，不取"萎弱"、"纤丽"，而近体诗的特征是须"温厚和平"、"平直"、"舂容"和"渊永"。那么，在写作时如何把握好这些体制特征，他引杨仲弘的话更做具体的阐述。

再如徐师曾的《文体明辨》对"碑文"体的论述：

按刘勰云："碑者，埤也。上古帝皇，始号封禅，树石埤岳，故曰碑。周穆纪迹于弇山之石，案始刻铭于峄山之巅，此碑之所从始也。"然考《士昏礼》："入门当碑揖。"注云："宫庙皆有碑，以识日影，以知早晚也。"《祭义》云："牲入丽于碑。"注云："古宗庙立碑系牲。"是知宫庙皆有碑以为识影系牲之用，后人因于其上纪功德，则碑之所从来远矣；而依仿刻铭，则自周、秦始耳。

后汉以来，作者渐盛，故有山川之碑，有城池之碑，有宫室之碑，有桥道之碑，有坛井之碑，有神庙之碑，有家庙之碑，有古迹之碑，有风土之碑，有灾祥之碑，有功德之碑，有墓道之碑，有寺观之碑，有托物之碑，皆因庸器（彝鼎之类）渐缺而后为之，所谓"以石代金，同乎不朽"者也。

故碑实铭器，铭实碑文，其序则传，其文则铭，此碑之体也。又碑之体主于叙事，其后渐以议论杂之，则非矣。故今取诸大家之文，而以三品列之：其主于叙事者曰正体，主于议论者曰变体，叙事而参之以议论者曰变而不失其正。至于托物寓意之文，则又以别体列焉。或有未备，学者亦可以例推矣。其墓碑自为一类，此不复列。

《文体明辨》是在《文章辨体》的基础上增广而成的，它对"碑"起源的认识在刘勰的基础上做了进一步的考求，且相当全面，也是符合历史事实的。他认为"碑"的来源最早是没有刻文章的，只是用以取日影计时间的。《仪礼·士昏礼》中规定，主人迎宾进了庙门要"当碑揖"。贾氏注云："宫庙皆有碑，以识日影，以知早晚。"《聘礼》说，国君派卿到宾馆还玉，"宾自碑内听命"。郑玄注解说："宫必有碑，所以识日影，引阴阳也。"《礼记·祭义》中说，君牵牲"既入庙门，丽于碑"。"丽牲"就是"系牲"，把祭祀用的牛、羊等牲畜，先拴在碑上，"王射"以后，杀以血祭。可见古代宗庙中的碑也不刻文字，只是用来拴祭祀用的牛羊的。这说明碑原本是古代官庙前为识日影、系牲的器物。后来有人刻上一些相应的文字，就逐渐形成碑文。原先，古人歌功颂德，多勒铭钟鼎，藏于宗庙。但是后来效法的人多了，铜铁既不易得，铸刻又很困难，于是慢慢地以石代金，形成碑刻。东汉以后，由于立碑记事的处所、内容不同，而产生了各种各样的碑文，并把它分为山川之碑、城池之碑、宫室之碑、桥道之碑、坛井之碑、神庙之碑、家庙之碑、古迹之碑、风土之碑、灾祥之碑、功德之碑、墓道之碑、寺观之碑、托物之碑等等。接着它又将碑文的体制做了说明。并用正、变，说明碑文一般是叙事体，议论或掺杂议论者则应属于"变体"，而少数托物寓意，则应该另立一类"别体"。而"墓碑"则性质和体制更不同，自应另为一类了。由此可见，徐师曾在对"碑文"的来龙去脉进行深入的推源溯流的基础上，详尽地论述这种文体的基本格式和语体特征。

从上面的情况可看出两书对文体的研究相当深入。它们弥合前人众说，或阐发其旨，或补其未备，总结性地论述各种文体，对各种文体的格式、语体和体貌认识更全面，更完善。

（二）涉及的文体更加广泛，分类方法也有新见

这两部书不仅是专门论述各种文体的理论著作，还是诗文总集。两书所选的文体十分广泛。《文章辨体》全书分为五十卷，分文体五十九类：古歌谣辞、古赋、乐府（郊庙歌辞、恺乐歌辞、横吹曲辞、燕飨歌辞、琴曲歌辞、相和歌辞、清商曲辞）、古诗（四言、五言、七言、歌行）、谕告、玺书、批答、诏、册、制、诰、制策、表、露布、论谏、奏疏、议、弹文、檄、书、记、序、论、说、解、辨、原、戒、题跋、杂著、箴、铭、颂、赞、七体、问对、传、行状、谥法、谥议、碑、墓碑、墓碣、墓表、墓志、墓记、埋铭、诔辞、哀辞、祭文、连珠、判、律赋、律诗、排律、绝句、联句诗、杂体诗、近代词曲等。

《文体明辨》所涉及的文体更多，全书中分文体为一百二十七类：古歌谣辞（歌、谣、讴、诵、辞、谚）、四言古诗、楚辞、赋、乐府、五言古诗、七言古诗、杂言古诗、近体歌行、近体律诗、排律诗、绝句诗、六言诗、和韵诗、联句诗、集句诗、命、谕告、诏、敕（敕榜）、玺书、制、诰、册、批答、御札、赦文（德音文）、铁券文、谕祭文、国书、誓、令、教、上书、章、表（笏记）、笺、奏疏（奏、奏疏、奏对、奏启、奏状、奏札、封事、弹事）、盟（誓）、符、檄、露布、公移、判、书记（书、奏记、启、简、状、疏）、约、策问、策、论、说、原、议、辩、解、释、问答、序（序略）、小序、引、题跋（题、跋、书、读）、文、杂著、七、书、连珠、义、说书、箴、规、戒、铭、颂、赞、评、碑文、碑阴文、记、志、纪事、题名、字说、（字说、字序、字解、字辞、祝辞、名说、名序、女子名字说）、行状、述、墓志铭、墓碑文、墓碣文、墓表（墓表、阡表、殡表、灵表）、谥议、传、哀辞、诔、祭文、吊文、祝文、嘏辞、杂句

诗、杂言诗、杂体诗、杂韵诗、杂数诗、杂名诗、离合诗（口字咏、藏头诗）、诙谐诗、诗余、玉牒文、符命、表本、口宣、宣答、致辞、祝辞、贴于词、上梁文（宝瓶文、上牌文）、乐语、右语、道场榜、道场疏、表、青词（密词）、募缘疏、法堂疏等。

随着文学的发展，文体的种类越来越多。到了明代，一般的文体著作都广泛地搜罗各种文体，《文章辨体》表现得很明显，这样势必造成了文体分类碎杂的状况。正如《四库全书总目提要》所批评的那样，"千条万绪，无复体例可求，所谓治丝而棼者也。"

但是，不可否认两书在文体分类方法上有各自的鲜明特点。吴氏在文体分类上不甚满意前人的成见，要建立清晰而全面的分类，在《凡例》中云：

> 古文类集今行世者，惟梁《昭明文选》六十卷，姚铉《唐文粹》一百卷，东莱《宋文鉴》一百五十卷，西山前后《文章正宗》四十四卷，苏伯修《元文类》七十卷为备。然《文粹》、《文鉴》、《文类》惟载一代之作，《文选》编次无序，如第一卷古赋以《两都》为首，而《离骚》反置其后，甚至扬雄《美新》、曹操《九锡文》亦皆收载，不足为法。独《文章正宗》义例精密，其类目有四：曰辞命，曰议论，曰叙事，曰诗赋。古今文辞，固无出此四类之外者。然每类之中，众体并出，欲识体而卒难寻考。故今所编，始于古歌谣辞，终于祭文，每类自为一类，各以时世为先后，共为五十卷。①

---

① 吴讷、徐师曾：《文章辨体序说　文体明辨序说》，人民文学出版社1962年版。

在这里吴讷对当时流行的诗文总集做了批评。他认为：《唐文粹》、《宋文鉴》、《元文类》虽收录的文体很多，但只是断代的文体，不能涵盖古今所有文体；《昭明文选》的文体分类编排次序不清；《文章正宗》的体例虽然精当，概括为四大类，但具体的文体又不作分类，使人无法辨别。根据这种情况，他总结了前人的成果，把文体分为五十九类，每一类就是一种文体。与前人相比，他搜罗的文体还是比较全面的。《文章辨体》分内外两集，既收古体诗文，也收隋唐以后的近体诗词。现在看来这样的分类仍然层次不清，但在当时是适合人们的习惯的。在每一体之下，他又以时代的先后顺序编排。

《文体明辨》分类更精细，从上面所列的文体的种类就可以看出。如我们现在所称"诗歌"一类它就列出了近三十种之多。甚至一些很少见的文体它也加以收录，如帖子词、乐语、青词等。这对我们了解古代的文体有重要的史料价值。

## 二　文人对文体的讨论

明代人们的辨体意识进一步增强，除吴、徐两人外，明代还有许多文人都在讨论文体。大概是受了宋代以来诗文之辨的影响，他们尤其是对诗文的体式、作法和体貌风格等方面的区分越来越具体明确。李东阳就曾说："诗与文不同体"，诗之异于文者，"以其有声律讽咏，能使人反覆讽咏以畅达情思，感发志气"。[①] 他从声律的方面区分了诗不同于文。胡应麟在《诗数》中也认为"诗与文体迥不类，文尚典实，诗贵清空；诗主风神，文先理道"。许学夷《诗源辨体》卷一称："诗与文章不同，文显而直，诗曲而隐。"张佳胤说："诗依情，情发而葩约之以韵；文

---

① 李东阳：《麓堂诗话》，中华书局1985年版。

依事，事述而核，衍之成篇。"① 王文禄《文脉》说："文以载道，诗以陶性情，道在其中矣。"② 明人在前人的基础上对诗文两种文体的认识做了适应时代要求的阐述，从语体、结构和体貌特征上进行总结，用"典实"、"理道"与"清空"、"风神"，"显"、"直"与"曲"、"隐"分别界别诗文两种文体。文重在实用，适于叙事、说理、议论，尚质实、平易；诗重在吟咏性情，有句式、声律等的限制，尚凝练、含蓄。

明人对诗这种大类别下的小类别，即各种诗体的论述更多。如七古诗，胡震亨引杨仲弘的话作了论述，云：七古"要铺叙，多有开合，有风度，迢递险怪，雄俊铿锵，忌庸俗软腐。须是波阔开合，如江海之波，一波未平，一波复起；又如兵家之阵，方以为正，又复为奇，方以为奇，忽复是正，出入变化，不可纪极。备此法者，唯李、杜也，开合灿然，音韵铿然，法度森然，神思悠然，学问充然，议论超然"。③ 论五、七律诗，王世贞说："五言律差易得雄浑，加以二字，便觉费力，虽曼声可听，而古色渐稀。七字为句，字皆调美，八句为篇，句皆稳畅，虽夏盛唐，代不数人，人不数首。"④ 王氏从尊古的角度出发，认为五律具有古诗的意味，而七律虽字皆调美，但易失雄浑之气。总的看来，明人论古体诗，一般用"雄浑"、"苍古"、"优柔和平"来概括其文体体貌风格。对古体诗的亚类五古和七古又分别以"清丽"和"奇正"、"浏亮"等概括。论近体则多用"格调"来概括其文体体貌风格。而对近体诗的亚类五律以"雄浑"来概括，七律则以"壮伟"、"典则"和"浑成"来概括。绝句的文体体貌风格则以"含蓄"为上。五

① 张佳胤：《沧溟先生集》（卷首序），上海古籍出版社1992年版。
② 王文禄：《文脉》（卷一），齐鲁书社1995年版。
③ 胡震亨：《唐音癸签》卷三，古典文学出版社1957年版。
④ 王世贞：《艺苑卮言》卷一《文渊阁四库全书》上海古籍出版社影印。

绝和七绝的区分，如胡应麟在《诗薮》中所言："五言绝，尚真切，质多胜文；七言绝，尚高华，文多胜质……至意当含蓄，语务春容，则二者一律也。"①

清人对各体诗的体制的认识从某种程度上可以说是更深入更细微。如刘熙载《诗概》中对古近两体诗做了较为深入的比较，说："伏应轻接，夹叙夹议，开阖尽变，古诗之法，近体亦具有之，惟古诗波澜较为壮阔耳。古体劲而质，近体婉而妍，诗之常也。论其变，则古婉近劲，古妍近质，亦多有之。"刘熙载对古近两体诗的体式、作法和体貌风格的界划大体上反映了清人的一般认识。

清人对"文"体式的研究，就实际成果而言远较明人为丰富。如清初毛先舒作《论文》就详尽地讨论主客、先后、详略、分合、伏应、束纵、联断、单夏、顿宕、整乱等散文写作的十种方法。继之魏禧论古文伏应断续之法，云："人知所谓伏应，而不知无所谓伏应者，伏应之至也；人知所谓断续，而不知无所谓断续者，断续之至也。"② 后戴名世手批《唐宋八大家文选》对起伏呼应，联络宾主，以及抑扬、离合、伸缩之法，也多有研究。

清代的一个重要的流派——桐城派论文重法更是其特色。如方苞在讨论各体文的写作就标举"义法"，要求因义定法，法随文变。他说："义即《易》之所谓'言有物'也，法即《易》之所谓'言有序'也，义以为经而法纬之，然后为成体之文。"③他用此来评论历代文章，如在评论韩愈的文章时，称其"碑记墓志有铭，犹史之有资论，义法创自太史公，其指意辞事必取之本

---

① 胡应麟：《诗薮》（内编卷六），上海古籍出版社 1979 年版。

② 魏禧：《魏叔子文集》卷八《陆悬圃文序》，姚品文、胡守仁、王能宪校点，中华书局 2003 年版。

③ 方苞：《方望溪先生全集》卷二，上海商务印书馆影印。

文之外……此意惟韩子知之，故其铭诔未有义具于碑志者，或体制所宜，事有覆举，则必有补本文之间缺，如此篇最谋战功详于序，而既平后情事，则铭出之，其大指然也"。[①] 他对文章的体式、作法和体貌风格用"义法"作了详细的探讨。正如刘熙载《诗概》中所说"义法居文之大要"。其后，刘大櫆用"神气"、"音节"、"字句"来概括为文之道。他认为"行文之道，神为主，气辅之"，"气随神转，神浑则气灏，神远则气邈，神伟则气高，神变则气奇，神深则气静"，"音节者，神气之迹也；字句者，音节之矩也"。[②]姚鼐编《古文辞类纂》将"文"分为十三类，以为为文者当把握八个方面，即"神"、"理"、"气"、"味"、"格"、"律"、"声"、"色"，前四者为"文之精也"，后四者为"文之粗也"。从文体的角度看实际上也是对"文"的格式、作法和体貌风格的概括总结。

除了诗文之外，明清时期也注重探讨戏曲和小说。如明朝徐渭的《南词叙录》中对南戏的源流、发展、声律、风格、作家作品评论及术语、方言考释等，作了详尽论述。他提出南戏应邀循"顺口可歌"的原则，反对穷究宫调、讲求声韵，时文入曲；反对引用经、子古书，宾白用文言；追求具有"领解妙语，未可言传"的境界。清代的大戏曲家——李渔的《闲情偶记》从戏曲体制本身去探讨编剧与演剧理论，其中多有创见。明胡应麟的笔记《少室山房笔丛》对小说戏曲的分类、考证和评论也很有特色，书中分小说为六类：志怪、传奇、杂录、丛谈、辨订、箴规。清初的金圣叹评《水浒传》对小说的结构、情节、人物、伏笔等方面的分析颇为精到。

综上所述，明清两代文体论者经过对秦汉以来一直到宋元不

① 方苞：《方望溪先生全集》卷五，上海商务印书馆影印。
② 刘大櫆：《论文偶记》，人民文学出版社 1959 年版。

同文体主张和论述的比较，尤其是在探讨诗文两体体式时，注意弥合前人众说，基本理清了文与诗两种体式的异同关系，分别总结诗文的格式、作法和体貌，同时，也注重探讨戏曲和小说。因此说，明清时期完成了中国古代的文体分类的集大成，是中国古代文体分类理论的总结。

明清时期的文人在文体分类方面做过很多的尝试，清代尤其突出。据不完全统计，清代有关这方面的著作大约在三十多种以上，主要有：朱彝尊编《曝书亭集》分文体为三十四类；陈元龙辑《历代赋汇》，正集分赋为三十类，外集分为八类；纪昀《四库全书目录》分小说为三类；孙梅《四六丛话》分文体为十八类；刘熙载《艺概》分文概、诗概、赋概、词曲概、书概、经义概；王兆芳撰《文体通释》分文体为一百四十三类；张相《古今文综》分体为六部十二类四百余体；章炳麟《文学总略》分体为六门十二科三十五类……可见，清人对文体分类探索做了大量的工作。由于研究者们对文体的观察角度不同，有的是断代、有的是专其一体等，分类的标准也是多种多样，有的是或按内容特点划分，有的是按形式特点划分，有的是按用途特点划分等等，因此文体分类的情况是五彩纷呈。

### 三　文体分类由博返约

明清时期，印刷术的进步，使得出版及翻刻各类书籍更为便捷，诗文选本有了更大的市场，总集选本类的规模也比前代同类著作的规模更大。如明胡震亨的《唐音统签》，一千零三十三卷，收罗唐诗数量之多为以前所未有，虽然此书编完后未能全部印刷，但为此后清人编辑《全唐诗》奠定基础。编选文集，首先要把文体分辨清楚，以使选文分类得当，排列有序。明清时期总集选本类的规模越来越大，文体的分类也越来越细。专门的总集选本著作从文体上看，有诗总集、文总集、诗文总集、骈体文集等等；从时间上看，有断代、跨代和通史等等。

值得注意的是，这个时期的论者和编者已经对繁多的文体进行归类。褚斌杰先生说："从清代开始，文体论者则注意到文体的归类问题。其一般作法即将文体首先分门，然后系类，以克服列类繁琐，而取得纲举目张的效果。"① 事实上，明代就已经开始注意这一问题了。如明宋濂在《曾助教文集序》中把文体按不同功用分为四类，说："文之为用其亦溥博矣乎！何以见之？施之于朝廷则有诏、诰、册、祝之文；行之师旅，则有露、布、符、檄之文；托之国史则有记、表、志、传之文。他如序、记、铭、箴、赞、颂、歌、吟之属，发之性情，接之于事物，随其洪纤，称其美恶，察其伦品之详，论尽其弥纶之变。"

明代的王世贞撰的《艺苑卮言》，全书十二卷，比较全面地论述了诗文词曲，他采用了独特的分类方法，将一切文献都看作是"史"，从而将文体分为：史之言理者——《六经》、史之正文、史之变文、史之用、史之实、史之华六门四十二类：

一、史之言理者——《六经》

二、史之正文

    1. 编年 2. 本纪 3. 志 4. 表 5. 书 6. 世家 7. 列传

三、史之变文

    1. 叙 2. 记 3. 碑 4. 碣 5. 铭 6. 述

四、史之用

    1. 训 2. 诰 3. 命 4. 册 5. 诏 6. 令 7. 教 8. 劄 9. 上书 10. 封事 11. 疏 12. 表 13. 启 14. 笺 15. 喻 16.

---

① 褚斌杰：《中国古代文体概论》（增订本），北京大学出版社 1992 年版，第 33 页。

尺牍

五、史之实

　　1. 论 2. 辨 3. 说 4. 解 5. 难 6. 议

六、史之华

　　1. 赞 2. 颂 3. 箴 4. 哀 5. 诔 6. 悲

　　到了清代，文体归纳更加受到重视。最先是清初文选家储欣的《唐宋十大家类选》全书五十一卷，收韩愈、柳宗元、欧阳修、苏轼等十家文章，分文体为六门三十类。六门为：奏疏类、论著类、书状类、序记类、传志类、词章类。六大门的归纳，明晰简略，对于矫治文体分类中繁琐的弊病，使之由博返约有积极的意义。但该书选文范围过窄，仅限于两代十家，不具有较强的代表性。

　　桐城派著名散文家姚鼐的《古文辞类纂》的问世，标志着我国古代文体分类已趋向定型化。此书所选文章以唐宋八大家作品为主，其前后亦选有各朝代知名作家的文章。全书收作品七百多篇，共七十四卷。其卷首的《序目》简要叙述了各类文体的源流及特点。《古文辞类纂》把相似的文体归并为十三类，一类之中如有较大区别的，则分为上下两编。他兼顾了文章表达性质和应用性质两方面的需要作了较为合理的归类，姚鼐认为"汉以来有表、奏、疏、议、上书、封事之异名，其实一类"，并把原、议、论、辨、解说等悉归"论辨类"，把序、引、序录、后序、跋、书后、题等悉归"序跋类"。他摆脱了前人大多以名为类，不求实的做法，从辨名实入手，纠正了前人许多归类之误。如"哀词"、"题"，在储欣的《唐宋十大家类选》中分别归入"词章门"与"论著门"，姚鼐把它们分别划入"哀祭类"与"序跋类"；同是"序"，姚鼐又分"赠序"与"跋序"两类，并把柳宗元的《序饮》、《序棋》一类记事文归入杂记。但是姚鼐的分类法也存在着不尽完善之处：虽然是以功能来分类，但类别太过空泛，不能清楚体现各种文体的特征，且囿于门户，"不载史传"和典章制度之文，未涉及诸子及汉魏六朝骈体文等，分类标准也不完全科学，如把屈原的《九歌》归入哀祭类，明显不妥。

曾国藩编纂的文章总集《经史百家杂钞》全书二十六卷，将经、史、子内的文章也加以收录，扩大了总集的收录范围，将文体分为三门十一类：

一、著述门

1. 论著类（著作之无韵者）

2. 词赋类（著作之有韵者）

3. 序跋类（他人之著作，序述其意者）

二、告语门

1. 诏令类（上告下者）

2. 奏议类（下告上者）

3. 书牍类（同辈相告者）

4. 哀祭类（人告于鬼神者）

三、记载门

1. 传志（所以记人者）

2. 叙记（所以记事者）

3. 典志（所以记政典者）

4. 杂记（所以记杂事者）

曾国藩在按体分类时，基本上能从文章的表达性质着眼，把记叙性文体归入"记载门"，把应用性文体归入"告语门"，把表达情意的文体归入"著述门"，这样就形成了一个具有较为清晰类属的两级文体分类体系。

除此而外，还有清代李兆洛编纂的文章总集《骈体文钞》，全书三十一卷，收战国至隋代的文章，将文体分为三十二类，分别属于三大门类。吴曾祺编纂的文章总集《涵芬楼古今文钞》，分文体十三类，下有二百零二子目。十三类是：（1）论辨类，（2）序跋类，（3）奏议类，（4）书牍类，（5）赠序类，（6）诏令类，（7）传状类，（8）碑志类，（9）杂记类，（10）箴铭类，（11）颂赞类，（12）辞赋类，（13）哀祭类。明清时期的诗文总集选本可谓是汗牛充栋，略举几例子就可窥知一斑，故不复赘述。

纵观中国古代文体分类发展的历史，我们可以从中看出：中国古代文体分类走过了一个由少至多，再到少的历程。秦汉之前，古代文体处在不断产生中，而文体分类是一种学术流派的综合分类，尚没有形成自觉的文体分类意识。到了魏晋南北朝时期，由于对文体的认识比较成熟，文体种类进一步增多，文体越分越细，文体分立成为其鲜明的特征。隋唐宋元追其余波，对文体的分类更加的细密，尤其是对诗歌的层层分类非常细致。到了明清时期，文体演进到新的综合，文人试图对前人过于琐碎的分类作归纳。这就是中国古代文体发展的历史轨迹。它体现出了文体分类研究的某些特征。当一定时期文体逐渐发育成熟，种类繁多，文体相互混淆，就需要辨析文体，使各种文体界限清晰；当各种文体壁垒森严，规则林立，那就需要打破这些界限，寻找它们的共同之处，进行归纳综合，以促使各种文体的相互借鉴和融合。

上面对中国古代文体分类的流变做了一个粗线条的勾勒，只是描绘了一个大体的轮廓，要想对古人的文体分类理论做更全面的把握，实在是本书难以做到的。其原因：一是这方面的材料浩如烟海，难以全部搜罗，甚至有些材料广泛地散布在其他的文献之中；二是涉及的问题比较复杂，这方面的许多问题与古代诗学的概念范畴紧密相连。这些概念范畴在历史的发展中内涵不断地发生变化，难以明晰的界定，学界对此的研究尚在现在进行时之中，这是一个浩大的工程。因此，本书只是依据一些主要的文献资料，抓住这方面的主要特征做了一个轮廓性的描述，力求显现出主干。

# 第 三 章

# 中国古代文体分类的方式

上一章我们对中国古代文体分类状况作了一个轮廓性的梳理，力求反映出其历史发展的轨迹。在此基础上我们再来进一步探讨中国古代文体的命名方式、中国古代文体的分类方法。

## 第一节　中国古代文体的命名方式

冯友兰先生曾经说："凡是分类学都要用三个概念。一个是类，就是它所要分的类；一个是名，就是它所要分的类的名字；一个是实，就是属于它所要分的类的具体的个体。从事分类学的人，不一定有这样明确的认识，但这是分类学的前提，离开了这个前提就没有分类学。从事分类学的人所分的类可能有错误，那是另一个问题。"① 冯友兰先生指出从事分类工作必须要用到的一个重要概念——类的名字，这是分类学的基础，那么，我们研究中国古代的文体分类问题就不能不考察中国古代的文体的名称，以及它的命名方式。

中国古代文体种类数量繁杂，文体名称是很多的。如此繁多

---

① 冯友兰：《中国哲学史新编》（中），人民出版社 1998 年版，第 396—397 页。

复杂的文体种类，在历史的发展过程中，不断地衍生或消亡，而文体分类也是分合变化，因此要很清楚地理出中国古代文体的所有名称是一件很困难的事。这里仅以《昭明文选》列出的三十九种文体名称和后世诗文总集中文体的名称的比较，来谈谈中国古代主要文体名称的情况。在这个问题上有学者已做过考察。

郭英德将《昭明文选》编纂时经过分体归类后所得的三十九类文体，归纳为六种基本类型：[①]

（1）古有定名，历代相承不变的文体，《昭明文选》有赋、表、笺、书、移、檄、序、颂、赞、论、连珠、箴、铭、行状等，共十四类。其中称名稍有变化的，有"书"与"移"二类。此外，《昭明文选》未列而后世总集增列的几种文体，如议、戒、传、记、判、题跋等。

（2）古有定名，后世衍生的文体，《昭明文选》有诗、碑文、墓志等，共三类。《昭明文选》虽仅列"诗"类，但以"乐府"、"杂歌"、"杂诗"等为子目。《文心雕龙》在《明诗》篇以外，另立《乐府》篇，已明确分列"诗"与"乐府"两类文体。此后，《文苑英华》分列"诗"与"歌行"两类；《唐文粹》分列"古今乐章"、"古调歌篇"、"乐府辞"三类。吕祖谦编纂《宋文鉴》，首次在诗体中细分四言古诗、五言古诗、七言古诗、五言律诗、七言律诗、五言绝句、七言绝句、杂体等，各列一类。《昭明文选》"碑文"类，至《宋文鉴》，始分列"碑文"、"神道碑铭"两类。《元文类》分列"碑文"、"神道碑"、"墓碣"三类。《文章辨体》分列"碑"、"墓碑"、"墓碣"三类。《明文衡》分列"碑"、"神道碑"、"墓碑"三类。《文体明辨》分列"碑文"、"墓碑文"、"墓碣文"、"碑阴文"四类。《昭明文选》"墓志"一类，《文章辨

① 参阅郭英德《论历代〈文选〉类总集的分体归类》，《中国文化研究》2004年秋之卷。

体》分为"墓志"、"墓记"、"埋铭"三类。

（3）古有定名，历代分合有异的文体，《昭明文选》有骚、七、诏、册、策、上书、启、弹事、对问、谏、哀、吊文、祭文等，共十三类。

（4）古有定名，后世未再列类的文体。《昭明文选》有令、教、奏记等，共三类。

（5）始立其名，后世并入他类的文体，《昭明文选》有难、设论、辞、符命等，共四类。

（6）始立其名，后世未再列类的文体，《昭明文选》有史论、史述赞两类。

从郭英德的这个统计可以看出，《昭明文选》列出的三十九种文体古有定名的三十三种，始立其名只有六种，这说明中国古代的主要文体种类在南北朝时期就基本上确定下来了，后世文体分类尽管更加细密，实际上许多文体的名称是在原来的基础上的进一步细化。当然，后世也产生了一些新型文体，如唐代的韩愈的"原"、"解"、"赠序"，柳宗元的"山水游记"等体，还有发源于中晚唐五代在宋代夺人耳目的词，萌发于金而鼎盛于元的曲，明清时期的小说等等。

郭英德以《昭明文选》三十九类文体为主，简略说明了历代《昭明文选》类总集确立文体类目的一些基本情况，在此基础上归纳出中国古代文体命名的三种主要方式①：一是功能命名法。所谓"功能命名法"，就是人们根据自身一定的行为方式为相应的文体定名。许多古代文体的名称，原本不过是动词性的词汇，其本意盖指向于一种行为方式。不同文体名称，恰恰对应着不同的行为方式及其功能。二是篇章命名法。所谓"篇章命名法"，

---

① 参阅郭英德《论历代〈文选〉类总集的分体归类》，《中国文化研究》2004年秋之卷。

就是某一时代的一位作家因为特定的社会需求，采取了独特的行为方式，而创作了一篇著名的作品，后世作家群起仿效，因此形成一种特殊的文体类型，人们即以始作俑者的篇章名称指称这一种文体。三是类同命名法。所谓"类同命名法"，则是指后人将出于相似的行为方式而创作的具有一定功能特征的各种不同名称的文本，合并其类，为之选定一个文体名称。郭英德认为：如果深入考察的话，"篇章命名法"和"类同命名法"能够得以实现，在本质上也是基于"功能命名法"的。后人之所以用创体首唱的典范篇章的名称来统称一类文体，就是因为这一篇章的功能特征，集中体现了这一类文体的基本功能。而"类同命名法"之所以能够成立，也是诉求于不同题名的文本具有相似的功能特征，因此可以用"举类以该之"的方法加以命名。

由此看来，《昭明文选》所列的三十九类文体：诗、赋、诏、册、令、教、策、表、上书、启、弹事、笺、奏记、书、移、檄、难、对问、设论、辞、序、颂、赞、符命、论、连珠、箴、铭、诔、哀、碑文、墓志、行状、吊文、祭文等，实际上都是经由功能命名法得名的。除了《昭明文选》分体归类所昭示的以上三种文体命名方式以外，后代的总集还有第四种文体命名方式——形态命名法。形态命名法所着眼的，主要不是文本之间功能的相似，而更多的是文本之间形态的相似。历代《文选》类总集对诗的分类，即大多采用了形态命名法。郭英德总结出中国古代文体命名四种主要方式：功能命名法、篇章命名法、类同命名法和形态命名法。这四种方式可概括为两大类，即以实用功能为文体命名和以结构形态特征为文体命名，而以实用功能为文体命名无疑是中国古代文体最基本的命名方式。对此我们再做进一步的阐述。

首先，中国古代早期的文体名称是以动词或者是与动作相关的词命名，是以其实用功能确定的。

徐师曾说："夫文章之体，起于《诗》、《书》。"那么我们就分别来看看《诗经》和《尚书》。《诗经》是中国第一部诗歌总集。我们今天考证得知最早《诗经》本子是依照风、雅、颂的体例来编排的。关于风、雅、颂名称的来历，有几种解释，其中有影响的一种说法，就是从诗的功能上解释。如《毛诗大序》说："风，风也，教也。风以动之，教以化之。……上以风化下，下以风刺上，主文而谲谏，言之者无罪，闻之者足以戒，故曰风。"又说："是以一国之事，系一人之本，谓之风；言天下之事，形四方之风，谓之雅。雅者，正也，言王政之所由兴废也。政有大小，故有小雅焉，有大雅焉。"又说："颂者，美盛德之形容，以其成功告于神明者也。"这里把风、雅、颂都看作是人们的一种行为方式，风类是用来教化和刺上；雅类是以王道的盛衰兴废为鉴；颂类是向神灵歌功颂德。由此可见，《诗经》风、雅、颂名称的来源是起于不同的行为方式，也就是说是由不同的功能决定的。

我们再来看看《尚书》。《尚书》，先秦时通称《书》。东晋时出现的伪孔安国《尚书序》首次提出《尚书》"六体"之说，其文体分为典、谟、训、诰、誓、命六种，云：

> 芟夷烦乱，翦截浮辞，举其宏纲，撮其机要，足以垂世立教。典、谟、训、诰、誓、命之文凡百篇。所以恢弘至道，示人主以轨范也。

吴讷《文章辨体序说》引宋张表臣《珊瑚钩诗话》对这六种文体做了解释，云：

> 道其常而作彝宪者谓之《典》，陈其谋而成嘉猷者谓之《谟》。顺其理而迪之者谓之《训》，属其人而告之者谓之

《诰》。即师众而誓之者谓之《誓》，因官使而命之者谓之《命》。

大意是说"典"是记载重要历史事实而作为准则的；"谟"是臣下对君的陈述；"训"为臣下对君的劝解；"诰"是君对臣下的讲话；"誓"是君主对部下发的誓词；"命"为君主对臣下发布某种命词。我们可以据此推断，上古人们在命名篇章时，首先区分各种不同的行为方式，再以篇名中的动词，为文本进行命名。这正如孔颖达所说的"致言有本，名随其事"，章学诚所说，《尚书》乃"因事命篇"。

另外，我们从《左传》中还可以看到当时流行和使用的许多文体名称也是如此。宋代陈骙在他所著的《文则》中，列举出《左传》中录存的文体有八种：命、誓、盟、祷、谏、让、书、对，与《尚书》中的文体大致相同，有些不过是名异而实同罢了。这些文体的名称也是由实用功能确定的。

总之，特定的行为方式产生了特定的文本，然后才形成了文体。中国古代早期的文体名称就是以动词或者与动作相关的词命名，也就是说是以其实用功能确定的。

其次，中国古代文论家在探讨文体的起源时也认识到文体的名称与实用功能的关系。

中国古人在探讨文体起源时往往表现出矛盾性：一方面由于"宗经"观念的影响，认为文体皆源于五经；另一方面又从历史实际出发考察某种文体的生成，论述文体的命名取决于它的实用功能。

文体皆源于五经，是中国古代很有影响的一种观点，如刘勰《文心雕龙·宗经》说：

故论、说、辞、序，则《易》统其首；诏、策、章、奏，则《书》发其源；赋、颂、歌、赞，则《诗》立其本；铭、诔、箴、祝，则《礼》总其端；纪、传、铭、檄，则《春秋》为根。并穷高以树表，极远以启疆，所以百家腾跃，终入环内者也。

稍后颜之推的《颜氏家训·文章》也说：

> 文章者，原出五经：诏、命、策、檄，生于《书》者也；序、述、论、议，生于《易》者也；歌、咏、赋、颂，生于《诗》者也；祭、祀、哀、诔，生于《礼》者也；书、奏、箴、铭，生于《春秋》者也。

刘勰与颜之推在文体的命名与归类方面虽然有差异，但都把文体的源头分别归到了《易》、《书》、《诗》、《礼》、《春秋》五经上。这一"宗经"的思想是有其历史背景的。两汉时期，五经的地位至高无上，汉代人认为"五经圣人所制，万事靡不毕载"，[①] 经书不仅成为思想的经典，也是各种文章的范本。五经被看做是"嘉论之林薮，文义之渊海"。[②] 到了魏晋南北朝时期，经学的地位没有两汉时期那么神圣了，但是，在社会文化中的重要地位并没有动摇，尤其是学术上的宗经思想却延续下来直到清末而不衰。宗经成为中国古代一种重要的文化观念。曹植在《与杨德祖书》中说："昔仲尼之文辞，与人同流，至于制《春秋》，游、夏之徒乃不能措一辞。过此而言不病者，吾未之见也。"傅玄在《傅子》中说："《诗》之雅颂，《书》之典谟，文足以相副，玩之

---

① 《汉书》卷八《宣王六王传》载王凤语。
② 《文心雕龙·才略》。

若近，寻之若远，浩浩焉文章之渊府也。"① 任昉在《文章始序》中也说："六经素有歌、诗、书、诔、箴、铭之类"。宗经的思想贯彻了中国整个封建社会，也体现在中国古代的文体研究之中。

"宗经"观念的产生是有社会政治历史文化诸种方面的原因的。从文体承传的角度看，文体皆源于五经观点是有一定根源的。刘勰在《文心雕龙》宗经篇中指出了五经文体的特点，他说："夫《易》惟谈天，入神致用。故《系》称旨远辞文，言中事隐。韦编三绝，固哲人之骊渊也。《书》实记言，而训诂茫昧，通乎尔雅，则文意晓然。故子夏叹《书》'昭昭若日月之明，离离如星辰之行'，言照灼也。《诗》主言志，诂训同《书》，摛风裁兴，藻辞谲喻，温柔在诵，故最附深衷矣。《礼》以立体，据事制范，章条纤曲，执而后显，采掇片言，莫非宝也。《春秋》辨理，一字见义，五石六鹢，以详备成文；雉门两观，以先后显旨；其婉章志晦，谅以邃矣。《尚书》则览文如诡，而寻理即畅；《春秋》则观辞立晓，而访义方隐。此圣文之殊致，表里之异体者也。"这说明五经适用于不同的内容，不同的场合，从表到里构成了不同的体例，具备了不同文体的特征，因而五经与后来一些文体存在着继承关系，对另外一些文体的确立有一定影响，是许多文体衍生的重要资源。

但是，我们考察文体的真正来源就会发现，文体源于五经的观点未免失之偏颇。在五经产生之前，甚至在文字产生之前，就有了最古老的口头文学体裁，如歌谣和神话传说。文字产生以后，出现的甲骨文里的卜辞等。这说明中国古代文体的真正起源并不是五经。中国古代文体产生的真正根源是社会文化的需要，从文体的原初命名方式就可以看出这一点。中国古代文体的原初命名方式大都是功能性的，即人们根据自身一定的行为方式为相

---

① 《太平御览》卷六百零八引《傅子》。

应的文体定名。这一点古代的文论家是有所认识的。

中国古代文论家能从历史实际出发，从实用功能的角度去考察某种文体命名的生成方式。如东晋李充在《翰林论》中说："盟檄生于师旅"、"研核名理而论难生焉"、"容象图而赞立"、"诚诰施于弼违"。《文选序》里说："箴兴于补阙，戒出于弼匡；论则析理精微，铭则序事清润；美终则诔发，图像则赞兴"，与李充的意思基本相同。

刘勰《文心雕龙》明显有宗经的思想，但是，他在考察具体某种文体的起源时，意识到文体的起源与人们的行为方式有关，因此，是以行为方式来训释文体名称。如：

诗者，持也，持人情性。（《文心雕龙·明诗》）

赋者，铺也，铺采摛文，体物写志也。（《文心雕龙·诠赋》）

颂者，容也，所以美盛德而述形容也。（《文心雕龙·颂赞》）

赞者，明也，助也。（《文心雕龙·颂赞》）

盟者，明也。骍毛旄白马，珠盘玉敦，陈辞乎方明之下，祝告于神明者也。（《文心雕龙·祝盟》）

铭者，名也，观器必也正名，审用贵乎盛德。（《文心雕龙·铭箴》）

箴者，针也，所以攻疾防患，喻针石也。（《文心雕龙·铭箴》）

诔者，累也。累其德行，旌之不朽也。（《文心雕龙·诔碑》）

碑者，埤也。上古帝王，纪号封禅，树石埤岳，故曰碑也。（《文心雕龙·诔碑》）

哀者，依也。悲实依心，故曰哀也。（《文心雕龙·哀

吊》）

吊者，至也。诗云"神之吊矣"，言神至也。君子令终定谥，事极理哀，故宾之慰主，以至到为言也。（《文心雕龙·哀吊》）

论者，伦也，伦理无爽，则圣言不坠。（《文心雕龙·论说》）

说者，悦也，兑为口舌，故言资悦怿；过悦必伪，故舜惊谗说。（《文心雕龙·论说》）

策者，简也。制者，裁也。诏者，告也。敕者，正也。（《文心雕龙·诏策》）

移者，易也，移风易俗，令往而民随者也。（《文心雕龙·檄移》）

章者，明也。……表者，标也。（《文心雕龙·章表》）

奏者，进也。言敷于下，情进于上也。（《文心雕龙·奏启》）

启者，开也。（《文心雕龙·奏启》）


刘勰以训诂的方法来界定某种文体的做法，徐复观很不以为然。他说："用训诂的方法来彰某类文学之义，不是失之拘碍，便会失之牵强。"[1] 这种批评是比较恰当的。我们这里先不论这种方法是否妥当，仅就把文体名称的起源与人们的行为方式联系起来这一点来看，刘勰认识到了中国古代文体的原初命名方式大都是功能性的。

为文体命名首先面对的是对具体的文本的分析归纳。文本总是先于文体而存在，一种文体的成立不是一堆文本材料的简单相加。文体是体现出某些共同的、惯例化的文体特征的一定数量作

① 徐复观：《中国文学精神》，上海书局出版社 2004 年版，第 206 页。

品的集合体。中国古代文体的名称的产生，就是由于社会文化的需要，可能先有了单篇文章的创作，后有文体特征相似的多篇文章被创作出来，它们的共同特征逐渐地被人们所认可，从而确定为一种文体，并以它的功能来命名。当这种文体的作品被大量地创作出来，不免其中有许多作品文体特征混淆，于是古人就特别重视"辨体"工作，因此，中国古代文体的命名从根本上看也就是对文体的分类。

## 第二节　中国古代文体的分类方法

先有文章，然后才归纳出文体及其名称。中国古代文体名称基本上是根据其功能确定。社会生活丰富多彩，产生了许许多多的文体，文体的名称自然是很多的了，那么，古人是怎样给文体分类的呢？现代学者对此已经做了积极的探索，下面列举一些学者较有代表性的观点。

20 世纪 80 年代，杨秉祺在《古代散文体裁浅论》中对名目繁多的中国古代文体划分所依据的标准做了概括。他认为基本上是三种：[1]

一是按文章是否文学作品分文和笔两类。刘勰《文心雕龙·总术》曾说"今之常言，有文有笔。以为无韵者笔也，有韵者文也"。刘勰的这一说法较早，还不全面。大致是，朴素的实用文章叫"笔"，藻丽而富抒情性的文章才叫"文"，即是用文学作品与非文学作品两个概念来区别。"文、笔"之分盛行于六朝，唐宋以后这种说法就不流行了。

二是从语言角度按是否通篇对仗分骈文（四六文）和散文

---

[1]　参阅杨秉祺《古代散文体裁浅论》，内蒙古人民出版社 1980 年版，第 18—20 页。

（古文）"散文"的涵义是狭义的，指单句散行的文章，唐以后又称"古文"。

三是按用途内容分。古代大多数文体论者采用这种标准。大多数文体也是据此定名的。但古人运用这一标准时，所采用的标准并不纯一。如，姚鼐所分的十三类中，论辩、杂记并非是按用途来分而是按性质来分的，前者并未言明是用来论政还是论史，后者并不指明是用来记人还是记物。辞赋，从名称上也看不出它的用途，它是以语言特点和内容特点来确定其名称的。古人已习惯用一种标准为主而掺入其他标准的分法。

杨秉祺指出，中国古代大多数文体论者按用途内容标准给文体分类，并习惯用一种标准为主而掺入其他标准。这些认识抓住了中国古代文体分类的基本特征，是很有见地的。但是，古代文体划分的标准是否基本上就是以上三种呢？盛行于六朝、唐宋以后就不流行的"文、笔"之分，是否就是文学作品与非文学作品的区别呢？它是不是中国古代的一个基本的文体分类依据呢？古人是不是就具备了我们现代的文学观念呢？恐怕并非如此简单。看来，这些问题还需深入的探讨。

1986年，徐召勋出版了《文体分类浅谈》，他认为文体分类标准很多，涉及中国古代的，大致有以下几种：[1]

（1）以对上、对下作为文体分类的标准。如东汉蔡邕分章、奏、表、驳议为对上文体，策书、制书、记书、戒书为对下文体。

（2）以有韵和无韵作为文体分类的标准：有韵者为文，无韵者为笔。此标准在六朝时很盛行。

（3）以风格作为文体分类的标准，如对曹丕与陆机作品的分类。

---

[1] 徐召勋：《文体分类浅谈》，安徽教育出版社1986年版，第16—20页。

（4）以时代和作者作为区分文体的标准。如建安体、黄初体、正始体、太康体、台阁体、陶渊明谢灵运体、韩愈体、苏轼体等等。

（5）以内容作为区分文体的标准。如山水诗、田园诗、边塞诗、爱情诗等。

徐召勋对以上的几种分类标准皆不满意，认为都不能作为文体分类的依据，并分别说明了理由。第一种已经过时，失去了存在的文化背景。第二种以有韵和无韵作为区分文体的标准也是不够妥当的。因为韵之有无，即使在古代的作品中也不是很严格的，《诗经》中的诗也有不押韵的。第三种风格也不能作为文体分类的标准。同一种文体的作品不一定是同一种风格，另外以风格作为标准去区分文体，也容易和文体风格学相混。第四种以时代或以作者作为文体分类的标准，都只能容纳一部分文体，而不能包括所有的文体，这是它的最大缺陷。第五种也不能作为区分文体的标准。因为同一种文体可以表现不同的内容，相反地，同一种内容也可以用多种文体去写。

稍后，褚斌杰先生在研究中国古代文体时也论述了文体分类的标准和方法。他说：

> 文体（文学体裁）的构成本具有外在的形式和内容的规定性双重因素。它既具有语言、结构方面的特征，同时也有内容和题材方面的因素。因此，在分类上可以产生多角度性，在标准上产生不划一。我国的诗、赋作品，通常采取从语言节奏、韵律的角度分类，如四言、五言、七言、杂言、古诗、律诗、古赋、骈赋、律赋、文赋等，也可以从内容题材着眼，如山水诗、咏史诗、咏怀诗、京都赋、江海赋等等。而中国散文一直具有实用性的特点，因此在划分上则又往往采用功能性为标准。如同属公牍文，而由于内容、使用

场合、用途的不同，则可分为诏、令、章、表、议、封事、弹文等等；同是哀悼性的文字，又可分为哀文、诔文、祭文、谥文、墓志铭等等，从而构成了繁多的体类。①

褚斌杰先生对中国古代文体分类的概括是精当的，主要体现在三个方面：一是指出文体不仅仅是一个形式问题，而是具有外在的形式和内容的规定性双重因素。这比把文体只看作是与内容相对的形式的一般说法要深刻得多。从这个层面上看，中国古代文体分类方法多种多样是与文体自身的复杂性一致的。二是指出中国古代文体的分类基本上采用的是功能性的标准，即根据文体的内容、使用场合、用途的不同进行分类。三是指出我国古代诗、赋作品，通常采取从语言节奏、韵律的角度分类，也从内容题材着眼去分类。

近年郭英德研究中国古代文体分类，主要从其生成方式上做了考察，他把中国古代文体分类生成方式总结为三种：作为行为方式的文体分类、作为文本方式的文体分类和文章体系内的文体分类。

他对作为行为方式的文体分类作如下的解释：

中国古代文体的生成大都基于与特定场合相关的"言说"这种行为方式，这一点从早期文体名称的确定多为动词性词语便不难看出。人们在特定的交际场合中，为了达致某种社会功能而采取了特定的言说行为，这种特定的言说行为派生出相应的言辞样式，于是人们就用这种言说行为（动词）指称相应的言辞样式（名词），久而久之，便约定俗成

① 褚斌杰：《中国古代文体概论·绪论》（增订本），北京大学出版社1998年版，第498页。

地生成了特定的文体。而中国古代的文体分类正是从对不同文体的行为方式及其社会功能的指认中衍生出来的。易言之，按照不同的行为方式区别类分文体，便生成了作为行为方式的文体分类。①

那么，什么是作为文本方式的文体分类呢？他说：

> 作为文本方式的文体分类是从作为行为方式的文体分类中派生出来的。在社会历史发展过程中，经由不同的言说行为生成了各式各样的文本，当人们将相关的文本编纂成书时，为了眉目清晰、条理井然，往往依据由行为方式及其社会功能所决定的文本自身的形态特征，对众多的篇章进行分门别类的整理和编次。而按照文本自身各自不同的形态特征区别类分文体，便生成了作为文本方式的文体分类。②

至于文章体系内的文体分类，郭英德主要概括了它的三个特点。其一，从分类对象来看，"泛文学观"是文章体系内的文体分类得以滋生繁衍的沃壤。其二，从分类实践来看，"因文立体"是文章体系内的文体分类得以生成确立的基本路数。所谓"因文立体"，指的是不先设定文类的逻辑体系，然后对单篇文章进行"对号入座"式的归类；而是先有单篇文章的创作，后有多篇文章因其自身形态或功能的相似性而得以合并归类，并为之确立"类名"。其三，从归类方法来看，"异中求同"是文章体系内的文体分类得以归纳类从的重要途径。在对文体进行区分辨析、分

---

① 郭英德：《论中国古代文体分类的生成方式》，《陕西师范大学学报》2005年第1期。

② 同上。

体归类时，中国古人不仅既关注其异，也关注其同，既在同中求异，也在异中求同。于是，"异中求同"便成为使纷繁复杂的众多文体得以归纳类从的必由之途。

从以上所列举的一些观点看，现代的学者对中国古代文体分类的研究，除了郭英德先生主要是从其生成方式上做了考察外，大部分学者研究的重点是在分类标准的讨论上。对文体进行分类，必须依据一定的标准和原则，否则就无法进行分类。文体分类的标准依据是文体分类学所要研究的一个重要问题。我国进行文体分类工作的历史悠久，文论家、文选家、目录学家都进行过文体分类工作，他们在进行文体分类的时候都依据各自的标准，因此总结中国古代文体分类标准是非常必要的。前面所提到的学者对中国古代文体分类标准的概括是非常准确而细致的，如杨秉祺指出中国古代大多数文体论者按用途内容标准给文体分类，并习惯用一种标准为主而掺入其他标准。褚斌杰先生指出中国古代文体的分类基本上采用的是功能性的标准，即根据文体的内容、使用场合、用途的不同进行分类；而我国古代诗、赋作品，通常采取从语言节奏、韵律的角度分类，也从内容题材着眼去分类。徐召勋还列举出很多中国古代文体分类的种种标准。这些看法符合历史事实，也是很有价值的，但是，要全面地反映中国古代文体分类方法的全貌，以笔者浅见，还需要从整体上进行把握。因为文体分类理论是一个综合的整体的体系，文体分类不仅仅是研究文体的区别也要研究文体的联系，仅仅归纳出几个标准是不能够完全说明这一问题的。

文体类别的确立是一定时期或阶段人们共同认可的结果，这包括批评家的总结论证、作家的不断实践和读者的普遍认同诸多方面。其中批评家的作用是非常重要的，他们要在众多的文本中区分出不同的类型，并赋予各类一个名称，也要清理这些文体之间的关系，寻找各种文体的共性和个性，辨别它们之间的异同，从而建立一个有序的文体类型体系，这就是古人所谓的"类聚区分"。下面拟从"辨异"和"求同"两个方面作一番考察。

## 一 辨异

"辨异"也就是"类聚区分"中的"区分"。中国古人根据内容特点和表现方式把文章归为这一类或那一类，并赋予各类一个名称，以彼此相区分，不至于相互混淆。为了说明各种文体的大致内容范围及其常用的表现方法，中国古代的文论家们又从历史的角度推源溯流考查各种文体的发展过程，为后人写作这类文章时确立一些大致可以遵循的原则。

### （一）以名分类

文论家在考察文体类别时要经历一个文类概念的提炼过程，首先要从具体的文本开始，从个别上升到一般，给具有共同特征的文本作出一个总体性的概括，并分别给它们确立一个名称。文论家确立文体名称并非易事。虽然我们前面说过最早的文体命名方式主要是以社会功能为依据的，一些文体在社会历史的发展中已有了人们习用的名称，但由于作家写作时并不会拘泥于某一个固定的框架，总是在不断地挣脱和打破这一框架，因此文体的状况是比较复杂的。文论家在对文体作分类时总是小心谨慎地反复研究后才能确定一个文体的名称，况且有些文本前人也没有给它们什么名称，文论家也要给它们一个合适的"帽子"戴，使其有一个恰当的位置。下面我们以古代的一些具有代表性的论著为例，看看中国古代的文论家在实际操作中是怎样做的。

#### 1. 以题定名区分文体

刘师培《中国中古文学史讲义》第三课说："文章各体，至东汉而大备。"这说明东汉时期中国古代的许多文体已经形成，已经有了名称。如《后汉书》著录的文体名称有诗、赋、铭、诔、颂、书、论、奏、议、记、碑、箴、七、九、赞、连珠、吊、章表、说、嘲、策、教、哀辞、檄、难、答、辩、祝文、荐、笺等三十余种。蔡邕《独断》论天子独用的文体有四种，《独断》卷上记载说："一曰策书，二曰制书，三曰诏书，四曰戒书。"该书卷二论官文书四体曰："凡群臣上书于天子者有四名：一曰章，二曰奏，三曰表，四曰驳议。"① 除了蔡邕《独断》所论的文体外，我们还可以看出当时许多文体已有了名称。如《后汉书·蔡邕传》说："所著诗、赋、碑、诔、铭、赞、连珠、箴、吊、论、议、《独断》、《劝学》、《释诲》、《叙乐》、《女训》、《篆势》、祝文、章表、书记，凡百四篇，传于世。"《后汉书》虽然成于刘宋时代，但是，《后汉书·蔡邕传》中所谓诗、赋、碑、诔、铭、赞、连珠、箴、吊、论等文体名称确实已经为当时人们所认可是完全可信的。《文心雕龙》所论述的七十八种文体，推源溯流，可以看出多数重要作品均产生于汉代。甚至像《文章缘起》论列八十四体，就明确标明始于秦汉者六十七体。这说明在中国古代人们具有自觉文体分类意识之前许多文体已经有了名称。

　　在魏晋南北朝之前，作家们就有了明确的体类意识，按体写作。如西汉时的司马相如、扬雄对赋体的意识。东汉时期的班固明确说明自己所作为赋，并在题中表面文体名称，《汉书·叙传》云："有子曰固，弱冠而孤，作《幽通之赋》，以致命遂志。"东汉时的冯衍在《显志赋序》中云："乃作赋自厉，名其篇曰《显志》。"可见，作家在写作之前清楚地意识到他们要写什么体裁。到了魏晋南北朝时期，由于文体的发展成熟，作家更是注意按体写作。晋潘岳在《秋兴赋序》、《寡妇赋序》中就明示所作的是赋体。晋陆机在《吊魏文帝文》中说明自己所作的是吊文，他说："于是遂愤懑而献吊云尔。"其时许多文体基本形态已经具备，文

　　① 本文据上海古籍出版社影印四库全书本。

体的名称也基本确定，作家写作时往往在文章的题目中就表明体裁类型。

文论家在对文体分类时，就是以文章的标题中所表明的体裁名称进行分类。《昭明文选》所列出的三十九种文体中大多数文章的题目中就表明体裁类型。如《昭明文选》卷四十三"移"类，收刘向《移书让太常博士》和孔稚珪《北山移文》；《昭明文选》卷四十五有"对问"类，收《宋玉对楚王问》一文；《昭明文选》卷五十八至五十九有"碑文"类，既载蔡邕（伯喈）《郭林宗碑文》，亦载王巾（简栖）《头陀寺碑文》；《昭明文选》卷五十九有"墓志"一类，收任昉《刘先生夫人墓志》一篇；《昭明文选》卷六十"吊文"类，收录贾谊《吊屈原文》、陆机《吊魏武帝文》二篇；《昭明文选》卷三十六"教"类，收录傅季友《为宋公修张良庙教》、《修楚元王墓教》二篇；《昭明文选》卷三十六"令"类，收任昉《宣德皇后令》一篇，等等。《文心雕龙》卷四《诏策》也附论"戒"体，言及东方朔之《戒子诗》、马援等之《家戒》、班姬之《女戒》等。《文苑英华》卷九百九十九至卷一千，在"祭文"类下有子目"哀吊"，收录韩愈《吊塞上翁》、卢藏用《吊纪信文》、张说《吊国殇文》、李华《吊古战场》等吊文十三篇。这种情况多不胜数，不再赘述。

这种"以题定名区分文体"的方法还是有缺陷的，往往会导致重名轻实、文体分类琐碎的弊端。如《昭明文选》所收汉武帝的《秋风辞》，本来是赋体，《汉书·艺文志》就把它看作是赋。因题目中无"赋"字，《昭明文选》于是为它单列一"辞"体，实在是有些不伦不类的。《秋风辞》，后世多归入"诗"类，如宋郭茂倩《乐府诗集》卷八十四"杂歌谣辞·歌辞二"、明陆时雍《古诗镜》卷三十一"歌谣"类，均加以收录。再如《昭明文选》卷四十四"难"类，仅收司马相如《难蜀父老》，此文刘勰把它放在《文心雕龙·檄移》篇中论述。但是，不管怎么说，"以题定名区分文体"是中国古代文体分类的一个重要的方法。

2. 以实定名区分文体

作家在创作作品的时候并不一定都有自觉的体类意识，因而有些作品只有标题而没有表明体裁。对这类作品文论家怎么处理呢？一般是根据文章的整体特征把它们归入一个体裁，或单独为它们列一种体裁。如屈原的作品标题中没有表明是什么体裁，《汉书·艺文志》就把它们归入赋体，《昭明文选》却为它们另外设立了一个"骚"体，除了收录屈原的作品外，宋玉之《九辩》、《招魂》亦列入"骚"体。《宋文鉴》、《元文类》、《明文衡》、《明文在》沿用之，皆单列一类。《文体明辨》亦单列一类，但称为"楚辞"。《文苑英华》并入"杂文"类，子目中有"骚"；《唐文粹》并入"古今乐章"类，子目中有"楚骚"；《文章辨体》并入"古赋"类，子目中有"楚辞"。再如西汉贾谊的《过秦论》，原来的标题中也无"论"，后人认为它是属于"论"这种体裁，所以后来才加上去的。陶渊明的《归去来辞》原来也无表明体裁的"辞"字，《南史》卷七五《陶潜传》载："即日解印绶去职，赋《归去来》以遂其志。"《宋书》卷九三《陶潜传》也记载："即日解印绶去职，赋《归去来》。"可见陶渊明的《归去来辞》题名中原无"辞"字。《昭明文选》把它归入"辞"类，后世相沿而称。

另外，《昭明文选》卷四十八"符命"类，收录了司马相如《封禅文》、扬雄《剧秦美新》、班固《典引》三篇，这三篇标题中也没有体裁标志，《昭明文选》根据这些文章的功能特征为它们确立了一个文体名，而《文心雕龙》将此三篇文章列出了一个"封禅"类。此后总集类选本大都未列"符命"类或"封禅"类。唯《文体明辨》、《文章辨体汇选》有"符命"类，但亦仅收录司马相如、扬雄、班固、柳宗元等人之文。再如东方朔《答客难》、扬雄《解嘲》、班固《答宾戏》三篇，刘勰把它们归并于"杂文"类子目"对问"中。

"名不正则言不顺"，这是中国古代的对事物认识的一种方法。文论家对文体分类首先解决的问题就是"正名"，即确定文体的名称。接下来要做的事情就是更进一步的"明体辨法"了。

（二）明体辨法

中国古代文体的分类其目的具有很强的实用性，就是为写作这类文章的人建立一些大致可以遵循的原则，以免各种文体相互混淆。各种文体名称建立后，其内容范围及其常用的表现方法就具有相对的稳定性，文论家就要致力于明体辨法，"区分"不同的文体，综观中国古代文体分类的历史，文论家在"明体辨法"中形成了两大传统：推源溯流和类聚区分。

从汉代起，在目录学的著作中就可以看到推源溯流这种方法，刘向的《别录》、刘歆的《七略》就是用剖析条流，推本溯源的方法。章学诚曾这样评价："盖自刘向父子，部次条别，将以辨章学术，考镜源流。非深明与道术精微，群言得失之故者，不足与次。"[①] 班固继承了这一方法，在《汉书·艺文志》中的六略的总序和小序中都要推源溯流。到了魏晋南北朝时期，推源溯流成为文学批评家研究文体分类的一个重要的方法。文论专著当以《文心雕龙》为代表。《文心雕龙·序志》篇中指出当时创作的弊病是未明本源，"去圣久远，文体解散"，"离本弥甚，将遂讹滥"，而批评论著大都"并未能振叶以寻根，观澜而索源"，因而，刘勰首先在批评体例中特意把"原始以表末"这一条放在首位，作为研究文体分类的最主要的方法。这一点在《文心雕龙》处处得到了体现。后有专章论述。

除刘勰外，还有许多文论家也在自觉或不自觉地运用这一方法。钟嵘的《诗品》也采用追源溯流的方法。在他品评的一百二十多位诗人中，对其中许多人的创作风格，都追溯其源流。如说

---

① 章学诚：《章学诚遗书》，文物出版社1985年版，第95页。

曹植"其源出于古风"，说刘桢"其源出于《古诗》"，等等。章学诚认为这种方法也是继承了刘向父子的考镜源流，他说：钟嵘的《诗品》"云某人之诗，其源出于某家之类，最为有本之学，其法出于刘向父子"。① 章学诚在《文史通义·诗话》篇中又说："盖《文心》笼罩群言，而《诗品》深从六艺溯流别也。论诗论文，而知溯流别，则可以探源经籍，而进窥天地之纯，古人之大体矣。"②

其他专门论述体裁的论著几乎都沿用了"推源溯流"的方法，如挚虞的《文章流别论》、李充的《翰林论》等。挚虞认为各种不同的诗体的最早起源都是从四言开始的，四言诗的代表那就是《诗经》，那么诗歌的起源就是从《诗经》开始的了。北齐的颜之推在《颜氏家训·文章篇》里认为所有的文章都来源于五经。还有谢混的《文章流别本》、孔宁的《续文章流别》、沈约的《宋书·谢灵运传论》在分析文体时也用的是"推源溯流"的方法。

另外从这个时期的一些总集中我们也可以看到追源溯流的方法。如任昉的《文章缘起》，一名作《文章始》，选列八十四种文体，"缘起"、"始"本身就表明是探讨各种文体之起源，其书中的内容也是如此。总之，追源溯流在这个时期逐渐成为文体分类研究的一种主要方法。魏晋南北朝时期的文论家面对文体日益繁富，写作时出现因文体不明而出现的文体混乱现象，辨析文体时追源溯流是一个非常有用的方法。这个时期的文论家在批评实践中不断丰富和完善这种方法，使其成为中国古代文体研究的一个经典的传统。

如果说，"推源溯流"是一种历时态的，纵向的历史的方法，

---

① 章学诚：《章学诚遗书》，文物出版社1985年版，第95页。
② 同上。

那么，还有一种共时态的，横向的文体分类研究方法——"类聚区分"。其著名的代表人物是曹丕和陆机。曹丕在《典论·论文》中从共时的层面把文体分为四科八体，他说："夫文本同而末异：盖奏议宜雅，书论宜理，铭诔尚实，诗赋欲丽；此四科不同，故能之者偏也，唯通才能备其体。"[①] 陆机也是从横向静态的角度把文体分出了诗、赋、碑、诔、铭、箴、颂、论、奏、说十体。在刘勰所处的时代，人们根据语言形式上的有韵和无韵从横面上把各种文章分为两大类。刘勰在《文心雕龙》总术篇中说"别目两名，自近代耳"。两名即文、笔两类。

隋唐宋元时期，不论是文体论著还是诗文总集，在研究文体分类时都自觉地运用这两种方法，并做了进一步的发展。隋唐宋元时期的文论家主要是从在文体语言的运作和构成方面做深入探索的，并在此基础上总结各体的美学特征。如唐朝日僧遍照金刚撰的《文镜秘府论》，主要叙述了六朝至唐朝关于诗歌的体裁、声韵、对偶等方面的理论。其中探讨了诗歌体裁的风格特征，对所分各体一一定义，并以具体诗文进行说明。只可惜所引资料今多散佚。唐代释皎然撰的《诗式》主要阐述诗的作法，如气势、四声、格调、用事、取境、对句等写作要求，在此基础上把诗体概括为十九个字：高、逸、贞、忠、节、志、气、情、思、德、诚、闲、达、悲、怨、意、力、静、远。

作家的主观因素在文体语言组构中也是很重要的。每个作家由于自身文化修养不同，对语言运用的能力和习惯不同，甚至生活态度和价值取向也不同，这些可变因素使得一种文体也呈现种种风貌。如旧题唐司空图的《二十四诗品》主要论述诗歌的种种风貌。书中分诗为二十四类：雄浑、冲淡、纤秾、沈著、高古、

---

① 郭绍虞主编：《中国历代文论选》第一册，上海古籍出版社2001年版，第158页。

典雅、洗练、劲健、绮丽、自然、含蓄、豪放、精神、缜密、疏野、清奇、委曲、实境、悲慨、形容、超诣、飘逸、旷达、流动。

　　到了明清时期，全面继承和发扬了中国古代文体分类研究的两大传统：推源溯流和类聚区分。《文章辨体》和《文体明辨》在总结前人的论述时又做了"补其未备"的工作。两书都以推源溯流为主，同时论说了各体的具体作法和体制特点。它们总结性地论述各种文体，对各种文体的格式、语体和体貌认识更全面、更完善。

　　除吴、徐两人外，明代还有许多论者都在讨论文体的体式、作法和体貌风格。李东阳从声律的方面区分了诗不同于文。胡应麟在《诗薮》中也认为"诗与文体迥不类，文尚典实，诗贵清空；诗主风神，文先理道"。许学夷《诗源辨体》卷一称"诗与文章不同，文显而直，诗曲而隐"。明人在前人的基础上对诗文两种文体的认识做了适应时代要求的阐述，从语体、结构和体貌特征上进行总结，用"典实"、"理道"与"清空"、"风神"，"显"、"直"与"曲"、"隐"分别界别诗文两种文体。清人对各体诗的体制的认识从某种程度上可以说是更深入、更细微。

　　清人对"文"体式的研究，就实际成果而言远较明人为丰富。如清初毛先舒作《论文》就详尽地讨论主客、先后、详略、分合、伏应、束纵、联断、单复、顿宕、整乱等散文写作的十种方法。继之魏禧论古文伏应断续之法。后戴名世手批《唐宋八大家文选》，对起伏呼应、联络宾主，以及抑扬、离合、伸缩之法，也多有研究。姚鼐编《古文辞类纂》将"文"分为十三类，以为为文者当把握八个方面，即"神"、"理"、"气"、"味"、"格"、"律"、"声"、"色"，前四者为"文之精也"，后四者为"文之粗也"。从文体的角度看实际上也是对"文"格式、作法和体貌风格的概括总结。

除了诗文之外，明清时期也注重戏曲和小说。如明朝徐渭的《南词叙录》对南戏的源流、发展、声律、风格、作家作品评论及术语、方言考释等，作了详尽论述。

## 二 求同

文体分类研究不仅仅是研究各种文体的区别，也要研究各种文体的联系。中国古代的文论家既注重文体的辨异，也看重文体的求同。曹丕在《典论·论文》中说："文非一体，鲜能备善。"他又说"夫文本同而末异"。在文体分类方面，我们注意到，中国古代很重视文体之间的相互联系，他们所谓的"类聚区分"除了指把各种文体放在一起比较区分外，还有一个很重要的内容，就是文体的"类聚"。中国古代的文论家总是试图把各种文体纳入到一个整体的"文"中，以形成一个有序的体系。中国古代文体分类的整体系统呈现出这样的特征：一方面是，各种文体多元并存、平级排列，共同处在一个体裁系统；另一方面是，各种文体具有结构等级层次，文体分为诸多的大类，大类下有小类，体现了一定的类属意识。前者常常遭到一些学者的批评，认为如此排列文体缺乏逻辑，而后者又往往被人们所忽略，很少谈及。下面就这两方面做一考察。

（一）多元并存、平级排列，共处一个系统

中国古代的文论家，不论是理论上对文体的论述，还是文章选本的编排，一般都把各种主要文体平级排列在一个体系之中。曹丕将当时常用文体一分为八。其后陆机进而分成十体。晋代挚虞撰《文章流别集》今存的片段涉及开列的文体有颂、赋、诗、七、箴、铭、诔、哀辞、哀策、对问、图谶等。继之又有李充著《翰林论》（今存少量佚文）开列了图赞、表、论、议、盟、檄、诫等文体。《文心雕龙》论及文体三十四类（包括骚体）。梁代昭明太子萧统编《昭明文选》所排列的文体为三十九种。《文章缘起》据《隋志》载，包含诗、赋、诏、策等八十四种文体。宋吕祖谦编纂的诗文总集《宋文鉴》分文体为五十八类。明人吴讷的《文章辨体》将明以前的文体分为五十八类。徐师曾的《文体明辨》文体分类有一百二十七类之多。明代的程敏政的《明文衡》分文体为四十一类。从这些论著我们清楚地看到，中国古代文体分类的名称繁多复杂，大都平行地排列在一起，形成一个像"包袱"一样的体系。

这种分类方法表面上看似乎缺乏一种明显的逻辑结构层次，它不同于我们现在常用的"四分法"（把文学作品分为诗歌、小说、戏剧和散文），和西方传统所用的"三分法"（经歌德规范之后成为经典标准，即"诗的自然形式"：抒情式、英雄史诗式和戏剧式）那样简便，但这种分类却具有实用的功能，便于区分各种文体。

如何评价中国古代的这种文体分类方法？有学者批评古人不太懂得用科学的方法对纷繁复杂事物进行科学的分类，"往往标类不厌其细"，应当用逻辑的分类原则来清理古代的文体名称。对此，我们要做辩证的分析，从研究的角度依据我们现代的标准去做一番清理是理所当然的事，但不能因此就完全否定我们古人的文体分类方法，完全否定或忽视对我们研究中国古代文学，继承我们民族的文化遗产是不利的。由于中国古代社会、政治、文化等因素的影响，中国古代产生种类名称繁多的文体，各种文体在历史发展过程中逐渐形成了一些基本的写作原则和方法。由于许多人不能很好的把握各体的特性，在写作中常常发生混淆，导致了文体混乱。如果文体混乱，作家写作时就难以把握某种文体的本质特点，必然影响表达效果。读者不明各体的基本范式，必然对各种文体就无所适从。批评家如果不能概括一种文体最基本的特征，必然无法确立批评的规则。因而，中国古代文体分类正是基于这种现实才形成了各种文体多元并存、平级排列、共同处在一个体裁系统的分类方法。也就是说，中国古代文体分类是为了便于人们学习借鉴和因循，知道各种文体适用于什么具体的场合，知道每种文体在内容和表现方式方法方面有什么特点，因此把各种文体，甚至它们的亚类文体单独排列，以凸现出它们各自的特性。例如诔、哀、碑、墓志、吊文、祭文虽都是哀祭类的文体，一般的分类都是单独平列，并不把它们归为一个大类，因为这几种文体各自的用途和作用不同，写法也有区别。可见，中国古代文体分类就是以实用为目的，分类的方法主要还是以文体的功能为依据。就是这种看似缺乏逻辑的分类在中国文学批评史上产生了重要的作用，古人据此创作和解读各种文章，并没有什么不便之处。"体裁其实是一种习惯，是文学交际活动的参与者之间签订的一系列特殊公约。"① 文体的分类实际上也是一种习惯，是生产者和接受者共同认可的一种规则。因此，我们应该历史地看这一问题，不必以今律古。

（二）建立文体结构等级

文体是一个复杂特殊的等级体系，文体分类就是确立一个层次等级的关系，也就是寻找文体类型之间的联系。中国古代的文论家，一般都把各种主要文体平级排列在一个体系之中。然而，他们并不是不注意文体的层次等级的关系，他们面对复杂的文体现象，在考察文体和编排文章选本时依据实用的需要，常常运用种种标准，建立了一套自己的等级体系。只不过，他们所建立的等级体系与我们现代所用的体裁等级体系不同罢了。从编排文章选本中我们就可以清楚地看到这一点。

《诗经》是中国第一部诗歌总集，它先依照风、雅、颂的体例来分类编排的，然后在"风"、"颂"之下又以作品的不同产地

① 马克·昂热诺等：《问题与观点——20世纪文学理论综论》，史忠义等译，百花文艺出版社 2002 年版，第 108 页。

划分小类，即周南、召南、邶、鄘、卫、王、郑、齐、魏、唐、秦、陈、桧、曹、豳等十五国风；周、鲁、商三颂，在"雅"下分为小雅、大雅。

汉代刘歆父子将书分成六类，先作总说性质的《辑略》，又分别作《六艺略》、《诸子略》、《诗赋略》、《兵书略》、《术数略》和《方技略》。依《汉书·艺文志》所记，其大类下又分为若干种，属于细类、小类。种下则有家，属于目。《汉书·艺文志》的目录分类分为六类，与《七略》的六略分类相同，只是《辑略》这一部分的内容却散入各种类书目介绍之下。《汉书·艺文志》的《诗赋略》分诗赋为五种，其中赋为四家，歌诗为一家。四家赋为：（1）屈原赋类；（2）陆贾赋类；（3）孙卿赋类；（4）客主赋类。刘向《别录》、刘歆《七略》和班固《汉书·艺文志》的分类都注意划分结构等级层次，类下有种，种下有家。

梁代昭明太子萧统编《昭明文选》中的文体有三十九种，又按题材内容把赋分为十五类，诗分为二十三类。北宋初由李昉等编的《文苑英华》，分文体三十八类，多数文体又按内容题材详分许多小类，例如赋分三十九类，诗分为二十三类，而像判体则分出了七十三类。宋人姚铉的诗文总集《唐文粹》，书中分文体二十三大类，某些大类中又细分了许多子目。明清时期的文论家更加注意文体的归纳，先将文体分门，然后系类。明代的王世贞撰的《艺苑卮言》，全书十二卷，将文体分为：史之言理者——《六经》、史之正文、史之变文、史之用、史之实、史之华六门四十二类。清代储欣的《唐宋十大家类选》分文体为六门三十类。姚鼐的《古文辞类纂》依文体划分为十三类，类下有体。清代李兆洛编纂的文章总集《骈体文钞》，将文体分为三十二类，分别属于三大门类。曾国藩编纂的文章总集《经史百家杂钞》将文体分为三门十一类。清代吴曾祺编纂的文章总集《涵芬楼古今文钞》，全书一百册，选上古至光绪年间文章近九千篇，分文体十三类，下有二百零二子目。

中国古代文体理论专门研究文体等级层次的论著不多，但我们从一些文论著作中仍然能看出他们的基本路径。魏晋南北朝时期，曹丕将当时八种常用文体一分为八，归纳为四科，这种归并体现了文体分类的等级层次。为什么做这样的归并，这里不做讨论。《文心雕龙》是我国古代的文论巨著，其对文体等级层次的研究具有代表性。刘勰的文体分类的层次等级包括了四个不同的等级：

第一层次，天下的文章分为两大类：文，笔。

第二层次，文有诗、乐府、赋等十大类；笔有史传、诸子、论说等十大类。

第三层次，颂赞分颂、赞；祝盟分祝、盟等等，在杂文这个类别下又分出了对问、七、连珠、典、诰、誓、问、览、略、篇、章、曲、操、弄、引、吟、讽、谣、咏等十九种。

第四层次，刘勰对一种文体中的不同形态又做了更详细的分类，比如说诗歌这种文体他根据诗歌的语言结构分出了四言，五言，三六杂言，离合，回文，联句等。记的范围很广，包括了各种记事的体裁，名称繁杂，他把各种名目的体裁都放在这个类别之下（后有专章论述）。

由此可见，中国古代的文论家试图从多方面为文体建立等级体系，找出文体的内在联系。这些体系存在着不同的类型，它们都具有一个共同的特征，那就是以实用为目的。

## 第三节　中国古代文体分类所体现的文学观念

人们对文学系统的看法形成文学观念，文学观念首先解决的是"文学是什么"的问题。文学观念是有关文学的各种看法、意识或理论的通称。文学观念是一定的具体社会文化语境中人们建构的产物。文学概念源于文学观念。文学观念主导着文学分类，文学分类体现了文学观念，二者是紧密联系在一起的。

中外文学理论发展的历史告诉我们：人们对文学的认识一直处在不断发展变化之中，关于文学体裁的"特征"是一定时期的理论家依据一定时期的作品概括起来的，文学没有一种普遍有效的"本质"定义。我们在考察中国古代文体分类时免不了常常碰到"文学"和"非文学"的问题，尤其是所谓的"纯文学"问题。我们现在对文学是怎么认识的呢？要对"文学"的含义有一个科学的界定，可这实际上又是很不容易的事。一般认为，文学是人文社会科学中的一个方面，它和哲学、历史、政治、宗教、伦理等具有根本不同的性质，文学是以语言为工具的艺术，具有审美的特性。文学是一种艺术，是人的感情的体现。这种近代意义上的"文学"概念即表达情感的美文，在西方也是晚至 19 世纪才形成的。据日本学者考证，西方语言中的 lirerrature 原来的意思和中国古代的"文学"的基本一致，有学问和写作的含义，用作美文始见于 1812 年，日本明治初期的英和辞书译为"文道"、"文字"。日本到了明治 8 年（1875）在文部省报告二十一号"开放学校课程表"（东京大学）中始将"文学"作为 lirerrature 的译语，两年后才逐渐用作诗歌、戏曲、小说等纯文学样式的总称。[①] 这就是现代"文学"概念的由来。可见 lirerrature 固定于当今所谓的文学是很晚的事。[②] 追溯我国提出"纯文学"概念的源头，当是 20 世纪初期的王国维。他在《论哲学家与美术家之天职》中指出：文学的性质在丁非功利性，"文学者，游戏

---

① 详矶田光一：《译语"文学"之诞生》，见《鹿鸣馆的系谱》，文艺春秋社1983 年版；铃木修次：《"文学"译语的诞生与日中文学》，见古田敬一编《中国文学的比较文学研究》，汲古书院 1986 年版。

② 参阅蒋寅《古代诗学的现代阐释》，中华书局 2003 年版，第 10—11 页。

的事业也"。在《人间词话》中说："诗人视一切外物,皆游戏之材料也。然其游戏,则以热心为之。"这种游戏是没有功利性,"美术之为物,欲者不观,观者不欲;而艺术之美所以优于自然之美,全存于使人易忘物我之关系也"(《红楼梦评论》)。但是,在20世纪中国社会激烈复杂的政治斗争中,文学理论始终是政治功利论的文学观念占据了主流的地位。直到80年代,在改革开放的新形势下,由于思想解放大潮激荡的影响,中国文艺学界自主性的诉求逐渐占据了主导地位。在"主体性"、"人道主义"等一系列话语的争论中,文学的自律性诉求取得了合法地位,文学的自律性诉求的观念就是强调艺术的非功利性。

对这场争论的历史意义我们应该给以充分的肯定,它使文学取得了比较独立的地位。但是,过分强调文学的非功利性成了导致20世纪90年代文学边缘化的一个重要的因素。从深层次看,中国文艺学界自主性的诉求取得成功实际上并没有完全远离政治,其实是一次中国文艺学界和非文艺力量合谋的结果。可是,有些人却忽视了这一点,把文学的自主性当作超历史的普遍性,又走向另一个极端,一味追求"纯文学",追求审美的无功利性,追求文字语言的游戏。这种文学观念也影响了文学研究。具体地说,在研究中国古代文体分类时,抽离了具体的社会文化语境,随意评判哪些是文学文体,哪些又是非文学文体;哪些是审美的,哪些又是非审美的。这种随意的做法实际上无法真正认识我们古代的文体分类,从而也无法历史地看待古代的文学观念。研究古代的文化遗产其重要意义就在于鉴古今而知得失。我们看看古代什么时候、什么情况下、什么人把什么样的东西当作"文",它与当时的社会文化有什么关系?搞清楚这些东西,才能对我们当今更深入地认识复杂多样的审美与艺术现象,构建新的具有现实概括力的文学类型理论有借鉴价值。

由于文学是一个历史的不断变化的概念,不同时代由于社会文化语境的作用，人们对文学的认定就不同。我们从文体分类看，中国古代的"文"涵盖了哪些文体？

中国古代文体种类在汉代已经初具规模，文体分类的意识自然也就相伴而生。但是我们说，这个时期在人的心目中，"文"的概念还比较宽泛模糊，实用性文体与抒情性文体并没有明显的区分，都为他们所重视，甚至在某种程度上说，那些应用性文体更能得到时人的重视。由建安而魏晋，是中国文学自觉时代的开始。曹丕在《典论·论文》中将当时八种常用文体及其特征明确开列，把文体一分为八。这说明他认定的"文"至少应该包括奏、议、书、论、铭、诔、诗、赋。其后陆机的《文赋》在曹丕八体的基础上，进而分成十体，即诗、赋、碑、诔、铭、箴、颂、论、奏、说。陆机与曹丕的分类相比，不同的文体有碑、箴、颂、说。晋代的挚虞撰《文章流别集》，今存的片段就涉及文体有十一类，开列并论述的文体有颂、赋、诗、七、箴、铭、诔、哀辞、哀策、对问、图谶等。

大规模地论述文体的是刘勰，刘勰《文心雕龙》五十篇，其中"文体论"占二十篇，《文心雕龙》中所涉及的大的文体类型有三十三种，即：诗、乐府、赋、颂、赞、祝、盟、铭、箴、诔、碑、哀、吊、杂文、谐、谶、史传、诸子、论、说、诏、策、檄、移、封禅、章、表、奏、启、议、对、书、记。倘若按一般学者的意见，把《辨骚》所论述的"骚"体也算在内的话，那么，刘勰共论述文体有三十四大类，七十八种文体。据笔者的统计，如果包括每一个文体在历史流变中不同的名称，也包括每一个文体中的子文体的名称，除去重复的名称和相互包容的，文体名称多达一百三十多种。可见，刘勰所谓的"文"是一个很宽泛的概念。梁代昭明太子萧统编《昭明文选》当下学界一般都认为：《昭明文选》中所涉及的文体为三十九类，即：赋、诗、骚、七、诏、册、令、教、策文、表、上书、启、禅事、笺、奏记、书、檄、对问、议论、辞、序、颂、赞、符命、史论、史述赞、论、连珠、箴、铭、诔、哀、碑文、墓志、行状、吊文、祭文、难、移。如果我们把《文选序》中提及的戒、诰、记、誓、悲、碣、三言、八字、篇、引等十体《昭明文选》没有选录其作品的文体，和《昭明文选》中涉及的文体加起来，差不多近五十体。比较《文心雕龙》与《昭明文选》，二书基本相同的文体有：诗、赋、骚、乐府、铭、箴、诔、碑、哀、吊、论、檄、移、表、书等。《文心雕龙》多出了史传、诸子两大类，《文心雕龙》的章表、奏启两类，略相当于《昭明文选》的表、上书、启、弹事、奏记五类，《昭明文选》将诔、碑各分为一类，而另立墓志一类。《文心雕龙》的哀吊类，在《昭明文选》中分为哀、吊、祭三类，又另立行状一类。《文心雕龙》的杂文类包括了《昭明文选》的七、对问、设论、连珠四类。《文心雕龙》的论说类包括了《昭明文选》的论、史论、史述赞、序四类。《文心雕龙》的诏策类包括了《昭明文选》的诏、策、令、教四类。《文心雕龙》的封禅文类与《昭明文选》的符命类相合。《文心雕龙》的章表类与《昭明文选》的表类相合，等等。① 因此，骆鸿凯先生说：《昭明文选》"七代文体，甄录略备，而持较《文心》，篇目虽小有出入，大体实相符合"。②

刘勰对每一类文体的论述都做到："原始以表末，释名以彰义，选文以定篇，敷理以举统。"条分缕析，以篇明体。在"选文以定篇"的篇目选取方面，《昭明文选》与《文心雕龙》多有相同之处。以《文心雕龙·诠赋》篇为例，其中列举了十家"辞赋之英杰"："观夫荀结隐语，事数自环；宋发巧谈，实始淫丽；枚乘《菟园》，举要以会新；相如《上林》，繁类以成艳；贾谊

① 参阅徐复观《中国文学精神》，上海书店出版社2004年版，第208页。
② 骆鸿凯：《文选学》，中华书局1989年版，第124页。

《鵩鸟》，致辨于情理；子渊《洞箫》，穷变于声貌；孟坚《两都》，明绚以雅赡；张衡《二京》，迅发以宏富；子云《甘泉》，构深玮之风；延寿《灵光》，含飞动之势：凡此十家，并辞赋之英杰也。"《昭明文选》除荀卿、枚乘外，其他八家的赋全都入选了。至于刘勰于《诠赋》中论列的魏晋"赋首"八家，如王粲、徐干、左思、潘岳、陆机、成公绥、郭璞、袁宏等，《昭明文选》除徐干、袁宏外，其余六家全部选入。就《文心雕龙》全书而言，刘勰所肯定与赞美的各体文章的代表作家作品，多为《昭明文选》所采录。如《文心雕龙·哀吊》篇：潘岳的哀文，贾谊《吊屈原文》，陆机《吊魏武帝文》，《昭明文选》卷五十七、六十收录。《论说》篇：贾谊《过秦论》，班彪《王命论》，李康《运命论》，陆机《辨亡论》，李斯《上秦始皇》，邹阳《上吴王书》、《狱中上书自明》，《昭明文选》卷三十九、五十一、五十三收录。例子甚多，此不赘举。正如日本学者兴膳宏所说："现在看一下萧统编辑的美文集《文选》就发现，其中收录的作品有相当一部分是刘勰在各篇中提到的作品。我想这大概是刘勰的批评对《文选》的编者决定作品的选择起了重要作用。"①

从《昭明文选》与《文心雕龙》文体选目的趋同性来看，《文心雕龙》与《昭明文选》所认定的"文"大体上是一致的，当然不可否认它们是存在一定的差异的，从这个情况我们可以看出当时人们所认为的"文"是一个很宽泛的概念。我们怎能批评《文心雕龙》对文学和非文学文体区分不清？我们怎能就称赞《昭明文选》的主要贡献就是企图通过选文来进一步区分文学和非文学的界限呢？显然，这种只顾用现代的价值判断要求古人的做法是很不妥的，会使我们忽视古代文体分类背后的种种起重要作用的因素。

---

① 兴膳宏：《世界古文学全集》25册"总说"。

唐宋时期，北宋初由李昉等编的《文苑英华》，分文体三十八类。宋人姚铉的诗文总集《唐文粹》，书中分文体二十三大类。宋吕祖谦编纂的诗文总集《宋文鉴》分文体为五十八类。明清时期，明人吴讷的《文章辨体》将明以前的文体分为五十九类。徐师曾的《文体明辨》，文体分类有一百二十七类之多。还有明代的程敏政的《明文衡》分文体为四十一类。明代的王世贞撰的《艺苑卮言》，将文体分为六门四十二类。清代的储欣的《唐宋十大家类选》分文体为六门三十类。清代李兆洛编纂的文章总集《骈体文钞》，将文体分为三十二类，分别属于三大门类。曾国藩编纂的文章总集《经史百家杂钞》将文体分为三门十一类。清代吴曾祺编纂的文章总集《涵芬楼古今文钞》，全书一百册，选上古至光绪间文章近九千篇，分文体十三类，下有二百零二子目。

　　从以上可以看出，中国古代所认定的"文"是一个不同于我们现代意义上的文学的概念，是一个包容量很大的概念。再说，中国古代由于正统观念的影响，诗、文是他们所关注的对象，而戏曲、小说却很少能进入他们的视野。

　　我们再从文论家对"文"的阐释看看中国古代的文学观念。中国最早的"文"的本义，据《说文》的解释："文，错画也，象交文。"大概是指线条的交错。《系辞》说："物相杂，故曰文。"也就是说，人们视觉所看到外界事物有交叉的纹路或人工所画的图案就是文。由此引申出来，自然事物有"文"，社会事物有"文"，一切文化艺术也有"文"。这是最广泛意义上"文"的含义，刘勰在《文心雕龙·原道》篇中说的天地、动植物都有"文"正是借用了这种说法。不过这不是我们所要探讨的"文"，我们说的"文"是文化中的"文"。在这个层面上看，《论语》中多处提到的"文"与文学有一定的关系。罗根泽对此作过概括，说："孔子很重视文，列为四教之一，又以斯文自任。但其所谓

146

文绝不同于现今所谓文。固然只就'行有余力，则以学文'之'文'而言，可以附会为狭义之文；但由'博学于文'，'敏而好学，不耻下问……谓之文'而言，可以推知'文'实包括一切应知的学问。至所谓'斯文'之'文'与'郁郁乎文哉'之'文'，则其义更广，差不离指一切文物制度了。"① 在六朝以前，至于"文学"一词最早始见于《论语》，"文学，子游、子夏。"② 这句话的意思是说，孔子的两个学生子游、子夏的优点是能读书知礼，所以列在"文学"一科。《韩非子·五蠹》篇中韩非子力攻文学，而指斥其藏管、商、孙、吴子书者；管商之书，法家言也；孙吴之书，兵家言也；而谓之文学。汉司马迁《史记·自序》曰："汉兴，萧何次律令，韩信申军法，张苍为章程，叔孙通定礼义，则文学彬彬稍进。"这里把律令、军法、章程、礼仪，皆归于文学。班固撰《汉书·艺文志》，凡六略；六艺百三家，诸子百八十九家，诗赋百六家，兵书五十三家，数术百九十家，方技三十六家，都列入"文学"的范围。

可见，"文学"和"文"的含义都是广义的，就是罗根泽所说的一切应知的学问。在中国先秦时期所说的"文"包含了两方面的意思：文章和博学。一切用语言文字写成的东西都是"文"，它的涵盖面是很广的，同时，"文"也指人的博学，具有一定的学识。

到了魏晋南北朝时期，文学中"博学"、"学问"的含义的分量在减少，而强调"文采"的比重在加大。沈约《宋书·谢灵运传论》中说："至于建安，曹氏基命，二祖、陈王，咸蓄盛藻，甫乃以情纬文，以文被质。""降及元康，潘、陆特秀，律异班、马，体变曹、王，缛旨星稠，繁文绮合，缀平台之逸响，采南皮

---

① 罗根泽：《中国文学批评史》，上海书店出版社2003年版，第45页。

② 《论语·先进》。

之高韵。移风余烈，事极江左。"① 从建安开始，文学的概念已经发生了变化，曹氏父子追求以富有文采的语言去表达情感，根据情感组织文辞，用文辞润饰内容，互相配合，交织成完美的统一体。到了晋代，潘岳、陆机在追求文采上更是上了一个台阶，他们的文章辞采富有，甚至到了浓丽堆砌辞藻的地步。这样在实际之中就形成了对文学的另外一种认识：文学就是指用有文采的语言表达情感的作品。陆机在《文赋》中指出："诗缘情而绮靡"，就准确地概括了这个时代的一种新的文学观念。这个新文学观念一直影响到南朝，直到后世。梁元帝萧绎在《金楼子·立言》中说："吟咏风谣，流连哀思者，谓之文。""至如文者，惟须绮縠纷披，宫徵靡曼，唇吻遒会，情灵摇荡。"这里更明确提出文学作品的标准就是能够表达人们的情感，因而需要具备文采、音律、感情这些因素。

从文学发展的历史看，魏晋南北朝时期出现的重视用有文采的语言表达情感的新文学观念，并没有完全代替先秦时期的"文"是指一切语言文字写成的作品的传统文学观念。我们从刘勰的《文心雕龙》和萧统的《文选序》就可以看到这一点。

刘勰所认为的文学就是指一切用语言文字写成的，具有实用功能，且用有文采的语言表达情感的作品。在《文心雕龙·原道》篇中，刘勰先从自然说起，自然界的天地、动植物等形体确立和声韵激发就有文采，万物皆有"文"。这些无知的东西都有丰富的文采，有心智的人哪能没有文章呢？人为万物之灵、天地之心，人有心灵，有心灵就有语言，语言确立了，因而就有鲜明的文采，这是自然的道理。由此可见，刘勰在《文心雕龙》中使用"文"这个词的含义是一个很宽泛的概念，就文体相关的含义

---

① 郭绍虞主编：《中国历代文论选》第一册，上海古籍出版社2001年版，第215页。

来说包括了一切用语言文字写成的具有实用功能东西。但是，刘勰又是区分了文、笔，推崇有文采的、表达情感的作品。《文心雕龙》中所涉及的文体类型中，像诗、乐府、赋、史传和诸子都是单独列为一个类，分别排在文和笔两大类的前面，而其他的文体则是两个或更多的放在一个类别中。从整个《文心雕龙》看，后面的创作论、鉴赏论也主要是以有文采的作品为基础展开论述的。甚至他认为像典、诰、誓、问、览、略、篇、章、曲、操、弄、引、吟、讽、谣、咏等这些文体只是"政事之先务也"，不过是"艺文之末品"，不是文章的主要样式，而是实用的文体。

我们再来看看《文心雕龙》书名的含义。书名乃书"眼"。它是本书内容最精当的概括和体现。刘勰以"文心雕龙"四字作书名，正是他文学观点最精确的表述。关于"文心雕龙"书名的解释，历来众说纷纭，莫衷一是。笔者认为周振甫先生的解释较为恰当。周振甫先生说："'文心'，是探索作文的用心……'雕龙'，指雕缛成体，是就文采说。全书正贯彻了这种探索文心和讲究文采的观点。"[①] 后来，周先生在《文心雕龙今译》一书中对"文心雕龙"书名又作了补充解释，他说："'文心'是讲作文的用心，这是一；'雕龙'指雕刻龙文，即作文要讲究文采，但不要光讲究文采，这是二。讲作文的用心，就把讲作文的纲领，讲创作论、文体论、文学评论都包括进去了。讲文采，就把当时南朝人看重文采的特点显示出来了。所以，本书是古典文学理论杰作。"[②] 这也说明刘勰所认为的"文"就是指一切用语言文字写成的，具有实用功能的，且用有文采的语言表达情感的作品。

南朝梁代萧统在《文选序》里谈到他选文的标准，认为经史诸子等都以立意纪事为本，不属于词章之作；只有符合"事出于

---

① 周振甫：《文心雕龙注释》，人民文学出版社 1981 年版，第 539 页。

② 周振甫：《文心雕龙今译》，中华书局 1986 年版，第 442 页。

沈思，义归乎翰藻"的标准的，"以能文为本"的文章，才能入选。那么"沈思"、"翰藻"是什么含义？朱自清认为："'事出于沉思'的事，实当解作'事义''事类'的事，专指引事引言，并非泛说。'沉思'，就是深思。""'翰藻'，昭明借为'辞采'之意。"① 骆鸿凯认为，"事出于沉思"，即"情灵摇荡"；"义归乎翰藻"，即"绮縠纷披"。② 殷孟伦先生解释则较为细密，他认为："就文章的设言、命意、谋篇来说，必须和所有表达的思想内容紧密结合，因为后者（沉思）是前者（事）所由来；就文章所要表达的思想内容说，又必须和它的确切如实的语言加工紧密结合，因为前者（义）是赖于后者（翰藻）来体现的。"③ 这说明文学的思想内容就必须要凭借华美的语言去表现。倘若缺乏鲜活华美的文字表现力，那么，文章之"事"、"义"也就不能充分展示出来。

由此可见，萧统的文学观念与刘勰的文学观念二者之间确有惊人的相似之处。他们都认为"文"既要有思想内容，又要有文采。所不同的是萧统更重视文采，注重文学的艺术性。而刘勰想补救当时的风气，更重视文学的实用性，"文章之用，实经典枝条，五礼资之以成文，六典因之致用，君臣所以炳焕，军国所以昭明"（《序志》）。在文体上追求"《周书》论辞，贵乎体要，尼父陈训，恶乎异端，辞训之异，宜体于要"（《序志》）。

萧统和刘勰两人的文学观念从一定意义看代表了我国古代文学观念的两种趋向：载道、尚用和缘情、尚文。这两股潮流从唐朝起到清代末年的文学历史的长河中此起彼伏，推动着我国文学的发展。唐宋时期的古文运动、明清时期的复古等强调载道、尚

---

① 朱自清：《古典文学论文集》（上册），上海古籍出版社 1985 年版，第 68 页。
② 骆鸿凯：《文选学·义例第二》，中华书局 1989 年版。
③ 殷孟伦：《如何理解文选编选的标准》，《文史哲》1963 年第 1 期。

用，而五代、晚明时期更强调缘情、尚文。从文学史的整体看，可能载道、尚用的文学观的力量更大一些，但并没有哪一种潮流永远占据优势地位，这二者是相互补充、相互促进的。就像跷跷板一样，一会儿这边高，一会儿那边高，在运动中寻求着一种平衡。

综上所述，中国古代的文学观念是一种不同于我们现代的文学观念，中国古人所认定的"文"是一个包容量很大的概念，它涵盖了我们现代认为是应用文的多种文体，同时，它对戏曲、小说又没有给予足够的重视，可以说，它是一种泛文学的观念。中国古代对文学的认识既重视载道、尚用，也注重缘情、尚文。我们如果只看到一方面而忽视另一方面，都会失之偏颇。

# 第 四 章

## 《文心雕龙》的文体分类与文学观

### 第一节　刘勰研究文体分类的动因

举世公认，出现在魏晋南北朝齐末梁初的《文心雕龙》，是一部文学理论的巨著，其作者刘勰也是一位伟大的文学思想家。这部巨著虽然在它诞生的时代没有能引起大的反响，《梁书》卷五《刘勰传》说：《文心雕龙》"既成，未为时流所称"。只得到当时名士沈约的赞赏，但是，在后世它却产生很大的影响，在我国的整个文学理论史有着无法取代的重要地位。

文体分类是文学研究的基础，同时也是一个复杂的问题。研究这样的问题不仅需要有广博的学术知识，还需要一定的分类知识。下面试分述刘勰在《文心雕龙》中能够完成文体分类探索的主观因素和客观因素。

#### 一　主观因素

（一）撰写《文心雕龙》的动机

刘勰在《序志》篇中说："敷赞圣旨，莫若注经，而马郑诸儒，宏之已精；就有深解，未足立家。唯文章之用，实经典枝条；五礼资之以成，六典因之致用，君臣所以炳焕，军国所以昭明，详其本源，莫非经典。而去圣久远，文体解散，辞人爱奇，言贵浮诡，饰羽尚画，文绣鞶帨，离本弥甚，将遂讹滥。盖《周书》论辞，贵乎体要；尼父陈训，恶乎异端；辞训之异，宜体于要，于是搦笔和墨，乃始论文。"

从这一段话里我们可以看出：第一，刘勰选择"建言"（立言）作为他实现人生理想目标的路径。古人认为实现人生的不朽有三条途径：一是立德，二是立功，三是立言。刘勰选择了第三条道路，对他来说恐怕也是最好的选择。他所处的宋齐梁时代，豪门世族有着很大的权力，占据着政治和经济的权力地位，下层的寒门素族阶层想进入上层社会谈何容易。据《梁书》卷五《刘勰传》载："刘勰字彦和，东莞莒人。祖灵真，宋司空秀之弟也。父尚，越骑校尉。勰早孤，笃志好学。家贫，不婚娶，依沙门僧祐，与之居处；积十余年，遂博通经论，因区别部类，录而序之。今定林寺经藏，勰所定也。"刘勰是出身士族，还是出身庶族？学术界尚有争论。但我们至少可以看出：刘勰家境贫寒确实是事实，他从小无所依托，只能依附沙门。刘勰在那样一个时代立德立功皆不现实，只有"论文"以实现人生抱负。第二，如何才能以"建言"而"不朽"呢？刘勰认为走"敷赞圣旨""注经"的路子，无法超过马融、郑玄这样的大儒；即使有深刻的理解，也不能自成一家。于是，刘勰选择研究文章之用的方向，也就是文章的体制写作方法等实用问题，因而成就了"不朽之盛事"（曹丕《奠论·论文》）。第三，研究文体在刘勰所处的时代有现实价值。当时的文风流弊日益严重，文章的体制遭到破坏，作者只顾追逐新奇，看重浮靡诡异的语言，以致造成"讹滥"。刘勰不满意这种状况，意欲改变它。他选择文体及其相关问题，通过"论文"的方法，全面周到地研究各种文体，以挽救当时文风流弊。

（二）精研经论、编辑藏经和博览群书为文体分类打下了基础

在撰写《文心雕龙》之前，刘勰曾在定林寺编辑藏经，花了十多年的时间，"博通经论"，读通了佛教的经和论，然后才"区别部类，录而序之"，把佛教的典籍分成若干部类，并作了序录。这对刘勰撰写《文心雕龙》有很大的帮助，使《文心雕龙》这部著作在"体大虑周"这一点上没有哪一部著作可以和它相比。我们看看《文心雕龙》的体例就很清楚，《文心雕龙》的《序志》就是全书的序录。全书如何"区别部类"在《序志》中也说得很明白，分"文之枢纽"，"论文叙笔"，"剖情析采"，"崇体于《时序》，褒贬于《才略》，怊怅于《知音》，耿介于《程器》"。用现代的术语说就是按文学本质论、文体论、创作论、文学史论、作家论、鉴赏论、作家品德论等几大部分构架全书。在每个部分有的又分成若干类，如文体论里又分成很多文体种类。从这里我们可以看出：刘勰之所以能够写出《文心雕龙》这样的文学理论巨著，体例清晰，分类合理，结构庞大完整，这与他在定林寺编辑藏经的经历有关，他很好地借鉴了佛教藏经的编定方法，在撰写《文心雕龙》时加以创新，在"体大虑周"方面远远超过了古人。

除了具备一定分类方法外，更重要的是博通群书。刘勰编藏经，用了十多年的时间，博通经论。撰写《文心雕龙》也应如此，先博通经史子集，积累了广博的知识，然后才能理出眉目来。有学者做过大致统计：《文心雕龙》中涉及的主要作者有一百一十五人，但又说提及的作者极难统计，估计在二百四十八人以上。[①]《文心雕龙》提及的这些作者有些只论几篇，有的论其全部作品，由此可见，刘勰对他当时和他之前的作家和作品的了

---

① 罗宗强：《魏晋南北朝文学思想史》注释 3，引兴膳宏《文心雕龙人物略传》，中华书局 1996 年版，第 257—258 页。

解是多么的广博和全面。

综上所述，从主观因素来看，刘勰选择研究文章之用是他实现人生理想的途径。他编辑藏经，"博通经论"，同时还博通经史子集，这一切对刘勰研究文体分类，能够撰写出《文心雕龙》提供了主观条件。

## 二 客观因素

### （一）文体的丰富和不断变化需要做出理论的概括、总结和判断

从《文心雕龙》论及的文体数量看，我国传统的文体到这时已经十分丰富了。这些文体既有一些我们现代所说的纯文学体裁，也有许多我们现代所认为的应用文体。从《文心雕龙》所考察的这些文体的历史看，相当多的文体在写作方法、写作技巧、写作目的以及风格方面都发生了很大的变化。这就需要从理论上做概括、总结和判断。再加之当时文风是一味追求形式，以至于在"讹滥"的歧路上越走越远，刘勰期望用"原始以表末，释名以章义、选文以定篇，敷理以举统"的方法，为各种文体确立一种正确的规范。例如颂这种文体，刘勰认为是从《诗经》风、雅、颂中的"颂"里来的，颂原本是舞歌，与音乐、舞蹈为一体，在《诗经》之前就有了，保留在《诗经》中的"颂"这种文体的用途是为了"容告神明"，其文的特点是"义必纯美"，如《鲁颂》、《商颂》。"颂"这种文体"乃宗庙之正歌，非宴飨之常咏也"（《颂赞》）。《周颂》中的《时迈》"周公所制，哲人之颂，规式存焉"。是颂的典范之作。在《诗经》之外，还有民间的野颂，它没有配乐，也没有舞蹈，是口头唱的，所以又称"诵"。它不只是赞美，也有讽刺。刘勰认为这也是属于"颂"体，是颂的变体。到了屈原的《橘颂》，颂又推广到细小的物品上。秦始皇的刻石，三句一韵，又是新体。可见，颂体在不断发展变化

155

中。刘勰对这些新体是肯定的，但对汉以来颂的变体却不满意。他认为班固的《车骑将军窦北征颂》是"谬体"，马融的《广成颂》是"失质"，崔瑗的《南阳文学颂》是"伪说"，陆机的《汉高祖功臣颂》是"讹体"。对颂这种文体在历史上出现的种种新体，刘勰有肯定也有批评。他要为颂确立一个规范，"颂惟典（雅）懿，辞必清铄"。其他的文体的流变，也多有此种情形。各种文体从最初形成的样式发展到后来，在写作方法、写作技巧、写作目的以及风格方面都发生了很大的变化，这就需要从理论上做出概括、总结和判断。刘勰《文心雕龙》文体论正是在这样的时代要求下产生的。

（二）刘勰所处的时代是一个重视文学的时代

刘勰出生的时间，在史书中没有记载，因此至今仍然是一个有争议的学术问题。据牟世金《刘勰年谱汇考》说，有七种说法：（1）早在宋孝武帝大明八年（464），持此说的有王更生、龚菱。（2）晚到宋明帝泰始七年（471），持此说的有张恩谱。（3）影响很大的465年说，持此说的有范文澜、詹锳、李庆甲、陆侃如等。（4）466年说，持此说的有杨明照、兴膳宏。（5）467年说，持此说的有牟世金。（6）469年说，持此说的有翁达藻。（7）470年说，持此说的有李曰刚。除此而外，还有一种说法，472年说，持此说的有贾树新。以上的种种推算刘勰的生年的说法，大都据《文心雕龙·序志》篇的"齿在逾立"之说，"逾立"大概就是三十岁略过一点，古人称"三十而立"。

大体说来，刘勰出生无疑大约在南北朝时期的宋代，大约在梁代时去世。刘勰的一生经历了宋、齐、梁三代，《文心雕龙》是他在三十多岁时写的，在《序志》篇中刘勰说他"齿在逾立"时，曾经梦见了孔子，于是想到了写《文心雕龙》。

刘勰生活的时代是一个重视文学的时代。在刘勰之前的建安时期重视文学的风气就已经很兴盛，"自献帝播迁，文学蓬转，建安之末，区宇方辑。魏武以相王之尊，雅爱诗章；文帝以副君之重，妙善辞赋；陈思以公子之豪，下笔琳琅；并体貌英逸，故俊才云蒸"。①刘勰生活的时代从皇室贵族到一般的士人阶层，都把文学活动看作是他们生活中的一个重要内容，因此文学事业比较繁荣。《南史·文章传序》说："自中原沸腾，五马南渡，缀文之士，无乏于时。降及梁代，其流弥盛。盖由时主儒雅，笃好文章，故才秀之士，焕乎俱集。"诚然，在这个时期虽然朝代更替频繁，但是有许多皇帝都很重视文学。"自宋世祖好文章，士大夫悉以文章相尚，无以专经为业者。"②在宋明帝时代开始在儒学、玄学和史学之外，另立文学一科。到齐代，皇室对文学更加重视，不仅组织参与文学活动，而且有些还有很高的文学才能。高帝萧道成善属文，武帝萧赜也好文章。《南齐书·本纪》记载武帝在永明二年幸清溪旧宫，"设金石乐，在位者赋诗"。可见，萧赜出行间隙也要组织属臣赋诗。他还常常和臣下谈论诗文。《南齐书·谢瀹传》载："世祖尝问王俭：当今谁能为五言？俭对曰：谢朏得父膏腴，江淹有意。"高帝的儿子如武陵昭王萧晔、鄱阳王萧锵也皆好文学，且颇有研究。武帝的几个儿子，更与文学之士来往。文惠太子萧长懋"引接朝士，人人自以为得意。文武士多所招集"。③随王萧子隆有文才，"好辞赋，数集僚友，朓以文才尤被赏爱，流连晤对，不舍日夕"。④竟陵王萧子良的西邸就是文人聚集的地方，在他的周围聚集了一大批当时的名人才士，成了永明时期文学的中心。

皇室对文学的爱好、提倡和组织，在整个社会中形成了一种重视文学的风气，这给文学的发展提供了非常有利的条件。刘勰

---

① 《文心雕龙·时序》。

② 《资治通鉴》齐纪二，天津古籍出版社 2002 年版。

③ 《南史·齐武帝诸子传》。

④ 《南齐书·谢朓传》。

生活在这样一个社会环境中，自然会被感染、触动，产生研究文学的内动力。因为他所处的社会地位不高，要实现自己的人生理想，接近上层政治的圈子，选择这条道路是比较现实的。何况，由于整个主流社会谈文论艺的兴盛，对文学的各个方面的认识都在进一步深入，比如说对诗的声律的探讨，对文学不同体式深入研究等都有了相当的积累，这些都给了刘勰一定的启发。

（三）其时对文学不同体式研究经验的积累为刘勰的文体分类提供了借鉴

我国古代对文章体裁类别的最初认识，从现在保留的古籍看，班固的《汉书·艺文志》之《诗赋略》就已按体裁分类，但这只是从目录学的角度所作的区分。东汉末年蔡邕在《独断》中把天子令群臣的文章分为策、制、诏、戒四类，把群臣上天子的文章分为章、奏、表、驳议四类，所论只是诏令和奏议之类的应用文。从文学批评发展史看，真正自觉地区分文章体裁应当是三国时期曹丕的《典论·论文》，它把文章的体裁分为奏议、书记、铭诔、诗赋四科八类。晋代陆机的《文赋》在此基础上进了一步，把文体分为诗、赋、碑、诔、铭、箴、颂、论、奏、说十类。从总体上看，蔡邕、曹丕、陆机等人的文体分类都比较简单，稍后，文体的分类日趋繁密。挚虞的《文章流别论》对文体的分类就要繁杂得多，从现在残存的十几条佚文看，所论及的文体就有颂、赋、诗、七、箴、铭、诔、哀辞、哀策、对问、碑诔等十几种。从佚文看，不仅文体分类已相当地细密，而且对于各种文体的产生和演变，对于各种文体的基本特点，都有了比较清晰的认识。李充《翰林论》与《文章流别论》也基本相似。以上这些著作的文体分类与刘勰《文心雕龙》的文体分类已经很接近，由此可见，刘勰的文体分类明显是受到了前人的影响。

刘勰对文体的分类不仅总结了前人的经验，而且有了新的巨大的发展，这一点，刘勰自己也曾作了明确的说明，他说："及其品列成文，有同乎旧谈者，非雷同也，势自不可异也。有异乎前论者，非苟异也，理自不可同也。同之与异，不屑古今，擘肌分理，唯务折衷。"① 刘勰在研讨各种文体所采用的方法是："原始以表末，释名以章义，选文以定篇，敷理以举统。"从对文体名称的解释，文体的起源、演变、代表作家作品，到写作要点和方法都作了全面的论述。这种文体研究的方法也是在前人基础上的进一步发展。对于这一点，郭绍虞先生的评论是正确的。他说：研究方法的四项内容，一、四两项"同于陆机《文赋》而疏解较详"，二项"同于挚虞《流别》而论述较备"，三项"又略同魏文《典论》、李充《翰林》而评断较允。所以即就文体之研究而言，《文心雕龙》亦集以前之大成矣"。

　　魏晋南北朝时期是文学的自觉时代，其特征表现在多方面，而以刘勰《文心雕龙》为代表的文学分类理论的成熟也是它鲜明的标志之一。刘勰的文体分类理论的价值无疑是巨大的，他在中国文学批评史上有着极其重要的地位，对中国文学理论做出了无人替代的贡献。但是，我们也要看到刘勰能够完成这部鸿篇巨著的种种外在的因素。随着文学实践的发展，在刘勰所处的时代，文体种类已从最初的简单量少发展到了复杂繁多，时代要求从理论上对它们进行总结探讨。当时，即在刘勰之前和差不多同期，已经有许多人在重视研究文体问题，他们或从某一方面探讨，或从整体把握；或从事专门研究，或在创作中揣摩文体的技法；或如刘勰、钟嵘等著书立说，或在宴饮聚会中畅谈辩论。这些都为刘勰建立文体分类理论提供了大量的文字和口头的资料。加之那个时代重视文学的风尚盛行，尤其南朝的齐代更甚，从皇室贵族到一般的士人学子都崇尚文学活动，这为刘勰潜心研究文体理论创造了一个非常好的氛围。

---

　　① 《文心雕龙·序志》。

## 第二节 《文心雕龙》的文体分类

清人章学诚评价《文心雕龙》是"体大虑周"(《文史通义·诗话》),这说明它作为一部文学批评专著,有一套完整的理论体系。现代的研究者根据西方的文论体系,把全书五十篇分为文学观、文体论、创作论、作家论和鉴赏论几个部分进行研究。但是,研究者大都把研究的重点放在创作论、作家论和鉴赏论方面,诸如创作论中的《神思》篇、《体性》篇、《风骨》篇、《通变》篇、《总术》篇等,作家论中的《才略》篇,鉴赏论中的《知音》篇。再加上前面的《总论》,或称之为文学本质论。这些部分固然体现了《文心雕龙》文学思想许多有价值的理论命题,但从全书的总体构架和作者写作的动机来看,《文心雕龙》是一部以文体论为重点的著作。其理由是作者对当时的文风很不满,企望通过对各种文体从理论上加以探讨,从而确立一种规范的写法,制定一个标准的体式,以此来纠正当时走向歧途的文风,当时的文风用刘勰在《文心雕龙》中多次所说的就是"讹滥"(《通变》、《定势》、《序志》都提到),讹是追求诡异新巧,滥就是浮靡。

文体论是《文心雕龙》最重要的部分。其一,文体论占了《文心雕龙》几乎一半的篇幅。《文心雕龙》共十卷,分上下编,各二十五篇。在上编中,从卷二《明诗》篇至卷五《书记》篇,有二十篇,都是文体论。卷一中《辨骚》虽说被刘勰放在《总论》中,自有他的道理,可能在于给文学发展指出一条求新求变而不失正的道路,若从文体的角度看,《辨骚》其实也是文体论。这样看来探讨文体论的篇目在《文心雕龙》中有二十一篇之多。其二,文体论是《文心雕龙》的"纲领"和基础。《文心雕龙》下编中紧接着的创作论是从文体论中总结出来的,甚至于后面的文学史论、作家论、鉴赏论都是以文体论为基础而产生出来的。没有文体论，后面的论述就会显得非常的空泛。刘勰在《序志》篇中也作了明确的说明："……上篇以上，纲领明矣……下篇以下，毛目显矣。"上编中的前五篇是"文之枢纽"，其余二十篇都是文体论，刘勰称之为"纲领"，与下编的"毛目"相对。可见刘勰是非常看重他的文体论的。正是因为文体论在《文心雕龙》中如此重要，难怪有学者认为《文心雕龙》就是一部文类理论批评著作。台湾学者张静二就认为《文心雕龙》上编探索文类历史，下编讨论的则是文类理论。文类历史所探讨的对象是文类在不同的时代所表现的特殊性；而文类理论所考察的则是文类的美学文体。①

## 一 《文心雕龙》中涉及的文体

《文心雕龙》中到底涉及了多少种文体，准确统计是比较困难的。罗宗强先生在《魏晋南北朝文学思想史》中认为："《文心雕龙》一书，论及文章体裁八十一种。"② 并在其注释 2 中说："刘勰把文体分为三十四种，其中杂文又分为十九种，诏策分为七种，笺记则包括二十五种，实共八十一种。"③ 罗宗强先生认为，刘勰把文体分为三十四种，而《文心雕龙》中实际共有八十一种文体，不知以何为据。

我们来看看褚斌杰先生在《中国古代文体概论》的"附录"中有关《文心雕龙》的统计：

---

① 张静二：《试论文类学的研究范畴》，载《朱立民教授七十寿论文集》，台北书林出版公司 1989 年版。

② 罗宗强：《魏晋南北朝文学思想史》，中华书局 1996 年版，第 247 页。

③ 罗宗强：《魏晋南北朝文学思想史》注释 2，中华书局 1996 年版，第 257 页。

文论体分为（韵文）、笔（散文）两大类。或单独立篇，或将相近的文体列在一篇，共包括三十三类，某些文体下又附属小类。

文（韵文）

一、骚

二、诗

1. 四言诗　2. 五言诗、三、六杂言诗

三、乐府　四、赋　五、颂　六、赞　七、祝　八、盟　九、铭　十、箴　十一、诔　十二、碑　十三、哀　十四、吊　十五、杂文

1. 对问　2. 七　3. 连珠　4. 其它（按包括典、诰、誓、问、览、略、篇、章、曲、操、弄、引、吟、讽、谣、咏等）

十六、谐　十七、隐

笔（散文）

十八、史传　十九、诸子　二十、论

1. 陈政　2. 释经　3. 辨史　4. 诠文

二十一、说

二十二、诏策

〔附〕戒、教、命

二十三、檄　二十四、移　二十五、封禅　二十六、章　二十七、表　二十八、奏　二十九、启　三十、议

1. 议　2. 驳议

三十一、对

1. 对策　2. 射策

三十二、书（按指书信）

三十三、记

1. 谱　2. 籍　3. 簿　4. 录　5. 方　6. 术　7. 占

8. 式　9. 律　10. 令　11. 法　12. 制　13. 符　14. 契
15. 券　16. 疏　17. 关　18. 刺　19. 解　20. 牒　21. 状
22. 列　23. 辞　24. 谍①

我们比较褚、罗两人不同的统计结果，罗宗强先生认为刘勰把文体分为三十四种，我想很可能是把"骚体"也包括在内，再把"诏策"分为两体，也正好是三十四种。但他认为《文心雕龙》共有八十一种文体，却与《中国古代文体概论》的"附录"中有关《文心雕龙》的统计有所不同。《中国古代文体概论》对《文心雕龙》二十多篇文体论中文体的统计，其他各篇也无大争议，唯独《诏策》篇中，褚斌杰先生认为是五种，即诏、策、戒、教、命，而罗宗强先生认为诏策分为七种。在《书记》篇中的"记"中，褚斌杰先生认为是二十四篇，而罗宗强先生认为笺记则包括二十五种。依此看来，褚斌杰先生认为《文心雕龙》涉及的文体应是七十八种。

那么，"诏策"篇中涉及的文体是五种还是七种？这里"戒"、"教"、"命"三体应无争议，而"诏策"为何有了四体，我想可能是对《文心雕龙·诏策》中几句话的理解不同的原因。刘勰说："汉初定仪则，则命有四品：一曰策书，二曰制书，三曰诏书，四曰戒敕。敕戒州部，诏诰百官，制施赦命，策封王侯。"在这里刘勰说在汉代初年"诏策"分为四体，但到南北朝时期是否还是这样区分，刘勰没有说，我们不好妄下结论。从全篇看，刘勰是在讲"诏策"这种文体的历史变异，在一个历史时期名称体例的一些变化，我们以这种历史上的名称单独列类恐怕不太妥当。《书记》篇的"记"中的文体包括二十五种还是二十

---

① 褚斌杰：《中国古代文体概论》"附录"，北京大学出版社1984年版，1990年增订版，第500—501页。

四种？与罗根泽先生的《中国文学批评史》所统计（见下文）比较，可能就在于"签"体上，刘勰说："牒之尤密，谓之为签。"意思是说牒中更小的一种，叫做签。签体实际上是牒体中的一种特殊的体别，故褚斌杰先生没有单独列出是有道理的。综上所述，《文心雕龙》涉及的文体为七十八种的说法较为合理。

如果把《文心雕龙》中提及的各个时代文体的名称都罗列出来，罗根泽先生的《中国文学批评史》的统计比较全面：

> 文
>
> 诗（四言，五言，三六杂言，离合，回文，联句）
>
> 乐府（三调，鼓吹，铙歌，挽歌）
>
> 赋
>
> 颂，赞（风，雅，颂，序，引，纪传后评）
>
> 祝，盟（祝邪，骂鬼，谴，咒，诰谷，祭文，哀策，诅，誓，契）
>
> 铭，箴
>
> 诔，碑（碣）
>
> 哀，吊
>
> 杂文（对问，七发，连珠，典，诰，誓，问，览，略，篇，章，曲，操，弄，引，吟，讽，谣，咏）
>
> 谐，隐（谜语）
>
> 笔
>
> 史传（尚书，春秋，策，纪，传，书，表，志，略，录）
>
> 诸子
>
> 论，说（议，传，注，赞，评，序，引）
>
> 诏，策（命，诰，誓，令，制，策书，制书，诏书，戒敕，戒，教）

檄，移（戒，誓，令，辞，露布，文移，武移）

封禅

章，表（上书，章，奏，表，议）

奏，启（上疏，弹事，表奏，封事）

议，对（驳议，对策，射策）

书，记（表奏，奏书，奏记，奏笺，谱，记，簿，录，方，术，占，式，律，令，法，制，符，契，券，疏，关，刺，解，牒，签，状，列，辞，谍）[1]

上面所列出的名称，包括每一个文体在历史流变中的不同的名称，也包括每一个文体中的子文体的名称，总共有一百五十四种。如果除去重复的名称和相互包容的文体名称也有一百三十多种。

这里还有一个问题，那就是学者们对《辨骚》属不属于文体论的范围有分歧，这关系到"骚"体能不能成为一种独立文体的问题。

一种看法是，从《辨骚》到《书记》二十一篇都属于文体论。范文澜《文心雕龙注》的《原道》篇注所列表格，把《辨骚》列入文体论；刘大杰的《中国文学发展史》、郭绍虞的《中国文学批评史》也把《辨骚》列入文体论。

另一种看法则认为，《文心雕龙》中从《明诗》以下至《书记》二十篇，才是文体论部分。刘师培的《中古文学史》说："即《雕龙》篇次言之，由第六迄第十五，以明诗、乐府、诠赋、颂赞、祝盟、铭箴、诔碑、哀吊、杂文、谐隐诸篇相次，是均有韵之文也；由第十六迄于第二十五，以史传、诸子、论说、诏策、檄移、封禅、章表、奏启、议对、书记诸篇相次，是均无韵

---

① 罗根泽：《中国文学批评史》，上海书店出版社2003年版，第223页。

之笔也。此非《雕龙》隐区文笔二体之验乎?"① 近些年来，一些学者也持此观点。

对于这个问题，我们还是来看看刘勰本人的原意。刘勰是把《辨骚》放在了"文之枢纽"中的。他说:"盖文心之作也，本乎道，师乎圣，体乎经，酌乎纬，变乎骚，文之枢纽，亦云极也。"② 从这里可以看出，刘勰之所以把《辨骚》放在了"文之枢纽"里，是因为骚这种文体体现了既能继承传统又能够做到变通的特性，有同于风雅的一面，又有异于经典的一面。骚体具备了刘勰提倡的文要"宗经"、"征圣"的精神，又体现了创新、发展的风貌。但是，对于这个问题我们不能被刘勰的这种分组所束缚。骚和诗、赋一样是一种文体，刘勰对骚的论述基本上符合自己提出的"论文叙笔，囿别区分"的要求，在《辨骚》中，他叙述了骚体文学的源流与演变，对骚这种文体的性质作了界说:"国风好色而不淫，小雅怨非而不乱。若离骚者，可谓兼之。"③这说明骚体是兼有小雅与国风两种美的文体，并且对通常认为屈原的二十多篇作品及宋玉的《九辨》、《招魂》等作品进行了评论。这些内容都符合刘勰研究文体的四种方法。因此，把《辨骚》看作是文体论与刘勰的原意并不矛盾。刘勰之所以把《辨骚》放在"文之枢纽"中，是为了强调"骚"这种文体"变"的特性，这是为文的一个根本属性，但是，刘勰又是把它当作文体论来论述的。那么，我们把"骚"看作一个独立的文体又未尝不可呢? 从《文心雕龙》整部书的结构体系来看也是合理的。

综上所述，刘勰在《文心雕龙》所涉及的大的文体类型，加上骚体，应该是三十四大类，七十八种文体。可以推知，这些文

---

① 刘师培:《中国中古文学史讲义》，上海古籍出版社2000年版，第110—111页。

② 《文心雕龙·序志》。

③ 《文心雕龙·辨骚》。

166

体在刘勰所处南北朝时期基本上都是存活的，是人们经常研习、使用的文体。

## 二 《文心雕龙》文体分类理论：纵横交织的结构体系

刘勰的文体分类理论，是他之前中国文体分类理论的集大成，并在前人的基础上有很大的发展，形成了一种系统的纵横交叉的立体结构体系。

在刘勰之前，中国古代文论的文体分类理论一般都是重视考镜源流，在此基础上描述各种文体的性质和特点。从汉代起，在目录学的著作中就可以看到这种方法，如刘向的《别录》、刘歆的《七略》，他们父子二人在整理当时的图书时，就是用剖析条流，推本溯源的方法。班固继承了这一方法，在《汉书·艺文志》六略的总序和小序中都主张推源溯流。

到了魏晋南北朝时期，推源溯流成为文学批评家研究文体分类的一个重要的方法，在钟嵘的《诗品》中就可以看到。章学诚认为："云某人之诗，其源出于某家之类，最为有本之学，其法出于刘向父子。"[1] 其他专门论述体裁的论著几乎都沿用了推源溯流的方法，如挚虞的《文章流别论》、李充的《翰林论》等。挚虞在《文章流别论》中说："古之诗有三言、四言、五言、六言、七言、九言。古诗率以四言为体，而时有一句二句杂在四言之间，后世演之，遂以为篇。"[2] 在这句话里，挚虞认为各种不同的诗体的最早起源都是从四言开始的，四言诗的代表那就是《诗经》，那么诗歌的起源就是从《诗经》开始的了。北齐的颜之推在《颜氏家训·文章篇》里认为所有的文章都来源于五经，他说："夫文章者，原出五经：诏命策檄，生于《书》者也；序述

① 章学诚：《章学诚遗书》，文物出版社1985年版，第95页。
② 据严可均《全晋文》卷七十七辑录。

论议，生于《易》者也；歌咏赋颂，生于《诗》者也；祭祀哀诔，生于《礼》者也；书奏箴铭，生于《春秋》者也。"① 另外，谢混的《文章流别本》、孔宁的《续文章流别》、沈约的《宋书·谢灵运传论》在分析文体时都用的是推源溯流的方法。由此可见，推源溯流是中国古代文论描述文体性质和特点的一个最基本的方法。

如果说推源溯流是一种历时态的、纵向的历史的方法，那么，在刘勰之前，还有一种共时态的、横向的文体分类研究方法——类聚区分。其著名的代表人物是曹丕和陆机。曹丕在《典论·论文》中从共时的层面把文体分为四科八体，陆机也是从横向静态的角度把文体分出了诗、赋、碑、诔、铭、箴、颂、论、奏、说十体。在刘勰所处的时代，人们根据语言形式上的有韵和无韵从横面上把各种文章分为两大类。刘勰在《文心雕龙·总术》篇中说："别目两名，自近代耳。"两名即文、笔两类。

刘勰继承了前人在文体分类方面的传统，并做了进一步的发展，形成了一种纵横交叉的立体的文体分类的理论体系，表现出中国古代文论文体分类理论的系统性。

下面我们从纵、横两个层面试对《文心雕龙》的文体分类作一分析。

（一）横向：类聚区分

1. 论文叙笔，囿别区分

论文叙笔，囿别区分。这是刘勰对天下文章从总体上的一个分类，即分为文和笔两大类。在《文心雕龙·总术》篇中，刘勰说："今之常言，有文有笔，以为无韵者笔也，有韵者文也。"把文章分为文、笔两大类，有韵的叫文，无韵的叫笔，这是当时人

---

① 郭绍虞主编：《中国历代文论选》第一册，上海古籍出版社 2001 年版，第 350 页。

们普遍的看法，刘勰也是同意这种看法的，他在《序志》篇中说："若乃论文叙笔，则囿别区分。"刘勰在《文心雕龙》中所论述的三十多种基本文体类别，先从宏观上分为文、笔两大类，然后按照文、笔依次排列，有韵的文排在前面，无韵的笔排在后面。刘师培在《中古文学史》中说得非常清楚："即《雕龙》篇次言之，由第六迄于第十五，以《明诗》、《乐府》、《诠赋》、《颂赞》、《祝盟》、《铭箴》、《诔碑》、《哀吊》、《杂文》、《谐隐》诸篇相次，是均有韵之文也；由第十六迄于第二十五，以《史传》、《诸子》、《论说》、《诏策》、《檄移》、《封禅》、《章表》、《奏启》、《议对》、《书记》诸篇相次，是均无韵之笔也：此非《雕龙》隐区文笔二体之验乎？"① 这里，刘师培认为，文体论的前十篇是有韵之文，后十篇是无韵之笔。对此，范文澜先生略有不同看法，他认为《杂文》、《谐隐》"或韵或不韵，故置于中"。② 看法虽有不同，但是他们在《文心雕龙》文体分类是文笔二分法这一点上却是完全一致的。

刘勰采用了当时人们常见的"文笔二分法"，与前人相比又有哪些发展呢？一是全面地搜罗了当时习用的各种文体，在横向静态的层面上，用"有韵"和"无韵"划分了文章的大类别。从《文心雕龙》我们可以看出当时的各种文体有七十八种，在刘勰之前，我们还没有看到其他的文论著作中涉及的文体有如此的全面和广泛。刘勰对这么多文体精心研究，并分为文、笔两大类确实是一项了不起的工作。二是排列有序。文、笔两大类中的体裁排列有轻有重。重要的排在前面，单独成类，不重要的排在后面，两个成一类，或者二十多个都放在一起。比如在"文"这个

---

① 刘师培：《中国中古文学史讲义》，上海古籍出版社2000年版，第110—111页。

② 范文澜：《文心雕龙注·序志》篇注释十九，人民文学出版社1961年版。

大类中，诗、乐府、赋排在前三位，甚至把"骚"放在最前面的总论部分。"杂文"中就包括了对问、七、连珠、典、诰、誓、问、览、略、篇、章、曲、操、弄、引、吟、讽、谣、咏等十九种。在"笔"这一大类中，排在前面也是：史传、诸子、论说，而后面的"书记"中提到的各种文体有二十五种之多，刘勰认为这些文体是"艺文之末品"，但却是"政事之先务也"，不是文章的主要样式，而是实用的文体。三是用"文笔"对文章分类在当时是有着进步意义的。文体本身就是一种文化存在方式的特殊的语言存在体，它是按照特定的语言——思维程式组构的，韵律是文体的内在构成因素之一，因此，据此对文体进行分类在刘勰所处的那个时代面对各种文体混杂的状况是有积极意义的。这一点在我们现在看来好像已不是那么重要了。

2. 甄别其义，类聚有贯

刘勰在文体分类时不仅仅有平面的分析，也注意文体分类的层次等级问题，在大类别下有小类别，小类别下还有更小的类别。刘勰在《文心雕龙·杂文》篇中说："详夫汉来杂文，名号多品，或典诰誓问，或览略篇章，或曲操弄引，或吟讽谣咏。总括其名，并归杂文之区；甄别其义，各入讨论之域。类聚有贯，故不曲述也。"在这里，刘勰对典、诰、誓、问、览、略、篇、章、曲、操、弄、引、吟、讽、谣、咏等文体"甄别其义"，也就是说辨析它们各自的特性，全都归在"杂文"这一类别之中，使得这些文体"类聚有贯"，就是说分类聚集有了条理。从整体上看，"甄别其义，类聚有贯"这样文体类属的方法体现在刘勰的全部文体分类上。从一定的角度看，文体分类就是确立一个层次等级的关系。从《文心雕龙》中我们可以看出，刘勰的文体分类的层次等级包括了四个不同的等级。

第一层次，天下的文章分为两大类：文，笔。

第二层次，文有诗、乐府、赋、颂赞、祝盟、铭箴、诔碑、哀吊、杂文、谐隐十大类；

笔有史传、诸子、论说、诏策、檄移、封禅、章表、奏启、议对、书记十大类。

在这个层次中，刘勰把重要的文体单独列为一类，把内容形式和功能相近的两种或两种以上的文体归为一类。

第三层次，颂赞包括颂、赞；祝盟包括祝、盟；铭箴包括铭、箴；诔碑包括诔、碑；哀吊包括哀、吊；杂文包括对问、七、连珠、典、诰、誓、问、览、略、篇、章、曲、操、弄、引、吟、讽、谣、咏等；谐隐包括谐、隐；论说包括论、说；诏策包括诏、策、戒、教、命；檄移包括檄、移；章表包括章、表；奏启包括奏、启；议对包括议、对；书记包括书、记。

第四层次，诗分为四言、五言、三六杂言、离合、回文、联句；

乐府分为三调、鼓吹、铙歌、挽歌；

论分为陈政、释经、辨史、诠文；

议分为议、驳议；

对分为对策、射策；

记分为谱、籍、簿、录、方、术、占、式、律、令、法、制、符、契、券、疏、关、刺、解、牒、状、列、辞、谚。

在这个层次中，刘勰对一种文体中的不同形态又做了更详细的分类，比如说诗歌这种文体他根据诗歌的语言结构分出了四言、五言、三六杂言、离合、回文、联句等。记的范围很广，包括了各种记事的体裁，名称繁杂，他把各种名目的体裁都放在这个类别之下。

如果我们把文体看作是一个特殊的整体，那么它便构成了一个系统。与语法系统相比较，我们就可以看出文体系统的特点。语法体系中包括了一切正确的陈述方式，我们掌握了语法规则，就能够说出一段合乎语法规则的话。但是，文体体系则不同，几乎没有哪一种体裁有一个标准的样式，虽然我们知道一种体裁与另一种体裁有区别，却不能列出一个非常明确的清单。分析其原因，就在于体裁系统是由一些相对独立的不同层次的子系统构成的。体裁总系统不等于子系统的简单相加，每个子系统都有自己的相对独立性，都有总系统无法完全涵盖的特性存在。由此可见，总系统与子系统是一个层次等级关系。从这个角度看刘勰在《文心雕龙》中的文体分类的四个层次，就可以看出它的重要价值。

3. 释名以章义

"释名以章义"是刘勰在《文心雕龙·序志》篇中说明的一种论述文体的方法。释名，就是从词源学的角度解释各种文体的名称；章义，"章者，明也"。[①] 就是显示意义的意思。"释名以章义"就是通过解释各种文体的名称以显示某种文体的本质特征和功用。这种方法也是从静态的共时的层面展开。刘勰以精炼的语言概括出各个文体名称的含义，试图说明其本质特征有以下两种方法。

其一，先用声训，然后补充说明。如："诗者，持也，持人情性。""赋者，铺也，铺采摛文，体物写志也。""铭者，名也，观器必也正名，审用贵乎盛德。""诔者，累也，累其德行，旌之不朽也。"先用声训，用同音去解释文体名称的意义，然后又补充说明。诗、持二者的含义似乎跳跃很大，但进一步说是"持人情性"。孔颖达解释"持"是"以手维持，则承奉之义"。南宋王应麟在评《史记》时说："诗之为言承也，情动于中，而言以承之，故曰诗。"[②] 由此看来，"诗者，持也，持人情性"的意思就

① 《文心雕龙·章表》。

② （南宋）王应麟撰，（清）阎百诗校勘：《困学纪闻》，乾隆三十九年江都马氏丛书楼校刊本卷十八，第7页。

是，诗是承载即用语言表达人的情感和志向。那么，我们也可以用这种方式去理解其他的某种文体了，"赋者，铺也，铺采摛文，体物写志也"的意思是，赋是铺叙即用华丽的文采描写物像，抒发情志。"铭者，名也，观器必也正名，审用贵乎盛德"的意思是，铭是名称即观察器物一定要确立它的名称，考察用途主要在于赞扬美好的德行。"诔者，累也，累其德行，旌之不朽也"的意思是，诔就是积累即累积死者的德行，加以表彰使其不朽。

其二，从文体的特征和作用加以解释。如："乐府者，声依永，律和声也。"是从乐府是配乐的歌的特征去定义"乐府"这种文体的。"箴者，所以攻疾防患，喻针石也。"是从箴这种文体的作用去定义"箴"的。箴的作用就像治病防患用的针石一样，以引起警戒，防止过失。

### 4. 文之体有常，敷理以举统

刘勰在《文心雕龙·明诗》篇中说："诗有恒裁，思无定位。"又在《文心雕龙·通变》篇中说："夫设文之体有常，变文之数无方，何以明其然耶？凡诗赋书记，名理相因，此有常之体也；文辞气力，通变则久，此无方之数也。"从这些话里可以看出，刘勰认为虽然具体的文本由于作者个人才情或时代的原因有差异，但是文体必定在规格体制上有继承性，有不变的因素存在。因此，在论述文体时他还有自己的一个重要的方法，即"敷理以举统"。这就是从写作学的角度陈述各种文体的写作理论，以建构一个让人们可以掌握的系统。

在《文心雕龙·诔碑》篇中讲到"诔"的写作原则时，刘勰指出："详夫诔之为制，盖选言录行，传体而颂文，荣始而哀终。论其人也，暧乎若可觌；道其哀也，凄焉如可伤：此其旨也。"这段话里，刘勰认为"诔"的体制要求大概是：选择死者的言论，记下死者的行事，体裁像传记，文辞像颂，开始写他光荣之处，结尾表达悲哀之情。讲到他的为人，仿佛能看到；讲到对他的悲哀，凄怆得可以伤痛。这就是"诔"的写作方法和要求。在《文心雕龙·明诗》篇中，刘勰先说："诗者，持也，持人情性。"解释"诗"名称以及文体的本质特征，接着又说明如何写诗，一是以"思无邪"为准则，要合理而恰当地表达情性；二是来源于自然，"人禀七情，应物斯感，感物吟志，莫非自然"。诗的产生是因为有感而发，感起源于自然外物。

　　刘勰对一些体制在相近的文体用了比较的方法。在《颂赞》中说："颂惟典懿，辞必清铄，敷写似赋，而不入华侈之区；敬慎如铭，而异乎规戒之域。"在《铭箴》中说："箴全御过，故文资确切，铭兼褒赞，故体贵弘润。"从这些论述看，刘勰认为"颂"与"赋"在铺叙上有相同之处，与"铭"在敬慎上有相同之处，"铭"与"赞"有相似之点。刘勰在论述某种文体的写作原则时还用了对比的方法，如《诠赋》就是从正反两方面来论述的。他指出："原夫登高之旨，盖睹物兴情，情以物兴，故义必明雅；物以情观，故词必巧丽。""繁华损枝，膏腴害骨，无贵风轨，莫益劝戒。"这两段话从不同的层面论述了赋的写作要求。从正面看，写赋是因为看到景物引起情思作的，所以含义一定要明显雅正；外物通过情思来观察，所以文辞一定要巧妙艳丽。那么就要反对那种过分追求辞藻而没有劝戒内容的华丽之作。

　　（二）纵向：推源溯流

　　1. 追寻文体的源头

　　刘勰在《文心雕龙·序志》篇中批评在他之前的一些文论家，说："未能振叶以寻根，观澜而索源。"就是说这些文论家对文体的论说都不能从枝叶追寻到根本，从观察波澜去探寻源头，因而，刘勰在论述各种文体的时候都要详尽地描述它们的起源。由于"宗经"观念的影响，他认为天下的文章都来源于"五经"。他在《宗经》篇中说："论、说、辞、序，则《易》统其首；诏、策、章、奏，则《书》发其源；赋、颂、歌、赞，则《诗》立其

174

本；铭、诔、箴、祝，则《礼》总其端；纪、传、盟、檄，则《春秋》为根：并穷高以树表，极远以启疆，所以百家腾约，终入环内者也。"这里，刘勰举出一些主要的文体，分别说明它们来源于《易》、《书》、《诗》、《礼》、《春秋》这五部儒家的经典著作。刘勰的这种看法与他本人的儒家思想有关，他在《原道》篇中说："圣因文以明道"，就是说圣人是通过经书来明道的，那么写作就要以儒家的经书为标准，效法五经来作文；同时这也与他所处的时代有关，中国古代社会里儒家思想长期占据统治地位，就是在南北朝时期佛、道非常兴盛，儒家的地位也没有动摇过。

这里有一个问题值得注意：我们还不能完全否定刘勰的这种看法，批评他对文体起源认识上的牵强，实际上他讲得还是有道理的。刘勰在《文心雕龙·宗经》篇中指出了"五经"文章的特点，他说："夫《易》惟谈天，入神致用。故《系》称旨远辞文，言中事隐。韦编三绝，固哲人之骊渊也。《书》实记言，而训诂茫昧，通乎尔雅，则文意晓然。故子夏叹《书》'昭昭若日月之明，离离如星辰之行'，言照灼也。《诗》主言志，诂训同《书》，摛风裁兴，藻辞谲喻，温柔在诵，故最附深衷矣。《礼》以立体，据事制范，章条纤曲，执而后显，采掇片言，莫非宝也。《春秋》辨理，一字见义，五石六鹢，以详备成文；雉门两观，以先后显旨；其婉章志晦，谅以邃矣。《尚书》则览文如诡，而寻理即畅；《春秋》则观辞立晓，而访义方隐。此圣文之殊致，表里之异体者也。"这段话分别论述了"五经"文章的特点：（1）《易经》讲天道，但是为了实用，文辞精美，说话得当；（2）《书经》是记录各种文告宣言的，因此文意非常明白；（3）《诗经》是表达情志的，因而要采用比兴手法，文辞美好，比喻婉曲；（4）《礼经》的规章条理细密完整，因而文辞严密，没有疏漏；（5）《春秋》叙述严谨，微言大义。由于"五经"的文字各有特色，从表到里构成了不同的体例，因此适用于不同的内容，不同的场合，构成了不同的文体。所以刘勰说它是后来各种文体的源头。

更重要的是，刘勰分体描述各种文体的源头的许多内容确有史料参考价值和启发意义。如在论述诗的起源时说："人禀七情，应物斯感，感物吟志，莫非自然。"①人是有感情的动物，受到了外物的感发，因为有所感就要抒发情志，于是自然产生了诗歌。这种对诗歌起源的认识在现代看来也是相当深刻的。赋的起源，刘勰在《诠赋》中说："赋自《诗》出，分歧异派。"这里说明赋是从诗发展而来的。是怎么发展来的呢？刘勰在《诠赋》中指出："《诗》有六义，其二曰'赋'。赋者，铺也，铺采摛文，体物写志也。昔邵公称：'公卿献诗，师箴瞍赋。'传云：'登高能赋，可为大夫。'诗序则同义，传说则异体。总其归塗，实相枝干。故刘向明'不歌而诵'，班固称'古诗之流也'。"赋本来是诗的一种体制和表现手法，在《诗序》中说赋就是诗的铺叙，而在《诗传》中讲赋就是一种体裁了，因此说赋实际上就是由诗的一支发展而来的。刘勰引用了刘向的说法：不唱而朗诵的就是赋。班固的说法：赋是从诗发展出来的一个支流。刘勰接着又列举具体的文本描述了"赋"这种文体最早的形成的情形。最早像郑庄公的"大隧"，士蒍的"狐裘"，虽然合于不歌而诵的赋的特点，只是没有成熟，到了屈原开始了对声音形貌的描绘才扩大了疆界。到荀况的《礼》、《智》赋，宋玉的《风赋》、《钓赋》，这才使赋有了名称，真正的"赋"体出现了，成为一种独立的文体。

2. 描述一种文体在流变中体式风格的承传性和变异性

一种文体在历史的建构过程中一般要经历产生、发展、兴盛、衰落和消亡的过程。从整个中国文学史看，正是因为有了一轮又一轮文体的盛衰更替，一部中国文学史才变得如此绚丽多

---

① 《文心雕龙·明诗》。

彩。一种文体在历史的发展中呈现出两方面的特征：一方面是当某种文体形成以后就必然有相对的稳定性，有自己的传统，这使得不同文体能够相互区别；另一方面人类历史文化的发展变化，原有的模式也在不断发生着变异。刘勰全面考查各种文体，比较合理地描述了文体的这种历时的延展性。如在《文心雕龙·颂赞》篇中对"颂"的描述，刘勰说："四始之至，颂居其极。颂者，容也，所以美盛德而述形容也。昔帝喾之世，咸墨为颂，以歌《九韶》。自商以下，文理允备。夫化偃一国谓之风，风正四方谓之雅，容告神明谓之颂。风雅序人，事兼变正；颂主告神，义必纯美。鲁国以公旦次编，商人以前王追录，斯乃宗庙之正歌，非宴飨之常咏也。《时迈》一篇，周公所制，哲人之颂，规式存焉。夫民各有心，勿壅惟口。晋舆之称原田，鲁民之刺裘鞸，直言不咏，短辞以讽，丘明子顺，并谓为诵，斯则野诵之变体，浸被乎人事矣。及三闾《橘颂》，情采芬芳，比类寓意，又覃及细物矣。至于秦政刻文，爰颂其德。汉之惠景，亦有述容。沿世并作，相继于时矣。若夫子云之表充国，孟坚之序戴侯，武仲之美显宗，史岑之述熹后，或拟《清庙》，或范《駉》、《那》，虽浅深不同，详略各异，其褒德显容，典章一也。至于班傅之《北征》、《西征》，变为序引，岂不褒过而谬体哉！马融之《广成》、《上林》，雅而似赋，何弄文而失质乎！又崔瑗《文学》，蔡邕《樊渠》，并致美于序，而简约乎篇。挚虞品藻，颇为精核。至云杂以风雅，而不变旨趣，徒张虚论，有似黄白之伪说矣。及魏晋杂颂，鲜有出辙。陈思所缀，以《皇子》为标；陆机积篇，惟《功臣》最显。其褒贬杂居，固末代之讹体也。"从上面的文字可以看出，刘勰详细地描述了"颂"在历史发展中的变异。"颂"的最早起源是舞歌，是配合音乐和舞蹈的，在《诗经》中的颂都是宗庙中祭祀的正歌。在《诗经》以外还有民间的颂，它没有配乐，也没有舞蹈，是口头上唱的，所以又称为"诵"，是颂的别体,是野颂。其内容不一定是赞美,也有讽刺。到了屈原的《橘颂》,是咏物,是颂发展的新体。到秦始皇时期的刻石,称颂他的功德,三句一韵,也是颂发展的新体。到了汉朝惠帝、景帝时期,扬雄的《赵充国颂》、班固的《安奉戴侯颂》、傅毅的《显宗颂》、史岑的《和熹邓后颂》虽然深浅详略各不同,但都是赞美功德,符合颂典雅的原则的,也是颂体的发展。至于班固的《车骑将军北征颂》却变成了"谬体",马融的《广成颂》是"失质",崔瑗的《南阳文学颂》则是"伪说",陆机的《汉高祖功臣颂》更是"讹体"。在此,刘勰梳理了"颂"的历史流变,指出了"颂"在不同的历史时期在内容和体制上的变异,也肯定了这种变异的合理性,同时也批评了不合"颂"体"美盛德而述形容"原则的一些写法。再如刘勰在《文心雕龙·祝盟》篇中讲到"祝"这种文体,先从三皇时期说起,引了神农氏的祝文,接着又说到五帝时舜的祝文,又说到三王时商汤的祝文,说明上古的祝文都是向神求福消灾的。当时的祝文是由神农氏、舜帝、汤王亲自向神祷告的,还没有祝官。到了周代,有了专门的太祝,太祝不仅向神求福消灾,还要向祖宗祈福保佑。祝文的作者和以前不同了,祝文的内容也有所扩大了,由求神扩大到求鬼,但基本上还离不开求福消灾。但从春秋以后,祝文却发生了很大的变化,像晋大夫张老祝贺赵武筑成新屋,卫公子腼聩亲临战阵,作了请祖先保佑的祷告,还有《楚辞·招魂》,内容是招魂,但却是祝词中很有文采的。到了汉朝,在多种祭祀中郑重地用了多种礼仪,用秘密祝告把过失推到臣民身上,跟成汤把罪孽由自身承担的心态不同了。除此而外,"祝"还有别体,像黄帝的祝邪文,汉朝东方朔的骂鬼书,以至于后来的谴咒等都是祝文的变异。祝文的这种变异甚至也影响了汉代的祭文和哀策文。刘勰从历史的角度比较详尽地描述了"祝"体在内容和形式上的流变,以及对其他文体的影响,并总结出祝体的要点在于"凡群言发华,而降神务实，修辞立诚，在于无愧。祈祷之式，必诚以敬；祭奠之楷，宜恭且哀：此其大较也"。① 就是说，请求神要真诚，那么祝文的言辞就要朴实。这就是祝文写作的传统。

3. 新文体是原有文体融合衍生的

文体的发展有一个由简单量少到复杂繁多的过程，说到底这是社会历史文化发展的结果，那么这些新文体具体的生成机制是怎样的呢？刘勰在《文心雕龙》文体论部分中多次用事实描述了新文体产生的过程，具体说来，大致可分为两种情况。

一是一种新文体的建构是原有文体基础上的衍生。如在《文心雕龙·诠赋》篇中，刘勰认为赋是从诗那里衍生发展出来的，他说："赋自诗出，分歧异派。""总其归途，实相枝干。"这里，刘勰指出赋源于《诗经》，本来是诗的一支。再如在《文心雕龙·诏策》篇中论述诏策的产生是在秦代"制"的基础上分化而来的。刘勰说："昔轩辕唐虞，同称为'命'。命之为义，制性之本也。其在三代，事兼诰誓。誓以训戒，诰以敷政，命喻自天，故授官锡胤。《易》之《姤》象：'后以施命诰四方。'诰命动民，若天下之有风矣。降及七国，并称曰命。命者，使也。秦并天下，改命曰制。汉初定仪则，则命有四品：一曰策书，二曰制书，三曰诏书，四曰戒敕。敕戒州部，诏诰百官，制施赦命，策封王侯。"在这里，刘勰指出诏策文体名称和体制产生在汉代，敕书用来告诫州部的长官，诏书用来告示百官，制书用来实行赦免，策书用来封王侯。它们的来源都是秦代的"制"，"制"来源于战国时代和之前的"命"。又如《文心雕龙·章表》篇中论述章表的来源。刘勰说："秦初定制，改书曰奏。汉定礼仪，则有四品：一曰章，二曰奏，三曰表，四曰议。章以谢恩，奏以按劾，表以陈请，议以执异。"可见，章表也是汉朝在秦朝"奏"

---

① 《文心雕龙·祝盟》。

这种文体的基础上发展而来的。

二是新文体是原有文体融合中建构起来的。文体在历史的发展过程中不仅自身发生着变异，同时也与其他文体相互借鉴吸收，因而产生了新的文体。如在《文心雕龙·颂赞》篇中，刘勰认为"赞"体在创立过程中就是在原有的"赞"的名称下，借用了"颂"的体制发展变化而来的。他说："赞者，明也，助也。昔虞舜之祀，乐正重赞，盖唱发之辞也。及益赞于禹，伊陟赞于巫咸，并扬言以明事，嗟叹以助辞也。故汉置鸿胪，以唱言为赞，即古之遗语也。至相如属笔，始赞荆轲。及迁《史》固《书》，托赞褒贬，约文以总录，颂体以论辞；又纪传后评，亦同其名。而仲治《流别》，谬称为述，失之远矣。及景纯注《雅》，动植必赞，义兼美恶，亦犹颂之变耳。然本其为义，事在奖叹，所以古来篇体，促而不广，必结言于四字之句，盘桓乎数韵之词。约举以尽情，昭灼以送文，此其体也。发源虽远，而致用盖寡，大抵所归，其颂家之细条乎。"赞在最早是歌唱前说的话，到了益帮助禹说的话，伊陟对巫咸作的赞辞，都是高声来说明道理，并以感叹来加重语气。汉代设立了鸿胪官，用大声传呼的话为赞，就是古代传下来的说法。这是赞体古代的起源，但是"赞"真正成为一种文体，那是司马相如、司马迁和班固借用了"颂"的体制而创立的。与颂不同的是，颂有褒无贬，赞可褒可贬。还有在《文心雕龙·奏启》篇中论述了在晋代盛行的一种文体——启是文体的融合的产物。刘勰说："自晋来盛启，用兼表奏。陈政言事，既奏之异条；让爵谢恩，亦表之别干。"启的功用既有奏的特点，可以陈述政见，讲明事实，也有表的特征，可用来让爵位，谢恩泽。由此看来，"启"实际上是多种文体相互渗透融合产生出来的。"碑"的写法也是这样，刘勰说："夫属碑之体，资乎史才，其序则传，其文则铭。"就是说，碑有史家写传记的叙事的特性，也有铭文讲求用韵的特点。这样的情形是很多的，"颂"也是一例。刘勰在《文心雕龙·颂赞》篇中说："原夫颂惟典懿，辞必清铄，敷写似赋，而不入华侈之区；敬慎如铭，而异乎规戒之域。"颂与赋、铭有区别也有联系，颂在描写上像赋，但没有华艳浮夸的成分；在风格上庄重谨慎上像铭文，但不同于铭文的规劝警戒的含义。

综上所述，刘勰继承了前人在文体分类方面的传统，并做了进一步的发展，从横向的、共时性的层面论文叙笔，囿别区分，注意文体分类的层次等级问题，在大类别下有小类别，小类别下还有更小的类别，即"甄别其义"，"类聚有贯"。从词源学的角度解释各种文体的名称以显示某种文体的本质特征和功用，即"释名以章义"。也从写作学的角度陈述各种文体的写作理论，以建构一个让人们可以掌握的系统，即"敷理以举统"。从历时性、纵向发展的层面全面梳理了各种文体产生的源头、发展中的流变以及相互借鉴吸收从而催生了许多新文体的状况，从而形成了一种纵横交织的文体分类理论体系，表现出中国古代文论文体分类理论的系统性。虽说他的一些说法仍然很牵强，但我们可以肯定地说，刘勰的文体分类对我们研究中国古代文体和文学有重大的理论价值。甚至可以说，刘勰的文体分类对我们研究今天文体的新变化也有参考价值。黄侃先生在评价刘勰的文体论时说："详夫文体多名，难可拘滞，有沿古以为号，有随宜以立称，有因旧名而质与古异，有创新号而实与古同，此唯推迹其本原，诊求其旨趣，然后不为名实玄纽所惑，而收以简驭繁之功。"[①] 诚然，刘勰的文体分类在对各种文体仔细辨别的基础上推本溯源，使其部类分明，做到了以简驭繁的效果。

---

① 黄侃：《文心雕龙札记》，华东师范大学出版社1996年版，第91页。

## 第三节 《文心雕龙》文体分类体现的文学观念

文体类型的形成和确立与多种因素有关，一定时期的社会历史文化是文体产生形成的外部条件，但直接的动因是一定时期作家们的不断探索和读者的认同，在这之中文学批评家起了重要的作用。文学批评家不断总结文学的实践经验，研究创作的规律，区分出不同文体的类型，然后对文体分门别类，进而建立一整套范式以规范文学的创作和阅读。文学批评家研究文体过程不是完全被动的描述，实际上他有自己的思想观念在指导着他的操作，他有自己的价值判断标准，也就是说是文学观念指导着文体分类研究的。那么，我们反过来看，从一个文学批评家的文体分类的状况就可以窥见他所体现出来的文学观念。因此，在这里我们通过刘勰《文心雕龙》中的文体分类来看看刘勰的文学观念。

### 一 言立而文明，发展了的泛文学观

刘勰所谓的"文"是一个很宽泛的概念，他把用语言文字写成的东西都包括在"文"的范围之内，这就是他颇为自负的声称"弥纶群言"。但是，刘勰又推崇有文采的作品。《文心雕龙》中所涉及的文体类型中，像诗、乐府、赋、史传和诸子都是单独列为一个类，分别排在文和笔两大类的前面。从整个《文心雕龙》看，后面的创作论、鉴赏论也主要是以有文采的作品为基础展开论述的。而其他的文体则是两个或更多的放在一个类别中，甚至他认为像典、诰、誓、问、览、略、篇、章、曲、操、弄、引、吟、讽、谣、咏等这些文体只是"政事之先务也，"不过是"艺文之末品"，不是文章的主要样式，而是实用的文体。

刘勰对文学的认识表现出两重性：他一方面把用语言文字写成的东西都包括在"文"的范围之内，另一方面又推崇有文采的

作品。那么。刘勰所认为的文学是什么？就是一切用语言文字写成的有文采的作品。在《文心雕龙·原道》篇中，刘勰从"文"起源说明其含义，说："文之为德也大矣，与天地并生者何哉？夫玄黄色杂，方圆体分，日月叠璧，以垂丽天之象；山川焕绮，以铺理地之形：此盖道之文也。仰观吐曜，俯察含章，高卑定位，故两仪既生矣。惟人参之，性灵所钟，是谓三才。为五行之秀，实天地之心，心生而言立，言立而文明，自然之道也。傍及万品，动植皆文：龙凤以藻绘呈瑞，虎豹以炳蔚凝姿；云霞雕色，有逾画工之妙；草木贲华，无待锦匠之奇。夫岂外饰，盖自然耳。至于林籁结响，调如竽瑟；泉石激韵，和若球锽：故形立则章成矣，声发则文生矣。夫以无识之物，郁然有采，有心之器，其无文欤？"刘勰先从自然说起，自然界的天地、动植物等形体确立和声韵激发就有文采，万物皆有"文"。这些无知的东西都有丰富的文采，有心智的人哪能没有文章呢？人为万物之灵、天地之心，人有心灵，有心灵就有语言，语言确立了，因而就有鲜明的文采，这是自然的道理。由此可见，刘勰在《文心雕龙》中使用"文"这个词的含义不仅仅是文学、文章和文体，而是一个很宽泛的概念。就文体相关的含义来说主要有两层：其一，作为文学、文章的意义使用，包括了一切用语言文字写成的东西。如："文之制体"（《神思》），"夫子文章"（《徵圣》）等。其二，被用作文采、装饰、辞藻和创作的技巧的意义来使用，如："文胜其质"（《原道》），"浮文弱植"（《体性》），"质待文也"（《情采》），"是以吐纳文艺"（《养气》），"故文艺不称"（《程器》）等。把刘勰的文体分类的情况和他的有关对"文"的表述两方面结合起来看，刘勰认为的"文学"不仅应该包括一切用语言文字写成的东西，而且还要有文采。

　　刘勰的这种文学观是中国传统文学观念和魏晋南北朝时期文学观念的一种综合。在中国先秦时期，文学最初的含义不是我们今天所说的文学，不是我们现在所认定的诗歌、散文、小说、剧本这些文体类型。中国先秦时期所说的"文"是指一切用语言文字写成的东西，它的涵盖面是很广的，同时，"文"也指人的博学，具有一定的学识。也就是说，中国先秦时期所谓的"文"是指一切语言文字写成的能够显示人的博学的作品。刘勰继承了先秦时期的传统文学观念，他所说的"文"也是一个很宽泛的概念，他把用语言文字写成的东西都包括在"文"的范围之内，把各种文体都纳入到他的文体论之中，以达到"弥纶群言"之目标，追索"文心"之所在。

到了魏晋南北朝时期，文学的含义逐渐变得狭窄了，文学中"博学"、"学问"的含义的分量在减少，而强调"文采"的比重在加大。从建安开始，文学的概念已经发生了变化，曹氏父子追求以富有文采的语言去表达情感，根据情组织文辞，用文辞润饰内容，互相配合，交织成完美的统一体。到了晋代，潘岳、陆机在追求文采上更是上了一个台阶，他们的文章辞采富有，甚至到了浓丽堆砌辞藻的地步。这样在实际之中就形成了对文学的另外一种认识：文学就是指用有文采的语言表达情感的作品。陆机在《文赋》中指出："诗缘情而绮靡"，就准确地概括了这个时代的一种新的文学观念。梁元帝萧绎在《金楼子·立言》中说："吟咏风谣，流连哀思者，谓之文。""至如文者，惟须绮縠纷披，宫徵靡曼，唇吻遒会，情灵摇荡。"这里更明确提出文学作品的标准就是能够表达人们的情感，因而需要具备文采、音律、感情这些因素。

这样看来，魏晋南北朝时期人们对文学的认识更加深入，强调"文采"和"缘情"，因而现在有人常常说这个时期是文学的自觉时期。这种文学观念和我们现代的文学观念比较接近，但还是有区别的。

刘勰的文体分类中所体现出的文学观念颇为复杂，从他所涉

184

及的文体类型来看，他的"文"是一个很宽泛的概念，把用语言文字写成的东西都包括在"文"的范围之内，这是继承了先秦时期的传统文学观念。但是，刘勰又是区分了文、笔，推崇有文采的作品。《文心雕龙》中所涉及的文体类型中，像诗、乐府、赋、史传和诸子都是单独列为一个类，分别排在文和笔两大类的前面，而其他的文体则是两个或更多的放在一个类别中。从整个《文心雕龙》看，后面的创作论、鉴赏论也主要是以有文采的作品为基础展开论述的。从以上的分析看出，刘勰的文学观念是中国传统文学观念和魏晋南北朝时期文学观念的一种综合。罗宗强先生说："他（刘勰）的'文'的观念里有着许多的发展了的文学观念的印记。从这个意义，他的杂文学的观念又与古代的'文'的观念很不同，它已经加入新的东西。它是一种折衷，是古代的'文'的观念加上已经发展了的文学观念的折衷，是复归，又不完全是复归，是一种全新的杂文学观念。"① 刘勰的文学观念是那个时代人们对文学种种认识中的一种，在今天看来，它对我们认识丰富多彩的文体仍然有非常重要的现实意义。

## 二 有常之体，通变则久，文体变异规律

前面已经说过，文体在历史的发展中一方面必然有不变的因素，形成相对的稳定性，这使得不同文体彼此之间能够区别；另一方面由于可变因素的存在，体制模式也在不断发生着变异。一部中国文学史就是一轮又一轮文体的盛衰更替的历史，因此中国文学史才显得如此丰富多彩。

刘勰在《文心雕龙》中全面考查了在他之前的各种文体，比较详尽地描述了各种文体的承传和变异，从中表达了他的文学观念，这就是既赞同文体正常变异，又反对背离文体体制；既重视

---

① 罗宗强：《魏晋南北朝文学思想史》，中华书局1996年版，第266页。

文体的传统，又不拘泥于古。他认为任何一种文体，都有它的体制格式，必须以文体传统为依据，但不是墨守已有的规矩和法度，文体要不断地求新求变，在新变中继承传统。拘泥于古，知有古而不知有今，是错误的，背弃成法而师心自用，知有今而不知有古，也是错误的。刘勰在《文心雕龙·明诗》篇中说："诗有恒裁，思无定位。"又在《文心雕龙·通变》篇中说："夫设文之体有常，变文之数无方，何以明其然耶？凡诗赋书记，名理相因，此有常之体也；文辞气力，通变则久，此无方之数也。"刘勰认为文体必定在规格体制上有继承性，有不变的因素存在，因而要掌握文体有关的技能。在《文心雕龙·总术》篇中刘勰强调了"研术"的重要性，说："是以执术驭篇，似善弈之穷数；弃术任心，如博塞之邀遇。故博塞之文，借巧傥来，虽前驱有功，而后援难继。少既无以相接，多亦不知所删，乃多少之并惑，何妍蚩之能制乎！若夫善弈之文，则术有恒数，按部整伍，以待情会，因时顺机，动不失正。"同时，各种文体由于作者个人才情或时代的原因在历史发展中必然会发生种种变异，这是正常的状况，因此不能墨守成规。刘勰在《文心雕龙·通变》篇中说："文律运周，日新其业。变则可久，通则不乏。趋时必果，乘机无怯。望今制奇，参古定法。"也就是说，各种文体要不断求新求变，只有变才能持久，但变是以继承为基础的，善于会通才不会贫乏。因而要参酌古代的杰作来确定不同文体的写作法则。

刘勰描述各种文体变异中所表现出来的文学观念可以概况为两方面：一是强调变化，一是重视继承。我们从刘勰描述"颂"在历史发展中的情况可以清楚看到这一点。"颂"的最早起源是舞歌，在《诗经》中的颂都是宗庙中祭祀的正歌。在《诗经》以外还有民间的颂，它没有配乐，也没有舞蹈，是口头上唱的，所以又称为"诵"，是颂的别体，是野颂。到了屈原的《橘颂》，是咏物，是颂发展的新体。到秦始皇时期的刻石，称颂他的功德，三句一韵，也是颂发展了的新体。到了汉朝惠帝、景帝时期，扬雄、班固、傅毅、史岑等人的颂虽然深浅详略各不同，但都是赞美功德，符合颂典雅的原则的，也是颂体的发展。刘勰梳理了"颂"的历史流变，指出了"颂"在不同的历史时期在内容和体制上的变异，肯定了这种变异的合理性。但是，刘勰也指出如果这种变异背离了文体的基本体制要求，那就成了问题。如班固的《北征颂》、傅毅的《北征颂》铺叙事实太多，把文拉长，就不像颂了，变成了"谬体"，就是破坏了体制，马融的《广成颂》、《上林颂》写得像赋，玩弄文采，是"失质"，就是失去了颂的本质，崔瑗的《南阳文学颂》、蔡邕的《京兆樊惠渠颂》，都是把序文写得很美好，却把颂写得很简单，这就不符合颂的体制要求了，挚虞在《文章流别论》中对颂的评论大都很精确，至于说到颂可以夹杂风雅，却不改变旨趣，则是"伪说"，就是非常错误的，陆机的《汉高祖功臣颂》把赞美的和贬斥的混杂在一起，更是"末代之讹体"，就是乱世的不正确的体制。在此，刘勰批评了这些不合乎"颂"体制要求的写法。

再来看看刘勰对"铭"体变异的评论。他在《文心雕龙·铭箴》篇中说：

> 昔帝轩刻舆几以弭违，大禹勒笋虡而招谏。成汤盘盂，著日新之规；武王户席，题必诫之训。周公慎言于金人，仲尼革容于欹器，则先圣鉴戒，其来久矣。故铭者，名也，观器必也正名，审用贵乎慎德。盖臧武仲之论铭也，曰："天子令德，诸侯计功，大夫称伐。"夏铸九牧之金鼎，周勒肃慎之楛矢，令德之事也；吕望铭功于昆吾，仲山镂绩于庸器，计功之义也；魏颗纪勋于景钟，孔悝表勤于卫鼎，称伐之类也。若乃飞廉有石棺之锡，灵公有夺里之谥，铭发幽石，吁可怪矣！赵灵勒迹于番吾，秦昭刻博于华山，夸诞示

后，吁可笑也！详观众例，铭义见矣。

至于始皇勒岳，政暴而文泽，亦有疏通之美焉。若班固
《燕然》之勒，张昶《华阴》之碣，序亦盛矣。蔡邕铭思，
独冠古今。桥公之钺，吐纳典谟；朱穆之鼎，全成碑文，溺
所长也。至如敬通杂器，准矱武铭，而事非其物，繁略违
中。崔骃品物，赞多戒少，李尤积篇，义俭辞碎。箸龟神
物，而居博弈之中；衡斛嘉量，而在白杵之末。曾名品之未
暇，何事理之能闲哉！魏文九宝，器利辞钝。唯张载《剑
阁》，其才清采。迅足駸駸，后发前至，勒铭岷汉，得其
宜矣。


在这些论述铭体的文字中，刘勰追溯了"铭"的起源。从黄
帝、大禹、商汤、周武王，到周公、孔子等圣人，为了借鉴警戒
才有了"铭"。考察"铭"的用途重在培养美好的德行。臧武仲
把铭分为三类：令德、计功、称伐。在秦朝以前每一类中都有佳
篇。但是铭文从地下的石头上发现就有些奇怪了，至于赵武灵王
在番吾山上刻上他的游踪，秦昭王在华山上刻上他的赌具，用虚
夸的刻石来告诉众人则是非常可笑的了。因为他们完全不顾
"铭"的本来用途。秦代以后，铭文也是有好有坏。秦始皇的刻
石文通达事理，写得有光泽；班古的《封燕然山铭》、张昶的
《西岳华山堂阙碑铭》，序文内容很丰富；蔡邕是写铭文的高手，
但有时把铭文写成了碑文；至于像冯衍写各种器物的铭文，内容
与器物不相称，详略也不恰当；崔骃的铭文多赞美少警戒；李尤
的铭文写了不少，但意义浅薄，文辞琐碎；曹丕的《剑铭》也是
文辞平钝。只有张载的《剑阁铭》文才清丽，超越了前人。刘勰
通过对"铭"推源溯流的分析，归纳出了"铭"的几个主要特
点：其一，铭的功能是为了借鉴警戒以培养美好的德行；其二，
铭应该刻在显眼的器物上，而不是埋在地下；其三，铭文内容应

真实准确，不能虚夸，也不能文与物不相称；其四，铭文还要写得有文采。这几点是铭体在历史发展中，以已成的规矩法度为依据，不断吸收新的东西丰富和发展而来的，是文体在历时性中合理而正常的变异。相反，背弃了以上的规矩法度，把铭写成了碑文，内容与器物不相称，详略不恰当，多赞美少警戒，意义浅薄，文辞琐碎平钝等，在刘勰看来都是不合"铭"体的，应该纠正。

刘勰在探究文体流变中表露出的文学观念也是他的"通变"文学思想的体现。"通变"的哲学基础是来自《周易》的"穷则变，变则通，通则久"。刘勰在《文心雕龙》中处处体现了这种思想。在"文之枢纽"各篇中，《原道》、《征圣》、《宗经》强调的是"通"，在《正纬》、《辨骚》中又强调"变"。文学原本于自然，文学表现的是人的情性，"道沿圣以垂文，圣因文而明道"。所以就得向圣人学习，要宗经。这里固然表现出刘勰有强烈的儒家思想，但我们从文学发展的角度看，这也指出了文学必然有一以贯之的"文律"，有其贯穿始终的精神实质，因此要能够做到会通，宗圣人的作文之法，宗经书的写法。同时，他又提出了正纬和辨骚，"酌乎纬，变乎骚"。纬书的用事之奇与文采之富，骚的情之深挚和奇文壮采，可以补经之不足之处，作文要富于变化。刘勰一方面提出宗经，要返归雅正，另一方面则强调酌奇玩华，这也是文学整体上的"通变"。在《通变》篇中刘勰更是做了具体详细的论述。"设文之体有常"，任何文体在体制上都有古今一致的地方，"名理相因"，但是，"文变染于世情，兴废系乎时序"。[①] 历代文体不断变化也是常理，所以"青生于蓝，绛生于蒨，虽逾本色，不能复化"。关键是处理好这两者的关系，要"变"而不失其"通"，于"通"中求"变"，不"变"则"穷"。

---

① 《文心雕龙·时序》。

我们把刘勰描述文体变异中所表现出来的文学观念和他在《文心雕龙》其他篇目中所表达的观点联系起来看，这个问题就比较清楚了。

刘勰描述文体变异中所表现出来的文学观念，是他对自己所处时代文风清醒思考的结果，有很强的针对性。当时的文坛的风气是："多略汉篇，师范宋集，虽古今备阅，然近附而远疏矣。"① 一般有才华的人多数忽略汉朝的作品，都去模仿刘宋时代的文章，虽然古代和近代的都看，却是接近近代肤浅诡诞的作品而疏远古代华丽典雅的作品。"跨略旧规，驰骛新作"，② 就是只顾追新，而抛弃旧的规范。那么当时的"新"是什么呢？刘勰在《文心雕龙·明诗》篇中说："俪采百字之偶，争价一句之奇，情必极貌以写物，辞必穷力而追新，此近世之所竞也。"因此，他不满意文坛的这种只知新变的倾向，意图通过各种文体流变的历史考察来表达他的"通变"的文学观念。他在《文心雕龙·风骨》篇中说得非常清楚，"若夫熔铸经典之范，翔集子史之术，洞晓情变，曲昭文体，然后能孚甲新意，雕画奇辞。昭体，故意新而不乱，晓变，故辞奇而不黩。"这里，刘勰明确地指出，要做到"意新而不乱"、"辞奇而不黩"，就要明白各种文体的体制，通晓写作的变化。否则，"虽获巧意，危败亦多，岂空结奇字，纰缪而成经矣？"刘勰描述文体变异中所表现出来的"通变"文学观念，在今天，对我们研究现当代各种文体的形成和变化仍然有重要的理论价值。

---

① 《文心雕龙·通变》。
② 《文心雕龙·风骨》。

# 第　五　章

## 《昭明文选》的文体分类与文学观

在讨论文体分类问题时必然要涉及诗文总集。其原因就在于诗文总集大都具有两个特点：（1）对收入的作品皆有所选择；（2）区分文体。对收入的作品按一定的次序区分文体，总集必然提出编者对文体分类的具体意见，同时总集也就表现了编者的文学观。那么，为什么要首先选择《昭明文选》（即《文选》）作为考察的对象呢？其理由有三：

第一，《昭明文选》是我国古代现存最早的一部诗文总集。在先秦时期，虽然有"孔子删诗"之说，在汉代，刘向、王逸等人编定过《楚辞》，但没有明确的区分文体，没有以"集"的形式出现，还不是真正的"总集"。真正意义上的"总集"的出现当在东汉以后，由于作家创作数量的大量出现，各种文体日益繁富，这才有了将各类文体的作品编辑成集的"总集"的产生。《隋书·经籍志》云："别集之名，盖汉东京之所创也。自灵均以降，属文之士众也，然其志尚不同，风流殊别。后之君子，欲观其体式而见其心灵，故别集焉，名之为集。""总集者，以建安之后，辞赋转繁，众家之集，日以滋广。晋代挚虞，苦览者之劳倦，于是采摘孔翠，芟剪繁芜，自诗赋下，各为条贯，合而编之，谓之《流别》。是后文集总钞，作者继轨，属辞之士，以为覃奥，而取则焉。"这是说，东汉建安以后，文学有了新的发展，作品繁多，晋代挚虞想到读书人很辛苦，就编了《文章流别集》，这样总集就产生了。后来文士纷纷效法，总集也就多起来了。据《隋书·经籍志》著录，《昭明文选》以前的总集除有《文章流别集》四十一卷，《文章流别志论》二卷外，还有《文章流别本》二十卷，《续文章流别》三卷，《集苑》四十五卷，《集林》一百八十一卷，《集林钞》十一卷，《集钞》十卷，《集略》二十卷，《撰遗》六卷，《翰林论》三卷，《文苑》一百卷，《文苑钞》三十卷等。《隋书·经籍志》著录总集"凡集五百五十四部，六千六百二十二卷（通计亡书，合一千一百四十六部，一万三千三百九十卷）"。自晋代以迄陈、隋，总集就有二百四十九部，五千二百二十四卷，这些总集都成了亡书。《四库全书总目提要·集部·总集类》序亦云："文籍日兴，散无统纪，于是总集作焉。一则网罗放佚，使零章残什，并有所归；一则删汰繁芜，使莠稗咸除，菁华毕出，固文章之衡鉴，著作之渊薮矣。"又云："体例所成，以挚虞《流别》为始。"然而，挚虞的《文章流别集》已经亡轶，《文章流别志》仅有少量的轶文，我们无法窥其全貌。方孝岳先生曾说："挚虞的《流别》，既然已经失传，我们就以昭明太子的《文选》为编'总集'的正式祖师。……凡是选录诗文的人，都算是批评家，何况《文选》一书，在总集一类中，真是所谓'日月丽天，江河行地'。那末，他做书的目的，去取的标准，和所有分门别类的义例，岂不是在我国文学批评史中，应该占一个很重要的位置么？"[①] 因此说，《昭明文选》是我国现存最早的一部古代诗文总集。

第二，《昭明文选》是一部对后世影响很大的诗文总集。尤其隋唐以后，实行以科举取士，在应试诸科中，以"进士科"最受重视。"进士科"考试的项目有诗、赋、策论等。这些文体都

① 方孝岳：《中国文学批评》，三联书店1986年版，第63页。

可以在《昭明文选》中找到学习的范例，因此，研学《昭明文选》成了一门专门的学问，被称为"选学"。唐代《昭明文选》之学大盛，此风到宋代仍未完全衰歇。"李善精于《文选》，为注解，因以讲授，谓之'《文选》学'；少陵有诗云：'续儿颂《文选》。'又训其子：'熟精《文选》理。'盖《选》学自成一家。江南进士试'天鸡弄和风'诗，以《尔雅》天鸡有二，问之主司，其精如此。故曰：《文选》烂，秀才半。"① 陆游《老学庵笔记》中也讲到"《文选》烂，秀才半"。从唐到清，研究《昭明文选》的人数众多，著作汗牛充栋。可见《昭明文选》在中国文学史的巨大影响力。

第三，《昭明文选》对文体的分类极大地影响了后世学者。

曹丕将文体分为四类，陆机发展了曹氏的观点，将文体分为十类，刘勰搜罗了三十四大类。而《昭明文选》将文体细分为三十九类，足见其网罗之详备了。难能可贵的是，萧统不仅分出了赋、诗等一级类目，还在赋、诗等一级类目的基础上，又细分出了二级类目。如他将诗又细分为二十三类，赋细分为十五类，《文选·序》中有这样的话："凡次文之体，各以汇聚。诗赋体既不一，各以类分，类分之中，以时代相次。"这种区分层次的分类方法虽在《汉书·艺文志》中就已经有了，但《汉书·艺文志》是以人相别分类的，即将赋分为"屈原赋之属、陆贾赋之属、荀卿赋之属、杂赋"四类，没有说明分类的依据，而且标准也很含糊。而《昭明文选》则明确地以写作内容为分类的依据。他的这些做法对后世的影响很大，后世的文学选本多采用他的做法，如宋代李昉等编纂的《文苑英华》一千卷，上续《昭明文选》，其文体分为五十五类。姚铉编选的《唐文粹》一百卷，姚氏亦"以嗣《文选》"，分体为二十二类。南宋吕祖谦编的《宋文

---

① 王应麟：《困学纪闻》（卷十七）。

鉴》一百五十卷，分体六十一类。元代苏天爵编的《元文类》七十卷，分体四十三类。明代程敏政编的《明文衡》九十八卷，分体三十八类。清代黄宗羲编的《明文海》四百八十二卷，分体二十八类。还有清代庄仲方的《宋文苑》等。这些总集在文体分类上都受到《昭明文选》的影响，其分类多沿袭《昭明文选》。因此，无论从中国文学史上的地位，还是从研究文体分类问题的角度看，《昭明文选》•都是绕不开的一部重要的著作。

## 第一节 《昭明文选》的编者

在讨论《昭明文选》的文体分类时，我们首先要考察《昭明文选》的编者问题，这是因为《文选序》与《昭明文选》不论涉及文体之类还是文体之名，均不尽相同。那么，《文选序》的作者与《昭明文选》的编者是否都是萧统呢？由这个问题必然会产生与此相关的一系列问题，如《文选序》与《昭明文选》在文体分类认识上是否存在分歧，两者的文学观念是否一致，等等。

《文选序》的作者与《昭明文选》的编者都是萧统，这个问题在以前好像没有过多疑问。但是在唐代以后也有不同的一些说法，有人说刘孝绰等参编了《昭明文选》。如唐代来到中国的日本僧人空海在《文镜秘府论·南集·集论》引"或曰"之"……至如梁昭明太子萧统与刘孝绰等撰集《文选》，自谓毕乎天地，悬诸日月"，宋王应麟《玉海》卷五十四"梁昭明太子《文选》唐李善注《文选》……"条引《中兴书目》之"《文选》，梁昭明太子萧统集子夏、屈原……所著赋、诗……志、行状等为三十卷"，而文末有双行小字云"与何逊、刘孝绰等撰集"。① 据此看来，刘孝绰至少是编纂者之一当无疑问。但空海所说"刘孝绰

---

① （宋）王应麟《玉海》卷 54，《四库全书》本，江苏古籍出版社 1988 年版。

等"，当不止他一人。那么和萧统、刘孝绰一起从事这一工作的还有谁呢？照《中兴书目》的说法，还有何逊。但史籍中关于何逊的记载并未提到他曾在萧统手下任职，出入东宫，并且他卒于天监末年（518—519），而《昭明文选》所录作品的作者，有些人卒于普通年间（520—526），较何逊为晚，所以何逊是不可能参预其事的。不过，从《文镜秘府论》和《中兴书目》二书中都说到了"等"字看来，可以推知协助萧统工作的恐怕还有其他人物。从一般情况来推测，和萧统关系最密切的东宫学士中，除刘孝绰外，至少还有一个王筠。① 但是，为什么一般都称《昭明文选》的编者是萧统。傅刚先生在《昭明文选研究》中的描述是比较合理的，他说："自南朝以迄近代，基本没有疑问。在南朝时没有疑问，是因为没有人把它当作问题，即使萧统没有参加这一工作，但既然有他的衔名，又为之作序，则称作萧统《昭明文选》，并无不适。从上编第一章第三节叙述当时编著衔名的情形可以说明这一点。南朝以后的没有疑问，则出自后人对史书记载的信从。萧统编辑《文选》，先见于《梁书》本传，其后见于《南史》和《隋书·经籍志》，再后来的史志无不遵从。"②

直到1976年，日本青年学者清水凯夫提出了令学界震惊的看法：他在《〈文选〉编辑的周围》一文中首先提出《昭明文选》的实际编纂者不是萧统，而是刘孝绰。③ 此后，清水凯夫又发表了一批论文，从多方面集中否定萧统为《昭明文选》的实际编者，如1984年他又在《〈文选〉撰（选）者考》一文中强调了这

① 参阅曹道衡《南朝文风和〈文选〉》，《文学遗产》1995年第5期。
② 傅刚：《昭明文选研究》，中国社会科学出版社2000年版，第153页。
③ 清水凯夫：《〈文选〉编辑的周围》，原载日本《立命馆文学》第377、378期，1976年11月12日。汉译本参阅韩基国译《〈文选〉编辑的周围》，《中外学者文选学论集》，中华书局1998年版，第962—977页。

一观点。① 20 世纪 80 年代起，我国的学者对此进行批驳。一批著名的学者如曹道衡先生、屈守元先生、沈玉成先生、俞绍初先生、穆克宏先生以及傅刚先生等都对此作了详实可信的论述，这个问题现在比较明晰，萧统主编《昭明文选》是不可否认的。

至于《文选序》提及之戒、诰、记、誓、悲、碣、三言、八字、篇、引等十体，《昭明文选》何以没有选录其作品？相反，《昭明文选》设置之册、上书、启、弹事、移、难、对问、连珠等八类，《序》为何又不提及呢？学者的看法也不尽相同。大致有两种意见：

一种意见认为《文选序》是萧统所写，《昭明文选》编撰实际上的操作或由刘孝绰等参与。如傅刚先生云："这似乎表明实际操作者刘孝绰在文体的选录上与萧统小有差异。""萧统《文选序》所举文体与《文选》实际收录文体不符的现象，应该值得注意，考虑到刘孝绰协助萧统编撰的事实，这种不符可以理解为萧统大概只在确定指导思想，制定体例等方面总体把握了此书的编撰，实际上的操作或由刘孝绰执行。"② 或如俞绍初先生认为，"由于成书仓卒，就不可避免地使《文选》留下一些草率的痕迹"：目录中所标举的各类文体与《文选序》所叙列的不完全相符，有《序》提及而为目录所无，也有目录中有而为《序》所未提的。这大概因为《序》撰写在先，而编集在其后，又由于匆促间来不及据实际所收去修订序文，或者据序文来调整作品，因而出现彼此失照的情况。③

第二种意见认为《文选序》与《文选》间所存在之种种不合，主要是由于两者因角度、范围等之不同，实际上在价值取向

---

① 参阅清水凯夫《六朝文学论文集》，韩基国译，重庆出版社 1989 年版。

② 傅刚：《昭明文选研究》，中国社会科学出版社 2000 年版，第 177 页。

③ 中国文选学研究会与郑州大学古籍整理研究所编：《文选学新论》，中州古籍出版社 1997 年版，第 74 页。

上本是一致的。由于《文选序》是就《昭明文选》而写，目的是阐明其关于“文”之演变与范围、选文标准等等，故其与《昭明文选》之价值取向本是一致的。然而，《序》与所序者之间、与《昭明文选》之间因角度、范围等之不同，两者有所差异便是很自然之事了。故其中某体若有作品入选，《序》便可略之；反之，若某体无作品得入选，则于《序》稍及之。此可谓相辅相成，正是昭明之细密处。[①]

分析上面两种不同看法，我们可以看出：他们都承认《文选序》无疑是出自于萧统之手，萧统从确定指导思想，制定体例等方面总体把握了此书的编撰，由此认定，《昭明文选》的主编当是萧统无可非议。当然也不排除有其他的人如刘孝绰等参加编选。据《梁书·昭明太子传》记载：萧统的门下有许多文人，他们经常在一起讨论篇籍，商榷古今，并从事文章著述。当时东宫有书近3万卷，“名才并集，文学之盛，晋宋以来未之有也”。“所著文集20卷，又撰古今典诰文言为《正序》10卷，五言诗之善者为《文章英华》20卷，《文选》30卷”。《隋书·经籍志》载：《文选》30卷、《古今诗苑英华》19卷之外，在谢灵运《诗英》下注：“又有《文章英华》30卷，梁昭明太子撰，亡。”在这些著述中，萧统对《昭明文选》的编纂是满意的。在此之前编纂的《古今诗苑英华》，虽然在当时已发生了很大的影响，但萧统仍表示“犹有遗恨”。[②]因此，我们可以说，《昭明文选》的文体分类反映了萧统的文体分类思想，也表现了萧统的文学观点。又由于《昭明文选》具有“官书”的性质，因此，从一定的层面上甚至可以说，《昭明文选》反映了萧统所处的南朝文体分类的

① 参阅力之的《关于〈文选序〉与〈文选〉之价值取向的差异问题——兼论〈文选〉非仓卒而成及其〈序〉非出自异手》，《文学评论》2002年第2期。

② 《答湘东王求文集及〈诗苑英华〉书》，《全梁文》卷二十，中华书局影印严可均本，第3064页。

状况和文学的审美追求。

## 第二节 《昭明文选》的文体分类

### 一 《昭明文选》涉及的文体种类

《昭明文选》总共包括了多少种文体呢？这仍然是学术界争论的一个问题。上文已经说过，《文选序》和《昭明文选》中各提及的文体种类不尽一致。《文选序》论及的有赋、骚、诗、颂、箴、戒、论、铭、诔、赞、诏、诰、教、令、表、奏、笺、记、书、誓、符、檄、吊、祭、悲、哀、答客、指事、三言、八字、篇、辞、引、序、碑、碣、志、状等三十八种①，而《昭明文选》分体选录诗文时到底有多少文体，当下学界一般认为是三十九种，但还有三十七种、三十八种和四十种的说法。

（一）三十七种说

穆克宏先生考证，根据现在的版本，如李善注系统的尤刻本，六家本系统的明州本。明袁褧复宋本，六臣注系统的赣州本、建州本（《四部丛刊》影宋本），都是三十七类，所以便有人认为《昭明文选》分类应该是三十七类。②

（二）三十八种说

近世以来，学者往往持三十八类说，骆鸿凯《文选学·义例第二》说："《文选》次文之体凡三十有八，曰赋，曰诗，曰骚，曰七，曰诏，曰册，曰令，曰教，曰策文，曰表，曰上书，曰启，曰弹事，曰笺，曰奏记，曰书，曰移，曰檄、曰对问，曰设问，曰辞，曰颂，曰赞，曰符命，曰史论，曰史述赞，曰论，曰

---

① 萧统编，（唐）李善注，（清）胡克家刻本：《昭明文选》，中华书局 1977 年版。

② 参阅穆克宏《萧统〈文选三题〉》，《昭明文选研究论文集》，吉林文史出版社 1988 年版，第 142—143 页。

连珠，曰箴，曰铭，曰诔，曰哀，曰碑文，曰墓志，曰行状，曰吊文，曰祭文。"① 从骆氏的统计看出，他较上述各版本多增了"移"一体。据现存各版本，《文选》卷四十三是"书"体，收录有嵇叔夜《与山巨源绝交书》、孙子荆《为石仲容与孙皓书》、赵景真《与嵇茂齐书》、丘希范《与陈伯之书》、刘孝标《重答刘秣陵沼书》、刘子骏《移书让太常博士》、孔德璋《北山移文》等共七篇文章。骆氏既标"移"体，说明最后两篇应与前五篇"书"体分开，单列一类。骆氏的根据当来自他的老师黄季刚（侃）先生，而黄氏又是根据清人的成说。清胡克家《文选考异》卷八在"移书让太常博士"条下说："陈云题前脱'移'字一行，是也。各本皆脱，又卷首目亦然。"

（三）三十九种说

依据同样的理由，又根据《文选序》所说："凡次文体，各以汇聚。诗、赋体既不一，又以类分，类分之中，各以时代相次。"就是说，《昭明文选》编排体例是每一类中文章各以时代先后为顺序排列。那么《昭明文选》卷四十四"檄"类中司马长卿（相如）《难蜀父老》一文，无论如何不应排列在钟士季（会）的《檄蜀文》之后。司马相如是西汉人，而钟会却是曹魏时人，这两人都是名人，照理是不应出错的。因此，《难蜀父老》一文也应单独标类，即"难"与"移"一样，都是《昭明文选》中单独的文体。这样，《昭明文选》实际文体类目就应该是三十九类了。最先提出这一观点的，是台湾的游志诚博士，他的主要依据是陈八郎本《昭明文选》。该本是国内现存最完整的五臣注本。它不仅在卷四十四中标出了"难"体，也在卷四十三中标出了"移"体，在卷二十三中标出了"临终"子目，后两种——都与清人推断相合。其实，在现存的版本中，并不是没有这样著录的，比如

① 骆鸿凯：《文选学》，中华书局1989年版，第24页。

明末毛晋所刻汲古阁本《昭明文选》，也都标出了"移"、"难"和"临终"。[1]

（四）四十种说

游志诚先生在2000年8月于长春师范学院召开的"第四届文选学国际学术研讨会"上发表了《文选综合学》一文，又创新说，他说："其实，《文选》体类实不止三十九。明清所见《文选》俗本有于'哀策文'析分'哀文''策文'二体者。曩昔郭绍虞《中国文学批评史》述六朝文体分类说时，已采用之。……惜乎未参之王应麟《玉海》所载《中兴书目》之《文选》资料，致不分檄难为一类。今若信王伯厚所见，则《文选》之分体实应当有四十类。而不是旧说之三十七、三十八，与吾所创之三十九。"[2]

当下学界一般都认为《昭明文选》中所涉及的文体为三十九种。如褚斌杰先生就持这一说法，他说："今本《文选》计六十卷，收录了周代至六朝梁代以前七八百年间一百三十多个知名作者和少数佚名作者的诗文作品七百余篇。全书按文体把所收作品分为三十九类。"[3]褚氏虽分为三十九体，但没有说明理由。如果我们把《文选序》中提及的戒、诰、记、誓、悲、碣、三言、八字、篇、引等十体《昭明文选》没有选录其作品的文体，和《昭明文选》中涉及的文体加起来，差不多近五十体。除去有些文体，如《序》之"答客"、"指事"与《文选》之"七"、"设论"等，两者名异而实同的情况，《昭明文选》全书涉及的文体

① 参阅傅刚《昭明文选研究》，中国社会科学出版社2000年版，第185—192页。

② 论文集《〈昭明文选〉与中国传统文化》，吉林文史出版社2001年版，第546页。

③ 褚斌杰：《中国古代文体概论·绪论》（增订本），北京大学出版社1998年版，第21页。

恐怕也有四十七种左右。

## 二　《昭明文选》的文体分类理论

萧统的文体分类与刘勰的相比，在理论上的成就主要表现在"聚类区分"上，其对文体分类多有创新。例如在他之前，辞赋一直是不分的，汉人把赋体同楚辞统视一类，而《昭明文选》则于诗、赋之外，别立骚类一目。萧统还在赋、诗两类中作了更进一步的划分，赋之下又分"京都赋"、"郊祭赋"等十五类，诗的下面又分出"补亡诗"、"述德诗"等二十二类。他以诗文总集的形式第一次对古今文体做了普遍的考察，细加辨析，精心选择，从而完成了全面的文体分类，使当时流传的许多文章皆有类可依。

（一）辨析文体，确立文类

前面我们说过，诗文总集大都具有两个特点：（1）对收入的作品皆有所选择；（2）区分文体。在萧统之前的七八百年里，各类文章可谓是汗牛充栋，作者是众星云集，可是，《昭明文选》却根据以"能文为本"的标准只选择了一百三十多个知名作者和少数佚名作者的诗文作品七百余篇，可以说，这些作品大都是当时流传比较广而且具有"能文"特征的作品。这些作品又不仅仅是属于一两种体裁，那么，精选出来就必然要分类编排。分类编排就要确立文体的类别，冠以体名。

《昭明文选》的文体类型的名称，根据南宋陈八郎本《五臣注文选》四十体的说法，刘永济做了排列。他说："按梁昭明太子萧统《文选》有赋、诗、骚、七、诏、册、令、教、文、策问、表、上书、启、弹事、笺、奏记、书、移书、檄、难、对问、设论、辞、序、颂、赞、符命、史论、史述赞、论、连珠、箴、铭、诔、哀文、碑文、墓志、行状、吊文、祭文，共四十目。"（《十四朝文学要略·叙论》）这么多文体名称的确很繁琐，因而遭到了后人的批评。吴子良（《林下偶谈》）、姚鼐（《古文辞类纂序》）、章学诚（《文史通义·诗教上》）、俞樾（《第一楼丛书》）等人都提出过批评。

但是，我们要看到，随着社会文化的发展，文体的种类经历两汉、魏晋各朝代是越来越繁复了，以至于很多人在创作中常常出现各种文体淆乱的现象，因此，在魏晋南北朝时期自然会产生详细辨析各种文体的时代要求，那么，文学批评中分门别类、不厌其细地给文体分类，体裁辨析逐渐走向自觉和细密就是很正常的事情了。西晋挚虞的《文章流别集》、《文章流别志论》，东晋李充的《翰林论》，因早已散失，究竟分为多少体，已不详。《文章流别志论》仅据《艺文类聚》、《太平御览》引录的片断轶文看，它就论述了颂、赋、诗、七、箴、铭、诔、哀辞、解嘲、碑、图谶十一类文体。残存的《翰林论》所论及的文体就有书、议、赞、表、驳、论、奏、檄等八种。刘勰的《文心雕龙》论及的文体也有七十八种。而据传是梁代任昉的《文章缘起》列出的文体更多，有八十四种。由此看来，《昭明文选》列出四十种文体也不算多，这也许正是当时创作和研习的需要。如果笼而统之，按照后人的想法对文体压缩归并，恐怕《昭明文选》也就没有那么大的影响了。

实际上，《昭明文选》与《文心雕龙》相比，文体的种类已经少了许多，这说明《昭明文选》在编纂时对各种文体已经做了选择辨析。再说，《昭明文选》的文体名称也非自己的创制。这些文体名称基本上都能在它之前的文论集中找到，这说明这些文体在当时是普遍被作者和读者认可的。例如"七"体，《昭明文选》单独为一体。后世学者对此颇为不满，认为应该将枚乘《七发》归入辞赋类。姚鼐在《古文辞类纂·序目》中说："昭明太子《文选》，分体碎杂，其立名多可笑者，后之编集者，或不知其陋，而仍之。"这种批评是不符合当时的历史状况的，"七"体

202

在当时是普遍被作者和读者认可的一种文体。刘勰在《文心雕龙》杂文篇中梳理得非常清楚，他说："及枚乘摅艳，首制《七发》，腴辞云构，夸丽风骇。盖七窍所发，发乎嗜欲，始邪末正，所以戒膏粱之子也。"又说："自《七发》以下，作者继踵，观枚氏首唱，信独拔而伟丽矣。及傅毅《七激》，会清要之工；崔骃《七依》，入博雅之巧；张衡《七辨》，结采绵靡；崔瑗《七厉》，植义纯正；陈思《七启》，取美于宏壮；仲宣《七释》，致辨于事理。自桓麟《七说》以下，左思《七讽》以上，枝附影从，十有馀家。"从这里我们可以清楚地看到，自枚乘《七发》以后，后世文人纷纷效仿，逐渐形成了一种独立的文体，因此，《昭明文选》为"七"体单独立类是有其合理性的。总而言之，《昭明文选》在文体分类上的一大贡献就是，根据"能文"的标准只选择了一百三十多个知名作者和少数佚名作者的诗文作品七百余篇，并一一地确立文体的类别，冠以体名，按体编排。

（二）多级平列，古今有序

至于《昭明文选》的文体分类的方法和依据，《文选序》说得比较清楚，"凡次文之体，各以汇聚，诗赋体既不一，又以类分，分类之中，各以时代相次"。这几句话说明了《昭明文选》编排文章的方法是"多级平列，古今有序"。也就是说，各种文体一般是平行排列，所选文章以时代的先后为顺序，如果像诗、赋两体所选篇目较多，在文体内部又有差异，那就再进一步分类。

据现代学者的考证，《文选序》是写在《昭明文选》编纂完成以后，应该说它是比较可信的。日本学者清水凯夫《昭明太子〈文选序〉考》说："通常，序文是在编著完成以后概括作品编著的动机、目的、方针以及内容和构成等附载于卷首或卷末。……在六朝末梁代编辑的《文选》的序文也是同样情形，是在《文选》的编辑完成以后，由其代表人物昭明太子概括说明编辑的动机、目的，以及采录作品的方针、编排等而置于卷首。"① 我们再看看《文选序》中的一些说法，"今之所撰"、"今之所集"、"都为三十卷"。显然是编集在先，而《序》撰写在其后。因为编集成，才有"所撰"如何，"所集"如何，"都为三十卷"之说。萧统在此书的编撰时从总体把握确定指导思想、制定体例，编辑完成以后，概括说明编辑的动机、目的，以及采录作品的方针、编排等，因此上说，《文选序》中说的关于《昭明文选》文体分类的方法和依据是可信的。

从《昭明文选》的细目也可以看出"多级平列，古今有序"的文体分类特点。

第一，赋类
1. 京都赋　2. 郊祭赋　3. 耕籍赋　4. 畋猎赋　5. 纪行赋　6. 游览赋　7. 宫殿赋　8. 江海赋　9. 物色赋　10. 鸟兽赋　11. 志赋　12. 哀伤赋　13. 论文赋　14. 音乐赋　15. 情赋

第二，诗类
1. 补亡诗　2. 述德诗　3. 劝勉诗　4. 献诗　5. 公宴诗　6. 祖饯诗　7. 咏史诗　8. 百一诗　9. 游仙诗　10. 招隐诗　11. 反招隐诗　12. 游览诗　13. 咏怀诗　14. 哀伤诗　15. 赠答诗　16. 行旅诗　17. 军戎诗　18. 郊庙诗　19. 乐府　20. 挽歌　21. 杂歌　22. 杂诗　23. 杂拟

第三，骚类　第四，七类　第五，诏类　第六，册类
第七，令类

第八，教类　第九，策类　第十，表类　第十一，上

---

① 清水凯夫：《六朝文学论文集》，韩基国译，重庆出版社 1989 年版，第 47 页。

书类

第十二，启类　第十三，弹事类　第十四，笺类　第十五，奏记类

第十六，书类　第十七，移书类　第十八，檄类　第十九，难类

第二十，对问类　第二十一，设论类　第二十二，辞类　第二十三，序类

第二十四，颂类　第二十五，赞类　第二十六，符命类　第二十七，史论类　第二十八，史述赞类　第二十九，论类　第三十，连珠类　第三十一，箴类　第三十二，铭类　第三十三，诔类　第三十四，哀文类　第三十五，碑文类　第三十六，墓志类　第三十七，行状类　第三十八，吊文类　第三十九，祭文类①

结合《文选序》中的论述和《昭明文选》的细目我们再对"多级平列，古今有序"的文体分类方法作具体的说明。

第一，把选择的作品按照各自的体裁类型分门别类地汇编在一起。这些体裁的来源和划分标准是多种多样的，都以独立的身份共处在一个体裁系统之中。从以上的细目看，全书编排了三十九种体裁。这些体裁的来源和划分标准是多种多样的。有的以表现手法成为体名，如赋、论、颂等；有的以文章的载体成为体名，如碑、策等；有的以文章的功用成为体名，如哀、诔、吊、祭文等；如此种种，不一而论。这些文体都以独立的身份共同平面排列在一个体裁系统之中。把《昭明文选》与《文心雕龙》作一比较可以看出，《文心雕龙》是把内容和特征相近的文体放在

---

　　① 　褚斌杰：《中国古代文体概论·绪论》（增订本）北京大学出版社 1998 年版，第 21—22 页。

其中的一个类别层次上的，如"颂赞"、"铭箴"、"哀吊"等等。而《昭明文选》的编排却没有类属层次，而是让不同层次的文体排列在同一个平面上，用现代的科学分类方法观之，似乎缺乏逻辑层次，但是，在中国古代也许更有实用性。它凸现了每一种文体的特征，便于研习者揣摩学习，尽快掌握写作要领。因此，我们看待古人的一些文体分类方法不能简单地用现代理论去看待它，要历史地看待它的价值。

第二，诗赋体是《昭明文选》中的重点体裁，由于收录的作品较多，且风格差异较大，因此又以作品的内容和题材做了进一步的区分。诗赋体是《昭明文选》中的重点体裁，这一点，萧统自己在《文选序》中已说得很清楚。在这篇序中，他论到各种文体时，首先从《毛诗序》的"诗有六义"谈起，接着就以较多的篇幅论述了"赋"和"诗"两种文体的起源和发展；次之则略论了"骚"、"颂"两体，再次简介了"箴"、"戒"、"论"、"铭"、"诔"、"赞"等文体，最后则用一两句话讲到了各种诏令、表奏、书檄、吊祭、碑志等等应用文字。这就可以看出他对后面那些文体的重视程度，显然远不如赋和诗。《昭明文选》一书的实际情况也确实如此，以我们现在所常见的李善注本或"六臣"注本而论，全书分为六十卷，其中"赋"和"诗"二类共占三十一卷，已超过了全书的半数。如果再加上"骚"、"七"、"对问"、"设论"、"辞"以及"吊文"中的贾谊《吊屈原文》实即《吊屈原赋》，其中除汉武帝《秋风辞》可以归入"诗"外，其他的都可以算"赋"。这样诗赋两类已经占了全书的一大半。据统计，《昭明文选》所选诗歌有四百四十多首。其他文体相比就很少，其中像"对问"、"箴"、"墓志"、"行状"四体仅各收一篇；如果据"五臣"注本，则还有"移"和"难"二体，也只有一篇作品。由于诗赋两类收录的作品较多，且风格差异较大，因此又以作品的内容和题材做了进一步地区分。第一类"赋"下分为十五个子类，第二类"诗"下分为二十三个子类。分类的标准基本上以文中所写的内容和题材为依据，如"赋"下有京都赋、畋猎赋、纪行赋等等。"诗"下有公宴诗、咏史诗、游览诗等等。当然在"诗"中的分类不完全是以内容题材来分，还有以形式方面的其他分类标准，如乐府、杂歌、杂诗、杂拟等。

第三，在同一文体中收录的作品古今都有，那么就按照时代的先后顺序编排。这种"古今有序"的编排中也反映出了文体的发展变化。以赋为例，先秦时期有屈原、宋玉之赋。入选的屈原赋有《离骚》、《九歌》六首、《九章》一首、《卜居》、《渔父》十首，宋玉赋有《风赋》、《高唐赋》、《神女赋》、《登徒子好色赋》、《九辩》五首、《招魂》（一说屈原作）、《对楚王问》十一首。不过屈原之赋，《昭明文选》归入"骚"体，宋玉之《九辩》、《招魂》亦列入"骚"体。

《昭明文选》选入汉代的有贾谊的《鹏鸟赋》、《吊屈原文》（《昭明文选》归入"吊文"体）、枚乘的《七发》（《昭明文选》归入"七"体）、司马相如的《子虚赋》、《上林赋》、《长门赋》，王褒的《洞箫赋》，扬雄的《甘泉赋》、《羽猎赋》、《长杨赋》，班固的《两都赋》、《幽通赋》，张衡的《两京赋》、《南都赋》、《思玄赋》。

《昭明文选》选入魏晋赋家的作品有王粲的《登楼赋》，曹植的《洛神赋》，何晏的《景福殿赋》，嵇康的《琴赋》，成公绥的《啸赋》，向秀的《思旧赋》，张华的《鹪鹩赋》，潘岳的《藉田赋》、《射雉赋》、《西征赋》、《秋兴赋》、《闲居赋》、《怀旧赋》、《寡妇赋》、《笙赋》，陆机的《叹逝赋》、《文赋》，左思的《三都赋》，木华的《海赋》，郭璞的《江赋》，孙绰的《天台山赋》，陶潜的《归去来辞》。

《昭明文选》选入南朝的有谢惠连的《雪赋》，颜延之的《赭白马赋》，谢庄的《月赋》，鲍照的《芜城赋》、《舞鹤赋》，江淹的《恨赋》、《别赋》。

　　从《昭明文选》所选历代赋作可以清晰地看出：赋体从先秦时期的起源形态到汉大赋，到魏晋时期的抒情小赋，再到南北朝时期的"骈赋"的发展变化的轨迹。

### 三　《文选序》文体分类的不足

　　萧统的文体分类在理论上的成就主要表现在《昭明文选》的"聚类区分"上，但在"推源溯流"层面上，萧统的《文选序》对文体分类的论述却鲜有创新。我们来看看萧统对文体起源、流变、性质和特征的论述。《文选序》云："古诗之体，今则全取赋名。……骚人之文，自兹而作。……诗者，盖志之所之也，情动于中而形于言。……颂者，所以游扬德业，褒赞成功。……次则：箴兴于补阙，戒出于弼匡，论则析理精微，铭则序事清润。美终则诔发，图像则赞兴。又：诏诰教令之流，表奏笺记之列，书誓符檄之品，吊祭悲哀之作，答客指事之制，三言八字之文，篇辞引序，碑碣志状，众制锋起，源流间出。"这里论述了赋、骚、诗、颂的起源和特征，简述了箴、戒、论、铭、诔、赞的文体特点，罗列了诏、诰、教、令、表、奏、笺、记、书、誓、符、檄、吊、祭、悲、哀、答客、指事、三言、八字、篇、辞、引、序、碑、碣、志、状等文体是"众制锋起，源流间出"，也没有任何论述，即使是前面萧统看重的文体的论述也比较简略，且未能摆脱前人之窠臼。如说"诗者，盖志之所之也，情动于中而形于言"，出自《毛诗序》。《毛诗序》云："诗者，志之所之也，在心为志，发言为诗。情动于中而形于言……"说"颂者，所以游扬德业，褒赞成功"，源于挚虞。挚虞《文章流别论》曰："成功臻而颂兴。……颂，诗之美者也。古者圣帝明王，功成治定而颂声兴。……故颂之所美者，圣王之德也。"与挚虞所论基本相同。说"美终则诔发"，亦源于挚虞。挚虞《文章流别论》

曰："嘉美终而诔集。"所论全同。说"戒出于弼匡",源于李充。李充曰："戒诰施于弼匡。"① 所论亦同。由此可见,萧统对文体起源、流变、性质和特征的论述只是前人的简单重复。

如果我们把萧统的有关论述与《文心雕龙》相比,这个问题就更清楚了。例如"赋"体,《文心雕龙·诠赋》篇说："《诗》有六义,其二曰'赋'。赋者,铺也,铺采摛文,体物写志也。"这是解释赋体这个名称,这一解释道出了赋体的特点。又说："原夫登高之旨,盖睹物兴情。情以物兴,故义必明雅;物以情观,故词必巧丽。丽词雅义,符采相胜,如组织之品朱紫,画绘之著玄黄,文虽新而有质,色虽糅而有本,此立赋之大体也。"这是对赋体的写作要求,也是赋体的风格特征。又如"颂"体,《文心雕龙·颂赞》篇说："颂者,容也,美盛德而述形容也。"这是说明颂体的涵义。又说："原夫颂惟典雅,辞必清铄;敷写似赋,而不入华侈之区;敬慎如铭,而异乎规戒之域。揄扬以发藻,汪洋以树义。唯纤曲巧致,与情而变,其大体所底,如斯而已。"这里论述"颂"体的写作要领,也说明了"颂"体的风格特点。这样的例子很多,这里就不复一一列举了。总之,《文心雕龙》文体论各篇对各种文体的论述十分全面详尽,而且很有见解,《文选序》在这方面与《文心雕龙》比较就差之甚远。前人亦看出《昭明文选》这方面的不足,指出《昭明文选》和《文心雕龙》应该相互比照来研习。清代孙梅说："彦和则探幽索隐,穷形尽状。五十篇之内,历代之精华备矣。其时昭明太子纂辑《文选》,为词宗标准。彦和此书,实总括大凡,妙抉其心;二书宜相辅而行者也。"②

---

① 《太平御览》593 引。
② （清）孙梅:《四六丛话》卷三十一,商务印书馆版。

# 第三节 《昭明文选》文体分类体现的文学观念

《昭明文选》是一部诗文总集，编者根据他们对文体的认识，对收入的作品按一定的次序分类编排，编选总集也就体现了编者的文学观念。因此我们依据《昭明文选》的文体分类，结合《文选序》中的论述来分析《昭明文选》的文学观念。

## 一 能文：美文观

人们对文学的认识一直处在不断发展变化之中，不同时代由于社会文化语境的作用，对"文"的认定就不同。文学是一个历史的不断变化的概念。

在上一章中我们说过，魏晋南北朝时期对文学有了新认识，文学就是指用有文采的语言表达情感的作品，强调"文采"。刘勰的文体分类中所体现出的文学观念颇为复杂，他的"文"是一个很宽泛的概念。那么，《昭明文选》的文体分类体现了什么文学观呢？

《文选序》云："若夫姬公之籍，孔父之书，与日月俱悬，鬼神争奥；孝敬之准式，人伦之师友，岂可重以芟夷，加之剪截？老、庄之作，管、孟之流，盖以立意为宗，不以能文为本，今之所撰，又以略诸。若贤人之美辞，忠臣之抗直，谋夫之话，辩士之端，冰释泉涌，金相玉振。所谓坐狙丘，议稷下，仲连之却秦军，食其之下齐国，留侯之发八难，曲逆之吐六奇，盖乃事美一时，语流千载，概见坟籍，旁出子、史。若斯之流，又亦繁博。虽传之简牍，而事异篇章。今之所集，亦所不取。至于记事之史，系年之书，所以褒贬是非，纪别异同。方之篇翰，亦已不同。若其赞论之综辑辞采，序述之错比文华，事出于沉思，义归乎翰藻。故与夫篇什，杂而集之"。

在这一段话里，萧统清楚地说明了《昭明文选》收录作品的标准和范围，不收经、子、史三类"不以能文为本"的文字。但其中的序、述、赞、论部分，因其具有"综辑辞采，错比文华，事出于沉思，义归乎翰藻"的特点，"故与夫篇什，杂而集之"。由此看来，《昭明文选》收录的作品是"以能文为本"的美文。所谓美文者，论内容，则情感丰富，论形式，则音韵铿锵，讲究藻饰。它对"文"的认识既不同于先秦时期的传统文学观念，也不同于六朝的有韵者为文、无韵者为笔的认识，萧统《昭明文选》，文与笔皆称为文，所选已不限于韵文。当然与我们现代的文学观念也不同。

现代有人认为《昭明文选》在文学批评史上的重大贡献就在于区分出了文学与非文学，这种说法未免有以现代的文学观念裁割古人之嫌。纯文学的提法是19世纪欧洲的一个概念，被我们现代文学批评借鉴过来，它所指涉的内容是比较明确的。再说，文学概念的内涵也不是固定不变的，一个时代有一个时代的含义。《昭明文选》选编了以"能文为本"的文字作品比较接近我们现代所说的"文学"，但毕竟有很大的时代差异。我们只能说，《昭明文选》反映了它所处时代对文学的一种认识，强调文的"文采"特性是中国文学史上文学观念的一次进步。我们可从下面做进一步的分析。

（一）《昭明文选》选编的各种文体的作品基本上都有"能文"之特征

赋体被《昭明文选》编排在各种文体的最前面，显示出它在编者的心目中和在当时是被非常看重的。《昭明文选》选录的五十二篇赋，基本上都是在当时获得了定评的名篇。赋是汉代文学的主要样式，六朝人对汉赋代表作家作品的认定，也基本一致。如刘勰《文心雕龙·诠赋》篇中所指出的"辞赋之英杰"十家，汉代有八家，除枚乘的《菟园》不取外，其余七家《昭明文选》

皆录入。汉之前的两家，宋玉的赋录了四篇，而荀子的《赋篇》却没有收录。萧统在《文选序》中追溯赋的源流时明明说过："荀、宋表之于前"，可见荀子的赋在赋的发展中有着很重要的地位，但是《昭明文选》为什么偏偏不选呢，这是一个很值得我们重视的问题，学者对此有不同看法，有学者认为荀赋是子书的原因；而另外的学者认为《昭明文选》可能是因为它不合其选文的"能文"的要求。对此学者已经做过详细的论述，故不再赘述。我认为后者的看法是比较合理的，从《昭明文选》所选编的重点作家的各种文体的作品基本上都有"能文"之特征这一点看来，也可以说明《昭明文选》为什么选宋玉的四篇赋，而荀子的一赋也不选录。

诗体的情况也如此。诗体分为二十三类：

1. 以列类首为据

（1）陆机、谢灵运（均二类），（2）曹植、阮籍、左思、潘岳、张协、郭璞、颜延之、鲍照（均一类）。需要说明的是，每类中作家作品均一首及只有一位作家入选者除外。

2. 以入选作品数量为据

陆机（五十二首），谢灵运（四十首），江淹（三十二首），曹植（二十五首），颜延之、谢朓（均二十一首），鲍照（十八首），阮籍（十七首），王粲、沈约（均十三首），张协、左思（均十一首），刘桢（十首），潘岳（十首），陶渊明（八首），嵇康、郭璞（均七首），张华（六首），曹丕、陆云、谢瞻、谢惠连（均五首）。余置不论。

3. 以作家的类别分布为据

谢灵运（十类），陆机、曹植（均八类），颜延之、谢朓（均七类），王粲、鲍照（均六类），潘岳、沈约（均五类），陶渊明（四类），曹丕、刘桢、嵇康、左思、江淹（均三类）。余置不论。

通过三个方面的综合考察，得出序列为：（1）陆机，（2）谢灵运，（3）曹植，（4）颜延之，（5）鲍照，（6）潘岳、左思。以上三类为皆为有名录者。名列两类的有：（7）谢朓，（8）王粲，（9）沈约，（10）陶渊明，（11）嵇康，（12）曹丕。[①]

从三个方面综合考察，应该说还是能够说明一定的事实的，《昭明文选》所选的以上作家和他们的主要诗作都是魏晋南北朝时期文学的代表。这个时期文学发展的总趋势，是逐渐重视文学的艺术特质，表现在重抒情、重形式、重表现手段、重表现方法。

我们还可以从《昭明文选》中收录的五言诗的诗人和诗作为例作一分析。

建安诗歌创作十分繁荣，主要诗人是"三曹"、"七子"。"三曹"、"七子"的诗歌，慷慨任气，磊落使才，具有梗概多气的特点。钟嵘《诗品序》中说："陈思为建安之杰，公干（王粲）、仲宣（刘桢）为辅。"

正始诗歌的代表人物是阮籍和嵇康。《昭明文选》选录阮籍诗有《咏怀》十七首。嵇康诗有《咏怀》十七首。嵇康诗有《幽愤诗》、《赠秀才入军》五首、《杂诗》，都是优秀诗篇。刘勰说："嵇志清峻，阮旨遥深。"（《文心雕龙·明诗》）

诗歌发展到太康时期，又出现了繁荣局面。主要诗人有三张（张载与其弟张协、张亢）、二陆（陆机、陆云兄弟）、两潘（潘岳与其从子潘尼）、一左（左思）。其中张协、陆机、潘岳、左思的成就较高，钟嵘皆列入"上品"。《昭明文选》选录张协的《咏史》、《杂诗》共二首，陆机的《乐府》十七首、《拟古诗》十二首、《为顾彦先赠妇》二首、《赴洛道中作》二首等共五十二首，潘岳的《悼亡诗》三首、《河阳县作》三首、《在怀县作》二首等

---

① 参阅傅刚《〈昭明文选〉研究》，中国社会科学出版社2000年版，第251—252页。

共十首，左思的《咏史诗》八首、《招隐诗》二首、《杂诗》一首，共十一首。潘岳的《悼亡诗》、左思的《咏史诗》皆是传诵千古的名篇，影响深远。钟嵘《诗品序》中说："陆机为太康之英，安仁（张协）、景阳（潘岳）为辅。"刘勰也说"景阳振其丽"，"晋世群才，稍入轻绮，张、潘、左、陆，比肩诗衢，采缛于正始，力柔于建安，或析文以为妙，或流靡以自妍，此其大略也"。①

东晋时期，玄言诗盛行，永嘉诗歌深受玄学影响，诗风发生了变化。刘勰说："景纯仙篇，挺拔而为俊矣。"② 这是说郭璞的《游仙诗》成就是最突出的。《昭明文选》选录郭璞《游仙诗》九首。此诗借游仙抒写怀抱，词多慷慨，是古诗中的名篇。

南朝宋代元嘉时期有陶渊明③和三大家，即谢灵运、颜延之和鲍照。陶诗今存一百二十余首，《昭明文选》选录《始作镇军参军经曲阿作》、《辛丑岁七月赴假还江陵夜行途口作》、《挽歌》、《杂诗》二首、《咏贫士》、《读山海经》、《拟古诗》，共八首。谢灵运是南朝山水诗派的大诗人，《昭明文选》选录他的《登池上楼》、《石壁精舍还湖中作》、《过始宁墅》、《七里濑》、《登江中孤屿》、《入彭蠡湖口》、《游南亭》等四十首，大都是优秀的山水诗。颜延之，当时与谢灵运齐名，其诗雕琢藻饰，喜用典故，不能与谢灵运相比，《昭明文选》选录他的《秋胡诗》、《五君咏》五首、《赠王太常》、《夏夜呈从兄散骑车长沙》、《北使洛》等二十首，以《五君咏》最有名。鲍照，是南朝的杰出诗人，《昭明文选》选录他的《咏史》、《乐府》八首、《玩月城西门廨中》、《拟古诗》三首、《学刘公干体》等十八首。钟嵘《诗品序》中

---

① 《文心雕龙·明诗》。

② 同上。

③ 本文从陶渊明为宋人的说法，因为这是南朝人的共同看法，萧统也是这样看的。

说："谢客为元嘉之雄，颜延年为辅。"

齐代永明诗歌，代表人物有沈约、谢朓。《昭明文选》选录沈约诗有《别范安成》、《宿东园》、《沈道士馆》、《早发定山》、《新安江水至清浅见底贻京邑游好》等十三首。选录谢朓诗有《新亭渚别范零陵》、《游东田》、《暂使下都夜发新林至京邑赠西府同僚》、《之宣城出新林浦向板桥》、《敬亭山》、《晚登三山还望京邑》、《和王主簿怨情》等二十一首。沈约、谢朓的诗体现了"永明体"十分讲究声律的一些特点。

《昭明文选》大约编于梁武帝普通七年（526）至中大通三年（531）之间。由于《昭明文选》不录存者，所以，《昭明文选》所选梁代诗歌，作者有范云、江淹、任昉等。其中以江淹选录诗歌最多，达三十二首，即《从建平王登庐山香炉峰》一首、《望荆山》一首、《杂体诗》三十首，皆为佳作。

由此看来，《昭明文选》所选的诗歌，大都具有"能文"的特性，抒发性情，辞藻华美，讲究声律。总的说来这与南北朝时期的公论还是比较符合的。

还有一个统计可以反面证明《昭明文选》不选没有文采的诗歌。东晋时期，玄言诗盛行。刘勰说："自中朝贵玄，江左称盛，因谈馀气，流成文体。是以世极迍邅，而辞意夷泰，诗必柱下之旨归，赋乃漆园之义疏。"[①] 钟嵘说："永嘉时，贵黄、老，稍尚虚谈。於时篇什，理过其辞，淡乎寡味。爰及江表，微波尚传，孙绰、许询、桓、庾诸公诗，皆平典似《道德论》，建安风力尽矣。"[②] 沈约说："有晋中兴，玄风独振，为学穷于柱下，博物止乎七篇，驰骋文辞，义殚乎此。自建武暨义熙，历载将百，虽缀响联辞，波属云委，莫不寄言上德，托意玄珠，遒丽之辞，无闻

---

① 《文心雕龙·时序》。
② 钟嵘《诗品序》。

焉尔。"① 这些论述可以说明东晋本是一个玄风盛行的时代，只注重玄理的阐发，诗歌缺乏文采。《诗品》评这个时期的诗风"理过其辞，淡乎寡味"。其实那个时期的赋和文章也往往平淡无奇，缺乏辞采。这种文章自然不合萧统、刘孝绰的口味。因此，《昭明文选》选录这一时期的诗作就很少，共收四人，十首诗，这还包括了郭璞的诗。除了郭璞，那就寥寥无几了。因为根据《文选序》说，对那些"盖以立意为本，不以能文为本"的"子书"和"所以褒贬是非，纪别异同"的"史书"，都不选编，只有那些"综缉辞采"，"错比文华"的"赞论"、"序述"之类，才适量选录。这就是说《昭明文选》所看重的是讲究辞藻和技巧的文章。从这一点上也反映出《昭明文选》的文学观念。

再看看其他的文体，《昭明文选》除了赋、诗、骚和七体之外，还收录了三十五种文体、七十六位作者，一百六十一篇文章。从诏至文这五种文体共收录五位作家、九篇作品。从表至奏记的六种文体，共收录二十五位作家、四十二篇作品。以下从书至铭是社会生活中各种实际应用的文体，共十七种，收五十位作家、八十七篇作品。从讳至祭文，是悼念死者的文体，共七种，收录十四位作家、二十三篇作品。其中，以表、书、笺、史论、论、谏、碑文、序为大类。表，共收十九篇；书，共收二十二篇；笺，共收九篇；序，共收九篇；史论，共收九篇；论，共收十四篇；谏，共收八篇；碑文，共收五篇。除史论之外，若表、笺、书、序、论、讳、碑文等，都是当时应用极广的文体。从以上的文体收录文章数量的多少，我们也可以看出，能够比较自由地表现作者的个人情感，体现文采的文体，《昭明文选》选录得就比较多。

再从收录的文的作者来看：（1）任昉 17 篇 9889 字，（2）陆

---

① 《宋书·谢灵运传论》。

机 8 篇 10131 字，（3）班固 7 篇 3683 字，（4）曹植 5 篇 3781 字，（5）潘岳 5 篇 3656 字，（6）颜延年 5 篇 2769 字，（7）范晔 5 篇 2723 字，（8）沈约 4 篇 4162 字，（9）陈琳 4 篇 4098 字，（10）司马相如 4 篇 2843 字。这个统计很清楚得显示，梁任昉的收录篇数最多，是 17 篇，不算上梁沈约的 4 篇，就已超出了上述司马相如文 4 篇、班固 7 篇、陈琳文 4 篇的"汉文"收录的总数。由这一点可以看出，实际上收录最多的是晋以后以四六句为基调的骈体散文。骈体散文是富于文饰的美文。

（二）《昭明文选》的选录标准是"能文为本"

《昭明文选》的选录标准是什么呢？对这个问题从阮元以来就展开了争论。研究者的看法并不一致，据穆克宏先生归纳大体有四说：[①]

1. 朱自清说

朱氏说："（阮元）在《书昭明太子〈文选序〉后》里说得更明白：'昭明所选，名之曰文，盖必文而后选也。经也、子也、史也，皆不可专名为文也。……必沉思翰藻，始名为文，始以入选也。'"[②] 这就是说："事出于沉思，义归乎翰藻"就是《昭明文选》的选录标准。这一见解为多数研究者所同意。近人刘师培也说："《昭明文选》惟以沈思翰藻为宗，故赞论序述之属，亦兼采之。然所收之文，虽不以韵为限，实以有藻采者为范围，盖以无藻韵者不得称文也。"[③]

2. 黄侃说

黄氏《文选平点》说："'若夫姬公之籍'一段，此序选文宗旨，选文条例皆具，宜细审绎，毋轻发难端。《金楼子》论文之

① 参阅穆克宏《魏晋南北朝文学史料述略》，中华书局 1997 年版，第 296—301 页。

② 《朱自清古典文学论文集》，上海古籍出版社 1981 年版。

③ 刘师培：《中国中古文学史讲义》，上海古籍出版社 2000 年版，第 111 页。

语，刘彦和《文心》一书，皆其翼卫也。"这是认为，《文选序》"若夫姬公之籍"一段所论是《昭明文选》的选录标准，同时还指出萧绎的《金楼子》论文之语和刘勰的《文心雕龙》皆其"翼卫"。

3. 日本铃木虎雄说

铃木氏说："萧统对文学的意见，可以对文学作品的文质彬彬的要求为代表，其言曰：'夫文典则累野，丽则伤浮，典而不野，文质彬彬，有君子之致，吾尝欲为之，但恨未逮耳。'(萧统《答湘东王求文集及〈诗苑英华〉书》)……萧统以文质兼备的思想亦即超越道德论的作为独立的文学的思想来编纂《昭明文选》。……其作为文学的选录标准就正是'文质兼备'，'不以风教害文'。"铃木氏以"夫文典则累野"一段话作为《昭明文选》的选录标准。

4. 日本清水凯夫说

清水氏认为，《昭明文选》的选录标准是沈约的《宋书·谢灵运传论》。

以上四说，各持之有据。但是，朱说把"事出于沉思，义归乎翰藻"作为《昭明文选》的选录标准是不够恰当的。其实萧统的意思很明白，这是针对为什么选录经、子、史中的序、述、赞、论而发的。这几种文体虽为经、子、史中文章，但由于具有文采，故予以收录，因此不能把"事出于沉思，义归乎翰藻"作为整部《昭明文选》的选录标准。再说其他一些文体，如诗、骚、赋等等，也许就不是这几句话所能包容的。黄说颇有道理，但没有明确地加以论述，只说萧绎的《金楼子》和刘勰的《文心雕龙》是《昭明文选》的"翼卫"，可以从旁边印证。这样很笼统，再说萧绎和刘勰的文学观念的差异还是比较大的，他们的文学观念更不能完全与萧统一致。铃木说比较合理，但是可惜没有在《文选序》中找到与此相对应的论述。清水说以沈约的《宋书·谢灵运传论》为标准，对《传论》逐段论述，借以证明《昭明文选》所选录的作品与沈约所论完全一致。这种结论实在令人难以信服。

根据笔者浅见，把《昭明文选》所选各种文体的作品的情况和《文选序》中的论述及萧统的其他有关材料结合起来，这个问题就好认识了。《昭明文选》的选录标准就是"能文为本"。前面我们已经分析过了，《昭明文选》所选编的赋、诗，及其他文体的作品基本上都有"能文"之特性。萧统在《文选序》中说："老、庄之作，管、孟之流，盖以立意为宗，不以能文为本，今之所撰，又以略诸。若贤人之美辞，忠臣之抗直……虽传之简牍，而事异篇章。今之所集，亦所不取。至于记事之史，系年之书……方之篇翰，亦已不同。若其赞论之综辑辞采，序述之错比文华，事出于沉思，义归乎翰藻。故与夫篇什，杂而集之。"萧统在这里清楚地说明了《昭明文选》选的就是"以能文为本"的"篇章"、"篇翰"。之所以选录序、述、赞、论部分，是因为其具有"综辑辞采，错比文华，事出于沉思，义归乎翰藻"的"能文"的特点。这样看来，萧统就与萧纲和刘勰都重视文采有了一致之处。这恐怕就是黄侃说的"《金楼子》论文之语，刘彦和《文心》一书，皆其翼卫也"的意思。不过，刘勰在重视文采的同时也提倡"宗经"、"征圣"，而萧绎在《金楼子》中所认为的"文"就是辞藻繁富，音节动听，语言精炼。他说："至如文者，惟须绮縠纷披，宫徵靡曼，唇吻遒会，情灵摇荡。"萧统与他们二人在这方面都有所差异，他认为"文采"的最好状态就是"文质彬彬"，也就是他在《答湘东王求文集及〈诗苑英华〉书》中说的"夫文典则累野，丽则伤浮，典而不野，文质彬彬，有君子之致，吾尝欲为之，但恨未遒耳"。

萧统以"能文为本"作为标准编选了一部诗文总集，从而在中国文学批评史上有了它的重要地位。从我们现代的文学观念来看，它对文学概念的确立、文学特质的把握以及文学功能的发挥，使文学从经学附庸地位和史官文化中解脱出来，沿着自身的发展道路发展，都起到了积极的推动作用。但是，我们是不是就可以说：《昭明文选》中所选的讲究"文采"的文字作品就是萧统等人所认定的"文"的概念呢？恐怕还不能这么看。这个问题值得我们重新思考。

（三）《昭明文选》不选编经籍子史是继承了总集的传统体例

《昭明文选》为什么没有选编经籍子史呢？现代一些学者的看法是：萧统有自觉的文学意识，企图划分文学和非文学的界限，以巧妙的理由把经籍子史从文学的阵营里排除出去。如果站在我们现代人角度从客观效果上看，这种看法也许是有道理的，但是，从主观动机上看，这未免有些拔高萧统了，其实不选经籍子史是别有原因的。

第一，总集与经籍子史分类在《昭明文选》之前早已有之。

前面我们说过，在先秦时期，还没有真正意义上的"总集"。在东汉以后，由于作家创作数量的大量出现，各种文体日益繁富，这才有了将各类文体的作品编辑成集的"总集"的产生。《隋书·经籍志》以为《文章流别集》是"总集"的开始，《四库全书总目提要·集部·总集类》序亦云：总集"体例所成，以挚虞《流别》为始"。挚虞的《文章流别集》已经亡佚，《文章流别论》仅有十四条轶文，我们无法窥其全貌。但据后人考证"论"与"志"大概是原附于《文章流别集》中，我们从这些佚文所论述的文体和内容看，没有涉及经籍子史，《隋书·经籍志》也说："自诗赋下，各为条贯，合而编之"，只提到"诗赋下"，而没有提到经籍子史。按理说，经、史的地位在那个时代是很高的，如果有怎么会不提及呢？由此推知《文章流别集》中可能没有收录经籍子史，或者收录了但"以类相从"，分而编之。

挚虞之后，东晋李充在文体分类方面做出过重要贡献，他编了《翰林论》。《晋书·文苑传》记："于时典籍混乱，充删除烦重，以类相从，分作四部，甚有条贯，秘阁以为永制。"据《隋志》记载：李充在任大著作郎时，在《新经》的基础上，对原来的甲、乙、丙、丁"四部"分类法进行了改造，遂成为后世的定法，即以《五经》为甲部，以《史记》为乙部，诸子为丙部，诗赋为丁部，这是经、史、子、集"四部"分类法最早的定型之作。此后，宋文帝时谢灵运、齐永明时谢朓、梁任昉等人编四部目录，均沿用李充所编订的经、史、子、集"四部"分类法。《翰林论》大概就是在他担任著作郎期间完成的。据学者考证：李充还有《翰林》五十四卷，专收作品。《翰林论》至唐人编《隋书》时仅有三卷，而在《旧唐志》中又只有两卷了。从现在辑佚的十余条看，《翰林论》是按文体来分类论述的。在这十数条佚文中，李充所说文体有十四类。

由此看来，《昭明文选》没有选编经籍子史是受前代经、史、子、集"四部"分类法的影响。从保存的佚文看，挚虞、李充文体的分类已经很清晰，《昭明文选》的文体分类受其影响是肯定的。如章太炎《文章总略》云："总集者，括囊别集为书，故不取六艺、史传、诸子，非曰别集为文，其他非文也。"如此说来，《昭明文选》不选编经籍子史是当时的一种普遍分类方法，不足以说明萧统完全划分文学和非文学的界限。

第二，《文选序》对《昭明文选》不选经籍子史作了说明。

《昭明文选》不选经籍子史，《文选序》中说得很清楚：经书："与日月俱悬，鬼神争奥；孝敬之准式，人伦之师友，岂可重以芟夷，加之剪截？"子、史："盖以立意为宗，不以能文为本"。"概见坟籍，旁出子、史。若斯之流，又亦繁博。"在萧统看来，儒家经典是神圣的，不可随意加以删裁。子书由于以阐发事理为主要目的，不讲究文采。史书有专书记载，而且繁多广博。因此，以上三类书皆不选录，这并不是因为萧统明确地意识到文学与非文学的结果。在萧统看来，以上三类是不是完全不属于"文"呢？依笔者浅见，恐怕未必如此。《文选序》中说："余监抚余闲，居多暇日，历观文囿，泛览辞林，未尝不心游目想，移晷忘倦。自姬汉以来，眇焉悠邈，时更七代，数逾千祀。词人才子，则名溢于缥囊；飞文染翰，则卷盈乎缃帙。自非略其芜秽，集其清英，盖欲兼功，太半难矣。"这里说他在任职期间，由于多有闲暇，因此"历观文囿，泛览辞林"。涉猎了七代"词人才子"的"飞文染翰"，这些作品应该都是他认为的"文"和"辞"。他要"集其清英"选编一部总集。那么选什么？怎么选？他有他的标准。在这一段话之后，又说明为什么不选经籍子史的原因。可见，《昭明文选》不选的经籍子史，未必就不是"文"，只不过不是他要的"能文"之文罢了。

第三，《昭明文选》选录作品也不排除"艺文之末品"的应用文体。

《昭明文选》中选编的七百多篇作品，除了赋、诗（骚、七）这些现代看来是纯文学的作品占一大半外，还有诏、册、令、教、文、表、上书、启、弹事、笺、奏记、书、移书、檄、难、对问、设论、辞、序、颂、赞、符命、史论、史述赞、论、连珠、箴、铭、诔、哀文、碑文、墓志、行状、吊文、祭文三十五种文体，一百六十一篇应用文体的文章，有些是朝廷上下所用的公文，有些是社会生活中常见的应用文，这些文体在我们现代的文章分类学看来完全是应用文，和文学有天壤之别，但是我们的古人一直把它们当作"文"的一部分，虽说是"艺文之末品"，但没有把它们和文学分开，萧统也不例外。

综上所述，《昭明文选》的文体分类体现了美文的文学观。萧统所认为的"文"的范围不一定就不包括了一切用语言文字写成的作品，只是他在"文"的内涵方面更强调文采的特性。实际上各体文章都重视"文采"是一种有中国特色的文化现象。这其中的原因，首先是儒家重视"文采"观念的影响。"言之无文，行而不远"（《左传·襄公二十五年》）、"不学诗，无以言"（《论语·阳货》）、"质胜文则野，文胜质则史；文质彬彬，然后君子"（《论语·雍也》）等观念，到汉代"独尊儒术"以来，其影响便深入人心。其次是中国古代的社会环境促成了普遍尚文的风气。政府各部门主管官吏多由科举入仕，先要能文，否则难以跨过科举的门槛，晋身仕途。因此政府官员视"文章尔雅，训辞深厚"为努力的目标。这种尚文的风气发展到极端，便出现"竞骋文华，遂成风俗。……连篇累牍，不出月露之形；积案盈箱，唯是风云之状。世俗以此相高，朝廷据兹擢士"① 的现象。每当这个时候一些贤士就对此表示强烈不满，要求"屏黜轻浮，遏止华伪"，"公私文翰，并宜实录"。② 但整个社会"尚文"的风气并未改变。于是，实用之文与文学之文无异，便成为中国古代一个突出的文化现象。

中国古代各类文章都看重体制、文采，讲究词藻美、声韵美、结构美等形式美，有"泛文学化"的倾向，萧统不可能超越其所处的时代。不过，从文学的历史上看，萧统重视文章"能文"的特性，对文学的发展无疑是有积极的推动作用。但是，他的这种认识不能与我们现代文学观念作简单类比。正如王运熙先生所言："过去有的同志在评论萧统时，认为《昭明文选》不选经、史、子三部的篇章，是说明编者有意识地把文学作品和学术著作区别开来，表明了当时人们文学观念的明确和进步。我过去也有这种看法。现在看来，这种说法并不确切。"③ 他又指出：

---

① 隋李谔：《上隋高祖革文华书》，郭绍虞主编：《中国历代文论选》第二册，上海古籍出版社 1979 年版，第 5 页。

② 同上。

③ 王运熙：《汉魏六朝唐代文学论丛》（增补本），复旦大学出版社 2002 年版，第 364 页。

"南朝所谓文，广义的泛指诗、赋和各体文章，狭义的仅指有韵之文。《昭明文选》所谓文，取的是广义。"① 王运熙先生的看法是合理的，也是符合历史实际的。由此看来，我们与其从古人那里找我们现代的文学概念，还不如把文学的认识历史化，看看中国古代各个时期的"文学"是什么，其特征是什么，是怎样发生变化的。

## 二 新变：发展观

文学发展到了南朝，呈现出新的变化。清沈德潜《说诗晬语》中说："诗至于宋，性情渐隐，声色大开，诗运转关也。"就是说这个时期在创作上声色方面的内容越来越多，在形式上讲究用典和辞藻。对于这种变化，除了裴子野等少数外，南朝多数批评家持肯定的态度。

裴子野在《雕虫论》中说："宋初迄于元嘉，多为经史。大明之代，实好斯文，高才逸韵，颇谢前哲；波流同尚，滋有笃焉。自是闾阎少年，贵游总角，罔不摈落六艺，吟咏情性。学者以博依为急务，谓章句为专鲁。淫文破典，斐尔为功。无被于管弦，非止乎礼义。深心主卉木，远致极风云，其兴浮，其志弱，巧而不要，隐而不深。讨其宗途，亦有宋之遗风也。若季子聆音，则非兴国；鲤也趋庭，必有不敦。苟卿有言：乱代之征，文章匿采，斯岂近之乎！"裴子野主张教化说，他对"闾阎少年，贵游总角，罔不摈落六艺，吟咏情性。学者以博依为急务，谓章句为专鲁。淫文破典，斐尔为功"的时代风气表示不满，借荀子的话说这是"乱代之征"。

但是，南朝多数批评家对文学的新变化持肯定的态度，在

---

① 王运熙：《汉魏六朝唐代文学论丛》（增补本），复旦大学出版社2002年版，第346页。

肯定时又表现为两种情形：通变和新变。"通变"观的主要代表是刘勰的《文心雕龙》，上一章我们已经做了详细的论述。从"通变"的理论原则说，它注重在继承的基础上创新，反对竞今疏古新奇之作。而"新变"则强调不断创新以求变化。主要代表是萧子显、沈约、张融、萧纲、萧绎、萧子显、徐陵等人。如萧子显在《南齐书·文学传论》中说："习玩为理，事久则渎，在乎文章，弥患凡旧。若无新变，不能代雄。"他认为历史上著名作家得名的原因，就在于他们能够不断创新以求变化。萧绎也在《内典碑铭集林序》中说："夫世代亟改，论文之理非一；时事推移，属词之体或异。但繁则伤弱，率则恨省。存华则失体，从实则无味。或引事虽博，其意犹同；或新意虽奇，无所倚约；或首尾伦帖，事似牵课；或翻复博涉，体制不工。能使艳而不华，质而不野；博而不繁，省而不率；文而有质，约而能润；事随意转，理逐言深，所谓菁华，无以间也。"[①] 萧绎指出随着世代时事的发展变化，文体的表现手段和方法也必然要变化、创新。但是这种"新变"的目标并非以新奇为宗，这与萧统的"丽而不浮，典而不野，文质彬彬，有君子之致"的看法颇为一致。

萧统的文学发展观是"新变"。《文选序》云："式观元始，眇觌玄风，冬穴夏巢之时，茹毛饮血之世，世质民淳，斯文未作。逮乎伏羲氏之王天下也，始画八卦造书契，以代结绳之政，由是文籍生焉。《易》曰：'观乎天文，以察时变；观乎人文，以化成天下。'文之时义，远矣哉！若夫椎轮为大辂之始，大辂宁为椎轮之质；增冰为积水所成，积水曾微增冰之凛。何哉？盖踵其事而增华，变其本而加厉。物既有之，文亦宜然。随时改变，难可详悉。"这就是说事物总是发展变化的，由简到繁，"踵其事

---

① 《全梁文》卷十七，中华书局影印严可均本，第3053页。

而增华，变其本而加厉"，是事物发展的规律，文学当然也不例外。从文体学的角度看，萧统的发展文学观实际上也是对文体变异合理性的充分肯定。后世的文体，不管是旧有的后世已经发生了变异的文体，还是新产生的文体，它们都是符合"踵其事而增华，变其本而加厉"的发展规律，由质朴趋向藻饰，在当代能够流传都应该予以肯定。《昭明文选》编选近世作品的数量很大就可以说明这一点。

赋，《昭明文选》收录先秦作家一人，作品四首；西汉作家四人，作品八篇；东汉作家八人，作品十二篇；魏作家四人，作品四篇；西晋作家七人，作品十五篇；东晋作家二人，作品二篇；宋作家四人，作品五篇；梁作家一人，作品二篇。其中先秦和东晋、梁最少，而以两汉和西晋最多。

诗，《昭明文选》收录汉代七位诗人（《古诗十九首》除外）、二十四首作品；建安七人、五十八首；正始二人、二十五首；西晋二十四人、一百二十六首；东晋四人、十首；宋十一人、一百零五首；齐三人、二十四首；梁六人、五十三首。从以上排列可见，《昭明文选》收西晋作家作品最多，其次为刘宋，再其次为建安。

其他文体（骚、七除外），《昭明文选》收录先秦文体二种，作品二篇；西汉文体十三种，作品二十六篇；东汉文体九种，作品十三篇；三国文体八种，作品三十四篇；西晋文体十二种，作品二十六篇；东晋文体三种，作品六篇；宋文体九种，作品十八篇；梁文体十五种，作品二十九篇。其中西汉、西晋、梁文体最多，而先秦和东晋最少。①

南朝人注重文章的"藻饰"，主要包括两方面：一是使典用事；二是骈句丽辞。刘勰在《文心雕龙》中特立《事类》之篇，

---

① 参阅傅刚《〈昭明文选〉研究》，中国社会科学出版社 2000 年版。

篇中说："事类者，盖文章之外，据事以类义，援古以证今者也。"古人用典，"明理引乎成辞，征义举乎人事"。成辞，即现成语，通常称为语典；人事，即往古人物的故事，通常称为事典。这种修辞手法，发端于先秦经籍，振绪于秦汉子史之书，盛行于魏晋六朝骈文。在汉魏六朝文人看来，这体现了一个人文学才华的大小。骈文的出现，是散文辞赋化，辞赋诗歌化的产物。起源于汉魏，形成于南北朝。作为一种句法整而有疏散，色彩淡而兼有华采，气韵静而兼有流荡，声调平而兼有抑扬的新文体，在六朝时期，不仅大自论说，小至柬札，而且在史书中，凡论赞都用骈文。使典用事、骈句丽辞，这就是魏晋六朝文体"藻饰"的特征。

《昭明文选》大量地选录近世的各种文体的作品，表现出它对文体的发展变化的态度是积极的，给予了充分的肯定，从一个侧面也反映了《昭明文选》"新变"的文学观。但是，我们还不能简单地说《昭明文选》是略古详近，实际上它是详今而不略古。不管怎么说，这和刘勰的看法是有差异的，刘勰更多强调遵从传统，对一些文体的变异持否定的态度。如刘勰描述"颂"在历史发展中的变异时，批评班固的《车骑将军北征颂》是"谬体"，马融的《广成颂》是"失质"，崔瑗的《南阳文学颂》则是"伪说"，陆机的《汉高祖功臣颂》更是"讹体"。其实，这些作品又未尝不是"颂"的新体呢？周振甫先生就对此发表了自己的看法，说："对秦以后的颂，是不是可以说：班固的《北征颂》铺叙太多，是颂的新体；崔瑗的《文学颂》，有长叙，也是颂的新体；陆机的《功臣颂》，有褒有贬，也是新体：这三种都有歌颂的话，应加肯定，不必批评。"①

---

① 周振甫：《文心雕龙今译》，中华书局 1986 年版，第 83 页。

总之，《昭明文选》通过作品的编选完成了全面的文体分类，使当时流传的许多文章皆有类可依，文体分类的体系是完整的，从中也体现了进步的文学发展观，肯定了文学由质朴走向藻饰的趋势。它为当时和后世阅读写作各体文章提供了典范。

# 结　　语

中国古代的文体理论经过了漫长岁月逐渐确立了自己的一套话语体系，"文体"概念是一个涵盖了丰富内容的范畴。中国古代文体分类理论在历史上不断丰富和发展，形成了自己的特色。下面我们做一总结性的描述。

## 一　中国古代文体分类的特点

中国古代文体分类有着久远的历史，需要掌握大量的资料才能得出较为公允的结论。再者，文体分类本身也是一项看似平常，而实际上很艰难的工作，一些带有规律性的认识还需要做进一步的研究。尽管如此，从以上的考察中我们也可以可以看出它的基本特点。

（一）中国古代文体分类形成了"推源溯流"和"类聚区分"两大方法，并在实践中能很好地将两种方法综合运用

所谓推源溯流，就是对文体做历时性的动态的分析，追溯文体的源头，描述文体历代的流变，在此基础上描述各种文体的性质和特点。从汉代起，刘向的《别录》、刘歆的《七略》就开始用剖析条流，推本溯源的方法整理图书。班固在《汉书·艺文志》中的六略的总序和小序中继承了这一方法。到了魏晋南北朝时期，推源溯流成为文学批评家研究文体分类的一个重要的方法。文论专著当以《文心雕龙》为代表。《文心雕龙·序志》篇

中指出当时创作的弊病是未明本源，"去圣久远，文体解散"，"离本弥甚，将遂讹滥"，而批评论著大都"并未能振叶以寻根，观澜而索源"，因而，刘勰在批评体例中特意把"原始以表末"这一条放在首位，作为研究文体分类的最主要的方法。这一点在《文心雕龙》的二十篇文体论中处处得到了体现。钟嵘的《诗品》、挚虞的《文章流别论》、李充的《翰林论》，颜之推的《颜氏家训·文章篇》等论著几乎都沿用了"推源溯流"的方法。还有谢混的《文章流别本》、孔宁的《续文章流别》、沈约的《宋书·谢灵运传论》等在分析文体时也用的是"推源溯流"的方法。另外从这个时期的一些总集中我们也可以看到推源溯流的方法。如任昉的《文章缘起》，一名作《文章始》，选列八十四种文体，"缘起"、"始"本身就表明是探讨各种文体之起源，其书中的内容也是如此。魏晋南北朝时期的文论家在批评实践中不断丰富和完善这种方法，使其成为中国古代文体研究的经典方法。

所谓类聚区分，就是把各种文体纳入到一个大的整体之中做共时态横向的对比分析，总结出各种文体不同的特征和体貌。其著名的代表人物是曹丕和陆机。曹丕在《典论·论文》中从共时的层面把文体分为四科八体。陆机也是从横向静态的角度把文体分出了诗、赋、碑、诔、铭、箴、颂、论、奏、说十体。正如罗宗强先生所说："文体论，如果作为一种文学体裁的性质与特点阐释，不作史的回顾也能办到。事实上曹丕和陆机正是这样做的。他们论文体，仅论其特点，而置史的发展脉络于不顾。"①在这个时代，人们还根据语言形式上的有韵和无韵从共时上把各种文章分为两大类：文和笔。刘勰在《文心雕龙》也采用了这种文、笔的分类法，他还在《总术》篇中说"别目两名，自近代

---

① 罗宗强：《刘勰文体论识微》，《道家道教古文论谈片》，台北：文津出版社1994年版。

耳"，很显然，刘勰认同了这种分法。

中国古代文体分类往往把"推源溯流"和"类聚区分"结合起来，就是我们现代所说的共时方法和历时方法的统一。刘勰就是典型的例子，他吸收了前人在文体分类方面的两大传统方法，并做了进一步的发展，建立了一个纵横交织的文体分类体系。隋唐宋元时期，不论是文体论著还是诗文总集，在研究文体分类时都自觉地综合运用这两种方法。尤其是诗文总集中文体的分类基本上是仿照《昭明文选》的分类方法，或根据现实的变化有一些或大或小的增删，在序言中一般都要追溯文体的渊源和变化。到了明清时期，吴讷的《文章辨体》和徐师曾的《文体明辨》两书弥合前人众说，总结性地论述各种文体，对各种文体的格式、语体和体貌认识更全面，更完善。两书都以推源溯流为主，同时论说了各体的具体作法和体制特点。从历时性和共时性的角度，对各种文体的格式、语体和体貌做了总结性的论述。明清时期，印刷术的进步，总集选本类的规模也比前代同类著作的规模更大更多。文体分类研究中对这两种方法的自觉运用也不断走向成熟。

文体分类中，"推源溯流"和"类聚区分"的结合，也就是共时和历的综合运用可以解决文体分类理论与创作实践的矛盾，共时研究，可以在寻找普遍性的因素中建立一个有效地的文体类型规则。历时研究，可以充分注意文学样式在历史中的发展变化，避免了那种只强调规则，看不到变化的愚蠢做法。西方文学史上的古典主义时期所信奉的"三一律"就是典型的只强调规则看不到变化的例子，无疑这种做法是对创作的禁锢。

（二）中国古代文体分类主要以功用为依据

先秦时期的诗歌总集《诗经》分有风、雅、颂，有人认为是根据教化作用而作出的划分；《尚书》中载有典、谟、训、诰、誓、命等名称，也说明当时对这些官方文辞已能根据用途和体制的不同而分别命名了。当然，这还不是自觉的文体分类，它只能表明古人试图把不同的文章加以区分的努力而已。

从魏晋南北朝起，文体的分类越来越细密，文各标其体，体各归其类，条分缕析。这个时期以功用为出发点给文体分类，已经成为文体分类理论的基点。曹丕《典论·论文》用"宜"、"尚"、"欲"对文体的"四科"分别提出了不同的体貌要求，这表明曹丕是依照一定的前提来推究各类文体所宜具有的体貌，这个前提，就是各类文章的体裁功用。例如"奏议宜雅"便是这类文体的用途决定了它的体貌。奏议是朝臣向君主言事的公文，朝廷是非常讲究礼仪的场合，所以必须写得庄重典雅。其他的文体如"书论"是陈述事实，讲明道理的，所以应当强调"理"，就是说这类文章要写得层次清楚，所表达的内容要明白晓畅。"铭诔"是记事哀悼的文章，所以不应虚夸，而应讲求一个"实"字。"诗赋"是言志述物，所以要有文采，讲求一个"丽"字。由此可见，曹丕概括文体的体貌时都将它们与各自的实际功用紧密联系起来。曹丕以后的文体研究者也常常注意以体裁功用为着眼点来考察文体的特征、规格及体貌。如陆机《文赋》在每一文体下面都用一句话来说明，其中如"诗缘情而绮靡，赋体物而浏亮"二句，说明诗是抒发内心情感的，因而文辞应当美丽、音韵和美。赋是描述外界事物的，因而表达就要清晰鲜明。这就明确地揭示了体裁功用与体貌特征的关系。可见陆机同曹丕一样，都是以文体的功用价值为认识前提的。曹丕以后的文论家们还常常以文体功用来考察文体流变。如挚虞的《文章流别论》："王泽流而诗作。"实际上也是说诗的产生源于它的功用，也就是说"王者以知得失"是诗产生的根源。

刘勰《文心雕龙》"论文叙笔"部分，都要对每一种文体的名称含义加以解释，即所谓"释名以彰义"，大多也都从文章的功用着眼。如说"诗者，持也，持人情性"（《明诗》），"赋者，铺也。铺采摛文，体物写志也"（《诠赋》），"颂者，容也，美感德而述形容也"，"赞者，明也，助也"（《颂赞》），等等。在魏晋南北朝其他各家的文体研究中也往往表达出对文体功用的认识，并在考察文体分类时，将其作为一个理论前提。如李充的《翰林论》，说："容象图而赞立。宜使辞简而义正"；"研求名理而论难生焉。论贵于允理，不求支离"；"在朝辨政而议奏出，宜使远大为本"。再如萧统的《文选序》在论及各体文章时也说："诗者，盖志之所之也，情动于中而形于言。……颂者，所以游扬德业，褒赞成功。……次则：箴兴于补阙，戒出于弼匡，论则析理精微，铭则序事清润。美终则诔发，图像则赞兴。"萧统的文体论述虽未能摆脱前人之窠臼。但很明显他对文体的认识也是以功用去区分的。从魏晋南北朝各家可以看出，他们的文体分类研究都与其对文体功用的认识相联系。后世的文体分类继承了这种文体功用观念，并主要以此为文体分类。因此说，文体功用观念是中国古代文体分类研究的一个理论基点。

由于中国古代文体分类是以实用为目的的，因而文体分类主要是以文体的功能为依据。例如诔、哀、碑、墓志、吊文、祭文等，虽都是哀祭类的文体，一般的分类都是单独平列，并不把它们归为一个大类，因为这几种文体各自的用途和作用不同。再如《昭明文选》中按题材把赋分为十五类，诗分为二十三类，实际上这也是因为不同题材的赋和诗涉及的对象和使用的场合不同而作出的区分。中国古代文体分类正是基于这样一种目的才形成了不厌其细的体例。

（三）中国古代文体分类理论建立了一个有序的类型体系

文体类型的确立是一定时期或阶段人们共同认可的结果。其中批评家的作用是非常重要的，他们在众多的文本中辨别异同，既要区分出不同的类型，并赋予各类一个名称，也要清理这些文体之间的关系，从而建立一个有序的文体类型体系。曹丕在《典论·论文》中说："文非一体，鲜能备善。"他又说"夫文本同而末异"。所谓"本同"是说各种文章有共同的特点，也就是说各种文章是相互有联系的；所谓"末异"是不同的文体有不同的特征，也就是说各种文章是相互有区别的。我们注意到，在文体分类方面中国古代很重视文体之间的相互联系。文论家总是试图把各种文体纳入到一个整体的"文"中，以形成一个有序的体系。这个整体系统呈现出这样的特征：一方面各种文体多元并存、平级排列，共同处在一个体裁系统；另一方面各种文体彼此又相互区别，并在文体内部具有结构等级层次，文体分为诸多的大类，大类下有小类，体现了一定的类属意识。

中国古代的文论家，不论是理论上对文体的论述，还是文章选本的编排，一般都把各种主要文体平级排列在一个体系之中。这是因为中国古代文体种类名称繁多，各种文体在历史发展过程中各自逐渐形成了一些基本的写作原则和方法，刘勰把这一现象叫"即体成势"。他在《文心雕龙·定势》中说："夫情致异区，文变殊术，莫不因情立体，即体成势也。势者，乘利而为制也。如机发矢直，涧曲湍回，自然之趣也。圆者规体，其势也自转；方者矩形，其势也自安：文章体势，如斯而已。"每类文体的"势"，大致就是我们所说各种文体的写作方法。后来许多人不能很好的把握各体的特性，在写作中常常发生混淆，导致了文体混乱。如果文体混乱，作家写作时就难以把握某种文体的本质特点，必然影响表达效果。读者不明各体的基本范式，必然对各种文体就无所适从。批评家如果不能概括 种文体最基本的特征，必然无法确立批评的规则。因而，中国古代文体分类正是基于这种现实才形成了各种文体多元并存、平级排列、共同处在一个体裁系统的分类方法。也就是说，中国古代文体分类是为了便于人们学习借鉴和因循，知道各种文体适用于什么具体的场合，知道每种文体在内容和表现方式方法方面有什么特点，因此把各种文体，甚至它们的亚类文体单独排列，以凸显出它们各自的特性。

就是这种看似缺乏逻辑的分类在中国文学批评史上产生了重要的作用。

文体是一个复杂特殊的等级体系，文学分类也就是确立一个层次等级的关系。中国古代的文论家，一般都把各种主要文体平级排列在一个体系之中。然而，他们并不是不注意文体的层次等级的关系，他们面对复杂的文学现象，在考察文体和编排文章选本时依据实用的需要，常常运用种种标准，建立了一套自己的等级体系。只不过，他们所建立的等级体系与我们现代所用的体裁等级体系不同罢了。如北宋初由李昉等编的《文苑英华》，分文体三十八类，多数文体分许多小类，例如赋分三十九类，诗分为二十三类，而像判体则分出了七十三类。宋人姚铉的诗文总集《唐文粹》，书中分文体二十三大类，某些大类中又细分了许多子目。中国古人在文体分类中常常依据多种标准，最有代表性的是南宋严羽撰的《沧浪诗话》对诗体的分类，从时代、作者、流派、样式、性质等不同角度对诗歌作了具体的分类。严羽的《沧浪诗话》对文体的分类的视角是多样的，但仔细看它们都是被纳入到一个大的体系中去考察的。

## 二　文体分类的规范性与描述性

从文学发展的历史考察，文体总是处在变易的动态过程之中，从某一个具体时段看，文体却呈现出相当的稳定性，因此，文体分类理论在描述文体变易性特征的时候，同时要看到文体的稳定性，也就是说文体分类理论既是描述性的，也是规范性的。

文体是人类把握世界的方式，是一种带有相对规范意味的集体智慧的结晶，因而各种文体要受到一定规范的制约。从社会交际的角度看，文体也是一种习惯，是文学交际活动中参与者之间签订的一系列特殊公约。各种体裁在运作中逐渐变成社会认可的表达方式，这个社会包括表达和接受两个方面。体裁既规范表达者遵从某种文体一定的规则，又在某种程度上规范着接受者的解读方式。"正是因为体裁像一种制度那样存在着，所以它们所起的作用，对读者来说，犹如'期待域'，而对作者来说则如同'写作范例'。这实际上是体裁历史存在（或者，如果愿意的话，可以说是以体裁为对象的元话语论述）的两个方面。一方面，作者根据现存的体裁系统（这并不意味着与该系统保持一致）写作，这一点他们可以在文本中或文本之外，甚至在两者之间，即在书的封面上表现出来；另一方面，读者按照体裁系统阅读，他们对该系统的了解来自文学批评、学校、图书发行系统，或者只是听说而已；不过他们不一定非对该体裁系统了如指掌不可。"①

文体在形成和发展的过程中，一直是在规范与新变的交织与斗争中前行的。王国维在《人间词话》中说："盖文体通行既久，染指遂多，自成习套。豪杰之士，亦难于其中自出新意，故遁而作他体，以自解脱。一切文体所以始盛终衰者，皆由于此。"综观中国文学史，我们可以看到，当一种文体在经历了文人化和雅化的过程后，一些规矩被固定下来，成为一种惯例，逐渐变成缺乏弹性的僵硬的枷锁，这时自身也孕育着新变的要求。在文学实践中，当作家感觉到固有体制规范成为写作的束缚时，就寻求突破新变。如诗歌在唐代达到鼎盛后，其巨大成就令后人难以超越，其原有体式也令后人难以突破和创新。宋诗求变，"以文字为诗，以才学为诗，以议论为诗"。② 再如赋的发展过程中，先是骚体赋，后出现了汉大赋并达到鼎盛，之后，便趋向衰落。在东汉后期出现了抒情小赋，在南北朝时，受骈文影响出现骈赋，唐代以后受近体格律诗影响出现律赋，受古文影响而成为文赋，

① 托多罗夫：《巴赫金、对话理论及其他》，蒋子华、张萍译，百花文艺出版社2001年版，第28—29页。

② 严羽撰，郭绍虞校：《沧浪诗话校释》，人民文学出版社1961年版。

从而延续保持了长久的生命力。正如刘勰《文心雕龙·通变》所言："文辞气力，通变则久。"

文论家研究的文体分类理论与作家的创作之间总是存在着永恒的矛盾。作家一方面遵从着既有的文体规范，另一方面总是在永无休止地探索着新文体。文论家开始试图以既有的文体规范去约束，"但这种约束在文学创作一波又一波的冲击力面前变得无能为力时，便不得不扩大已有文类范型的容量以收纳更多的东西，然而到头来连扩充了的文类范型仍然显得狭窄、濒于解体时，那就必须创立新的范型以适应文类发展的需要了。但是，新的文类范型仍然摆脱不了被生生不息的文学创作所胀破和突破的命运，于是新一轮的约束和扩张、解体与重建的对抗又将重演下去"。[①]面对这样的矛盾，文论家总是表现出两种不同的态度：有的在成规中寻求根据，追慕古人，恪守经典，崇尚权威；有的则表现出通达的态度。

我们看看中国古代一些重要的文论家，他们在研究文体分类问题时所表现出的灵活通变精神的确值得我们借鉴。刘勰在《文心雕龙》中全面考查在他之前的各种文体，比较详尽地描述了各种文体的承传和变异，从中表达了他进步的文学观念，这就是既赞同文体正常变异，又反对背离文体体制；既重视文体的传统，又不拘泥于古。他认为任何一种文体，都有它的体制格式，必须以文体传统为依据，但不是墨守已有的规矩和法度，文体要不断地求新求变，在新变中继承传统。拘泥于古，知有古而不知有今，是错误的，背弃成法而师心自用，知有今而不知有古，也是错误的。刘勰在《文心雕龙·通变》篇中说："夫设文之体有常，变文之数无方，何以明其然耶？凡诗赋书记，名理相因，此有常

① 姚文放：《当代性与文学传统的重建》，人民文学出版社2004年版，第227页。

之体也；文辞气力，通变则久，此无方之数也。""文律运周，日新其业。变则可久，通则不乏。趋时必果，乘机无怯。望今制奇，参古定法。"各种文体要不断求新求变，只有变才能持久，但变是以继承为基础的，善于会通才不会贫乏。

再如南朝多数批评家对文学的新变化大都持肯定的态度，如萧子显、沈约、张融、萧纲、萧绎、萧子显、徐陵等人。如萧子显在《南齐书·文学传论》中说："习玩为理，事久则渎，在乎文章，弥患凡旧。若无新变，不能代雄。"他认为历史上著名作家得名的原因，就在于他们能够不断创新以求变化。萧统也赞同文学的"新变"。《文选序》云："若夫椎轮为大辂之始，大辂宁为椎轮之质；增冰为积水所成，积水曾微增冰之凛。何哉？盖踵其事而增华，变其本而加厉。物既有之，文亦宜然。随时改变，难可详悉。"这就是说事物总是发展变化的，文学当然也不例外。从文体学的角度看，也是对文体变异合理性的充分肯定。后世的文体，不管是旧有的后世已经发生了变异的文体，还是新产生的文体，它们都是符合"踵其事而增华，变其本而加厉"的发展规律，由质朴趋向藻饰，在当代能够流传都应该予以肯定。《昭明文选》编选数量很大的近世作品就可以说明这一点。

如今，文学的社会文化环境发生了很大变化，随着新技术的发展和市场经济大潮的涌动，出现了纷繁众多的非正统文学样式，占有了广阔的文化市场。这些众多的体裁如艳情小说、武侠小说、科幻小说等等，它们在雅文学的殿堂里没有地位，但在社会中影响力很大。网络文学在电子技术的发展中而随之流行，且势头不减，它有许多过去文体从来没有的特点：快速传播，直接对话，众多作者参与等。诗歌不仅以纯文本的形式出现，而且是通过与音乐的结合，大量出现在流行歌曲中，这些歌词细腻地表现了市民的生活，入微的感情在优美的旋律中让人感到审美的愉悦。在市场经济的洪流中，大众消费文化异军突起，有力地冲击着传统的精英文化。我们无视这种状况，只能使文学研究的范围越来越窄，我们与其拒斥它，还不如发扬中国古代文体分类理论所表现出的灵活通变精神，对这些新情况新变化进行细致深入的剖析，肯定其存在的合理性，批判其负面作用。

现在我们的学界一般都把文学与文章分为"两家"，认为文章"只是工具"。有学者就提出："文章是一种工具，是人们表达思想感情，从事工作和社会生活的重要表达工具，这是文章的特征和性质。……我们所说的文章，指反映真实事物的一类，包括记叙、说明、议论、抒情的文章，通常说的应用文体也包括在内。文章不包括可以虚构的文艺作品，不包括小说、戏剧、诗歌，这些文学创作。文章写作和文学创作，两种理论有联系，但是两者是各自独立的。"[①] 如此说来，除了我们认定的文学作品外，其他的作品都只能是文章了。那么我们如何区分文学与文章？如果说文章包括记叙、说明、议论、抒情的文章，那么文学作品有没有这些表达方式呢？就记叙这种方式来说，小说中有，叙事性的散文中有，叙事诗中有，甚至戏剧中也有啊。我们现代一般认为文学文体分诗歌、小说、戏剧、散文四类，就文体来说，诗歌、小说、戏剧这些文体是文学文体无异议，问题就在散文这一类别常常给我们的文学研究，尤其是中国古代文学研究带来许多困扰。

中国古代先秦时期所谓的"文"、"文章"、"文学"的意义是很宽泛的，几乎是囊括了当时的所有文体，包括一切文化典籍。魏晋以后，有"文"、"笔"之分，有韵为"文"，无韵为"笔"。这时的"文"包括诗赋，"笔"则指无韵的散体文字。至于"笔"包括哪些文体，自六朝开始就分歧甚大。刘勰《文心雕龙》中所

---

① 朱广贤《中国文章分类学研究》中引张寿康的《文章丛谈》，民族出版社2000年版，第157页。

论述的散文，包括史传、诸子、论说、诏策、书记等等，甚至包括了所有形诸于文字的所谓谱、籍、尔和律、令、法、制等。唐代韩柳倡导"古文运动"。所谓"古文"，即指两汉以前流行的散文。到了宋代，才开始出现"散文"的名称（最早见于罗大经《鹤林玉露》），并以此与"骈文"对举。自宋以后，凡韵文、骈文以外的文章，均可称散文。"五四"之后，我国文学研究受西方影响，将文学分为诗歌、小说、戏剧、散文四类，散文的概念就越来越窄。现代"散文"体裁的特性在学界流传已久，在各种版本文学教科书中常见的说法是：一为"题材宽广、笔法自由、形散神不散"；二是"诗的意境"；三是"优美的文字和特殊的笔调"。这些说法本身也是模糊的，散文的特性与诗歌、小说的区别并没有说清楚。难道诗歌、小说的题材不广泛？散文有诗歌的意境，那与诗歌何异？说散文有优美的文字，那诗歌不是体现得更为明显吗？显然，用这些说法是无法说清楚中国古代散文的。我国古代文学和非文学的界限，并没有严格区分，古代散文实际上是一种实用性文体，总和学术性、应用性结合在一起。譬如李斯的《谏逐客书》，按文体说是属于应用文，是给皇帝的奏书。但是这篇文章又是很好的文学作品。再如李密的《陈情表》，按文体说也是属于应用文，是给皇帝的表文，但也是很优美的文学作品。这样一来，事实上我们现在一般的分类方法是把这些古代应用文体的作品都纳入到古代散文类别之中，也就是说古代散文包括了"书"、"表"之类的文体。但反过来说，中国古代的这些文体有些作品就不能算作文学作品，只是一种公文而已。诸如此类的问题给文学研究和语文教学带来很大的混乱。很显然，如何从理论上来认定中国古代的作品是文学还是日常应用文章是很困难的，简单地以文体的名称来分是肯定不行的，以现代散文的概念来衡量古代散文也是不合实际的，必须根据具体文章的特点来作具体分析。

中外文学理论发展的历史告诉我们：人们对文学的认识一直处在不断发展变化之中，关于文学体裁的"特征"是一定时期的理论家依据一定时期的作品概括起来的，文学没有一种普遍有效的"本质"定义。我们在考察中国古代文体分类时免不了常常碰到"文学"和"非文学"的问题，尤其是所谓的"纯文学"问题。在20世纪80年代，由于思想解放大潮激荡中国文艺学界，自主性的诉求逐渐占据了主导地位。可是，有些人把文学的自主性当作超历史的普遍性，走向另一个极端，一味追求"纯文学"，追求审美的无功利性，追求文字语言的游戏，这种文学观念也影响了文学研究。具体地说，在研究中国古代文体分类时，抽离了具体的社会文化语境，随意评判哪些是文学文体，哪些又是非文学文体。实际上，古人有他们的文学观念，是一种泛文学观念。如果我们简单地以现代的文学与非文学的标准给古代的文章去分类的话，恐怕中国古代许多千古传诵的名篇也会被排斥在文学的殿堂之外。

　　研究古代的文化其中一个重要的作用就在于鉴古今而知得失。我们看看古代什么时候、什么情况下、什么人把什么样的东西当作"文"，它与当时的社会文化有什么关系？搞清楚这些东西，才能对我们当今更深入地认识复杂多样的审美与艺术现象，构建新的具有现实概括力的文学类型理论有借鉴意义。

　　当今文学的状况是，随着社会生活的急剧变化，以及整个文化领域的生产、传播媒介、消费方式的急剧变化，图像艺术的迅速普及，极大地冲击了文学这一艺术的形式，以至于在文学研究界出现文学消亡论、文学研究难以维持下去的说法，文艺学的合法性危机显得相当普遍。那么，我们是否应该反思文艺学研究的对象问题。文学事实、文学经验和文学问题是随着时代的变化而变化的，没有不变的文学。正是在这个意义上，我们说文学的边界不是固定的，是移动的。文学的边界只能是根据文学事实、文学经验和文学问题的移动而移动。

相对于层出不穷的新文类来说，已有的文类理论总是过去式，总是存在滞后性。当代文学更是丰富多彩，新时期文学呈现出新的状况，这是我们思考问题的出发点。在新的历史时期，我们创建具有现实阐释力和涵盖力的文体分类理论显得尤为迫切。我们创建文体分类学就不是对西方理论的简单移植，也不是对过去文体分类方法的僵硬墨守，而是批判地吸收西方的、中国现代的、中国古代的多种文类理论资源，探讨出文学的不变因素和可变因素，去创建中国新的文体分类理论。

总之，中国古代文学体裁丰富多彩、千姿百态，中国古人有他们的一套文类理论，虽然不同时期有差别，但由于传统思维影响，理论意识的继承性很强，我们了解了古人怎样给文体分类，怎样认识不同文体，从而也就能较准确地把握中国古代文学的表现形式，进而深入理解作品的蕴涵，有利于继承人类优秀文化遗产。中国古代的文学体裁是繁多复杂的，古人从不同角度、不同层次做了一些合理的分类，统观整合，探本溯源，明体辨法，有许多方面值得我们借鉴。研究中国古代文体分类可以了解古人的生存状态、审美意趣。研究中国文体分类能够拓展中国文论的知识体系，可为文体比较打下基础。体裁是文化独特性的试金石，不同文化的文学体裁差异是很明显的，有些虽是同名但差异很大；有些虽是异名但却有很多相同之处。我们只有先真正搞清楚自己民族的文体类型，以及分类体系，才能进行跨文化的文类比较，进行中西文化的交流。

# 参考文献

《辞海》缩印本，上海辞书出版社 1980 年版。

《十三经注疏》，浙江古籍出版社 1998 年版。

《诸子集成》，中华书局 1954 年版。

（汉）班固，（唐）颜师古注：《汉书》，中华书局 1983 年版。

北大哲学系美学教研室编：《中国美学史资料选编》，中华书局 1980 年版。

〔苏〕别林斯基：《别林斯基论文学》，上海译文出版社 1979 年版。

蔡镇楚：《中国古代文学批评史》，岳麓书社 1999 年版。

蔡钟翔：《中国文学理论史》，北京出版社 1987 年版。

曹道衡：《南朝文学与北朝文学研究》，江苏古籍出版社 1998 年版。

曹道衡：《中古文学史论文集》，中华书局 1986 年版。

曹顺庆：《比较文学论》，四川教育出版社 2001 年版。

曹顺庆：《比较文学史》，四川人民出版社 1991 年版。

曹顺庆：《中外比较文论史》，山东教育出版社 1998 年版。

曹顺庆：《中外文学与跨文化比较》，北京师范大学出版社 2000 年版。

曹顺庆：《中西比较诗学》，北京出版社 1988 年版。

曹旭：《诗品集注》，上海古籍出版社 1994 年版。

陈必祥：《古代散文文体概论》，河南人民出版社 1986 年版。

陈明远：《语言学和现代科学》，四川人民出版社 1984 年版。

陈平原：《中国小说叙事模式的转变》，上海人民出版社 1989 年版。

（晋）陈寿撰，（南朝·宋）裴松之注：《三国志》，中华书局标点本 1982 年版。

陈望道：《修辞学发凡》，上海教育出版社 1979 年版。

陈为良、余荩主编：《文学体裁写作基础》，浙江大学出版社 1988 年版。

陈忠：《中国古代常用文体规范读本（语录）》，吉林人民出版社 2004 年版。

陈钟凡：《中国文学批评史》，上海古籍出版社 1929 年版。

成复望：《文境与哲理》，中华书局 2002 年版。

褚斌杰：《中国古代文体概论》（增订本），北京大学出版社 1990 年版。

邓乔彬：《古代文艺的文化观照》，上海教育出版社 2003 年版。

丁福保辑：《历代诗话续编》，中华书局 1983 年版。

丁福林：《东晋南朝的谢氏文学集团》，黑龙江教育出版社 1998 年版。

董乃斌：《中国古典小说的文体独立》，中国社会科学出版社 1991 年版。

范文澜：《文心雕龙注》，人民文学出版社 1958 年版。

（南朝·宋）范晔撰，（唐）李贤等注：《后汉书》，中华书局标点本 1982 年版。

（清）方苞：《方望溪先生全集》，上海商务印书馆影印本。

方孝岳：《中国文学批评》，三联书店 1986 年版。

（唐）房玄龄等撰：《晋书》，中华书局 1974 年版。

冯友兰:《中国哲学简史》,北京大学出版社 1985 年版。

冯友兰:《中国哲学史新编》,人民出版社 1982 年版。

[荷]佛克马、易布思:《二十世纪文学理论》,林书武等译,三联书店 1988 年版。

[加]弗莱:《批评的剖析》,陈慧等译,百花文艺出版社 1998 年版。

傅道彬等:《文学是什么》,北京大学出版社 2002 年版。

傅刚:《昭明义选研究》,中国社会科学出版社 2000 年版。

傅修延:《文本学——文本主义文论系统研究》,北京大学出版社 2004 年版。

郭建勋:《汉魏六朝骚体文学研究》,湖南教育出版社 1997 年版。

郭绍虞编:《中国历代文论选》,人民文学出版社 1979 年版。

郭绍虞:《中国文学批评史》,上海古籍出版社 1999 年版。

郭绍虞主编:《中国古典文学理论批评专著选辑》,人民文学出版社 1962 年版。

郭英德、过常宝:《中国古代文学史》(上下),四川人民出版社 2003 年版。

(清)何文焕辑:《历代诗话》,中华书局 1981 年版。

[德]黑格尔:《美学》朱光潜译,商务印书馆 1979 年版。

胡经之:《西方文艺理论名著教程》(第二版),北京大学出版社 2003 年版。

胡经之主编:《中国古典文艺学丛编》(1、2、3),北京大学出版社 2001 年版。

(明)胡应麟:《诗薮》,上海古籍出版社 1979 年版。

(明)胡震:《唐音癸签》,文学出版社 1957 年版。

胡壮麟:《理论文体学》,外语教学与研究出版社 2000 年版。

胡壮麟、刘世生主编:《西方文体学辞典》,清华大学出版社

2004 年版。

黄侃：《〈文心雕龙〉札记》，中华书局 1983 年版。

黄霖等：《原人论》，复旦大学出版社 2000 年版。

黄维樑：《中国古典文论新探》，北京大学出版社 1997 年版。

黄药眠、童庆炳：《中西比较诗学体系》，人民文学出版社 1991 年版。

蒋寅：《古代诗学的现代阐释》，中华书局 2003 年版。

蒋原伦、潘凯雄：《历史描述与逻辑演绎——文学批评文体论》，云南人民出版社 1994 年版。

金振邦编著：《文章体裁辞典》，东北师范大学出版社 1986 年版。

［苏］卡冈：《艺术形态学》，三联书店 1986 年版。

［意］克罗齐：《美学原理美学纲要》，朱光潜等译，外国文学出版社 1983 年版。

（明）李东阳：《麓堂诗话》，中华书局 1985 年版。

（明）李东阳：《怀麓堂集》，文渊阁《四库全书》本。

（宋）李昉等辑：《太平御览》，中华书局 1960 年版。

李鹏程等编：《文化研究新词典》，吉林人民出版社 2003 年版。

李士彪：《魏晋南北朝文体学》，上海古籍出版社 2004 年版。

（唐）李延寿：《南史》，中华书局标点本。

李泽厚、刘纲纪主编：《中国美学史》（第二卷），中国社会科学出版社 1987 年版。

李泽厚：《美的历程》，中国社会科学出版社 1984 年版。

（梁）梁元帝：《金楼子》丛书集成初编本，第 594 册，中华书局 1985 年版。

林杉：《文心雕龙文体论今疏》，内蒙古教育出版社 2000 年版。

（清）刘大櫆：《论文偶记》，人民文学出版社1959年版。

刘明今：《方法论》，复旦大学出版社2000年版。

（金）刘祁：《归潜志》，中华书局1997年版。

刘乾先：《中国古代常用文体规范读本（八股文）》，吉林人民出版社2004年版。

刘若愚：《中国的文学理论》，四川人民出版社1987年版。

刘师培：《中国中古文学史讲义》，上海古籍出版社2000年版。

刘孝严、王湘：《中国古代常用文体规范读本（散文）》，吉林人民出版社2004年版。

（南朝·梁）刘勰著，周振甫注释：《文心雕龙注释》，人民文学出版社1981年版。

刘永济：《十四朝文学史要略》，黑龙江人民出版社1984年版。

鲁迅：《中国小说史略》，上海古籍出版社1998年版。

陆贵山：《中国当代文艺思潮》，中国人民大学出版社2002年版。

逯钦立辑校：《先秦汉魏晋南北朝诗》，中华书局1983年版。

罗根泽：《中国文学批评史》，上海古籍出版社1984年版。

罗宗强：《魏晋南北朝文学思想史》，中华书局2002年版。

骆鸿凯：《文选学》，中华书局1989年版。

［加］马克·昂热诺、［法］让·贝西埃、［荷］杜沃·佛克马、［加］伊娃·库什纳主编：《问题与观点——20世纪文艺理论综述》，史忠义、田庆生译，百花文艺出版社2000年版。

孟兆臣：《中国古代常用文体规范读本（赋）》，吉林人民出版社2004年版。

敏泽：《中国文学理论批评史》，人民文学出版社1982年版。

牟世金：《〈文心雕龙〉研究》，人民文学出版社1995年版。

穆克宏：《魏晋南北朝文学史料述略》，中华书局1997年版。

南帆：《理论的紧张》，三联书店2003年版。

南帆：《文学的维度》，上海三联书店1998年版。

（唐）欧阳询撰，汪绍楹校：《艺文类聚》，中华书局1965年版。

潘树广等：《古代文学研究导论》，安徽文艺出版社1998年版。

钱仓水：《文体分类学》，湖南教育出版社1992年版。

钱穆：《中国文学论丛》，三联书店2002年版。

钱锺书：《管锥编》，中华书局1979年版。

秦秀白：《文体学概论》，湖南教育出版社1986年版。

［日］青木正儿：《中国文学思想史》，孟庆枢译，春风文艺出版社1988年版。

［日］清水凯夫：《六朝文学论文集》，韩基国译，重庆出版社1989年版。

申丹：《叙述学与小说文体学研究》，北京大学出版社1997年版。

沈括：《梦溪笔谈》，中华书局1962年版。

（南朝·梁）沈约撰：《宋书》，中华书局标点本。

盛广智：《中国古代常用文体规范读本（诗）》，吉林人民出版社2004年版。

（南朝·梁）释僧祐撰：《弘明集》，《四部备要》本。

（宋）司马光撰，（元）胡三省音注：《资治通鉴》，中华书局1956年版。

（汉）司马迁撰，（南朝·宋）裴骃集解，（唐）司马贞索隐，张守节正义：《史记》，中华书局标点本。

孙立：《中国文学批评文献学》，广东人民出版社2000年版。

（清）孙梅：《四六丛话》，商务印书馆版。

〔法〕塔迪埃：《20世纪的文学批评》，史忠义译，百花文艺出版社1998年版。

谭华军：《知识分类》，东南大学出版社2003年版。

陶东风：《社会理论视野中的文学与文化》，暨南大学出版社2002年版。

陶东风：《文体演变及其文化意味》，云南人民出版社1994年版。

童庆炳：《文体与文体的创造》，云南人民出版社1994年版。

〔法〕托多洛夫：《巴赫金、对话理论及其他》，蒋子华等译，百花文艺出版社2001年版。

汪涌豪：《范畴论》，复旦大学出版社1999年版。

（汉）王充著：《论衡》《诸子集成》本，上海书店1986年版。

王景琳、徐匋：《词》，云南人民出版社1994年版。

王珂：《百年新诗诗体建设研究》，上海三联书店2004年版。

王利器：《文镜秘府论校注》，中国社会科学出版社1983年版。

王守元：《英语文体学要略》，外语教学与研究出版社2000年版。

王先霈、张方：《徘徊在诗与历史之间——论小说的文体特性》，长江文艺出版社1987年版。

王瑶：《中古文学史论》，北京大学出版社1986年版。

（宋）王应麟：《玉海》，江苏古籍出版社1988年版。

王运熙、顾易生：《中国文学批评通史》，上海古籍出版社1990—1996年版。

王运熙：《汉魏六朝唐代文学论丛》（增补本），复旦大学出版社2002年版。

王佐良、丁往道：《英语文体学引论》，外语教学与研究出版社 1987 年版。

〔美〕韦勒克、沃伦：《文学理论》，刘象愚等译，三联书店 1984 年版。

〔美〕维斯坦因：《比较文学与文学理论》，刘象愚译，辽宁人民出版社 1987 年版。

（清）魏禧：《魏叔子文集》，姚品文、胡守仁、王能宪校点，中华书局 2003 年版。

（唐）魏征等：《隋书》，中华书局标点本。

吴承学：《中国古代文体形态研究》，中山大学出版社 2000 年版，2002 年增订版。

（明）吴讷、徐师曾：《文章辨体序说 文体明辨序说》，人民文学出版社 1962 年版。

（南朝·梁）萧统编，（唐）李善、吕延济、刘良、张铣、吕向、李周翰注：《六臣注文选》影印《四部丛刊》本，中华书局 1987 年版。

（南朝·梁）萧统编，（唐）李善注，（清）胡克家刻本：《昭明文选》，中华书局 1977 年版。

（南朝·梁）萧子显：《南齐书》，中华书局标点本。

谢楚发：《散文》，云南人民出版社 1994 年版。

谢灼华：《中国文学目录学》，书目文献出版社 1986 年版。

徐复观：《中国文学精神》，上海书店出版社 2004 年版。

徐召勋：《文体分类浅谈》，安徽教育出版社 1986 年版。

（明）许学夷《诗源辨体》，人民文学出版社 1987 年版。

（清）严可均校辑：《全上古三代秦汉三国六朝文》，中华书局 1958 年版。

（宋）严羽撰，郭绍虞校：《沧浪诗话校释》，人民文学出版社 1961 年版。

（北齐）颜之推著，王利器集解：《颜氏家训集解》，上海古籍出版社 1980 年版。

杨秉祺：《古代散文体裁浅论》，内蒙古人民出版社 1980 年版。

杨明照：《文心雕龙校注拾遗》，上海古籍出版社 1982 年版。

幺书仪：《戏曲》，云南人民出版社 1994 年版。

（清）姚鼐：《古文辞类纂》，《四部备要》本。

（唐）姚思廉：《梁书》，中华书局标点本。

姚文放：《当代性与文学传统的重建》，人民文学出版社 2004 年版。

叶君远：《诗》，云南人民出版社 1994 年版。

叶维廉：《中国诗学》，三联书店 1992 年版。

（清）叶燮：《原诗》，人民文学出版社 1979 年版。

［英］伊格尔顿：《当代西方文学理论》，王逢振译，中国社会科学出版社 1988 年版。

尹恭弘：《骈文》，云南人民出版社 1994 年版。

（清）永瑢等撰：《四库全书总目》，中华书局 1965 年版。

于迎春：《汉代文人与文学观念》，东方出版社 1996 年版。

余嘉锡、周祖谟：《世说新语笺释》，上海古籍出版社 1993 年版。

余英时：《士与中国文化》，上海人民出版社 1987 年版。

［美］宇文所安：《中国文论：英译与评论》，上海社会科学院出版社 2003 年版。

郁沅、张明高编选：《魏晋南北朝文论选》，人民文学出版社 1996 年版。

袁济喜：《赋》，云南人民出版社 1994 年版。

詹福瑞：《中古文学理论范畴》，河北大学出版社 1997 年版。

詹锳：《文心雕龙义证》，上海古籍出版社 1989 年版。

张德禄：《功能文体学》，山东教育出版社 1998 年版。

张方：《中国诗学的基本概念》，东方出版社1999年版。

张汉良：《比较文学理论与实践》，台湾东大图书公司1986年版。

张可礼：《东晋文艺系年》，山东教育出版社1992年版。

张少康、刘三富：《中国文学理论批评发展史》，北京大学出版社1995年版。

张少康：《文赋集释》，上海古籍出版社1984年版。

张寿康主编：《文章学概论》，山东教育出版社1983年版。

张毅：《文学文体学概说》，中国人民大学出版社1993年版。

章国锋、王逢振主编：《二十世纪欧美文论名著博览》，中国社会科学出版社1998年版。

章太炎：《国学概论》，上海古籍出版社1997年版。

章太炎：《章太炎全集》，上海人民出版社1982年版。

（清）章学诚：《章学诚遗书》，文物出版社1985年版。

赵敦华：《现代西方哲学新编》，北京大学出版社2001年版。

赵宪章：《文体与形式》，人民文学出版社2004年版。

中国《文选》学研究会、郑州大学古籍研究所编：《〈文选〉学新论》，中州古籍出版社1997年版。

（南朝·梁）钟嵘著，陈廷杰注：《诗品注》，人民文学出版社1961年版。

钟涛：《六朝骈文形式及其文化意蕴》，东方出版社1997年版。

周勋初：《中国文学批评小史》，辽宁古籍出版社1981年版。

周振甫：《诗品译注》，中华书局1998年版。

周振甫：《文心雕龙注释》，人民文学出版社1981年版。

朱德发：《世界化视野中的现代中国文学》，山东教育出版社2003年版。

朱东润：《中国文学批评史大纲》，上海古籍出版社2001

年版。

朱光潜：《朱光潜美学文集》，上海文艺出版社 1982 年版。

朱广贤：《中国文章分类学研究》，民族出版社 2000 年版。

（宋）朱熹集注：《诗集传》，中华书局 1958 年版。

朱自清：《朱自清古典文学论文集》，上海古籍出版社 1981 年版。

# 后　记

　　这篇博士论文《中国古代文体分类理论研究》，在出版时以《中国古代文体分类研究》为名。少了"理论"两个字，我感到轻松多了。当初写作时有一个宏大的构想，设想全面清理中国古代文体分类的状况，从中发掘出一个逻辑清晰的理论体系来，但后来发现这个目标离我还很远，好比是一个人想上山去挖金子，结果挖出来的大都是矿石，而且越挖越多，丢掉可惜，只有慢慢背回家，等日后再冶炼。现在既然找到的"金子"不多，也就像我的论文，理论不多，那还不如改个名更妥帖些，以免名不副实。

　　三年读博时光的背影已渐行渐远，可是那段生活前前后后的片段总像一面铜镜，日拭日新。20世纪的90年代初，我硕士毕业，所学专业是中国古代文学。那时到处是一片"下海"声，很多人跳槽下海、办公司，我也被这个潮流所裹挟，奔向"大海"，不过我的一只脚始终没有离开岸边，到一家经济管理类的报社兼职，我的主要工作是编辑经济理论文章，撰写经济评论。由于工作的需要，我拼命地学习经济类书籍，很想能读上经济学博士，但是后来反复权衡，觉得一个专业的学习需要多年的积累，追逐时髦的专业不适合我，中文才是我的老本行。于是我决定投奔曹顺庆先生的门下，报考文艺学专业的博士生。

　　学习期间，曹顺庆先生给了我很大的鼓励和帮助，我没齿难忘。就说这篇论文吧，从选题到写作，始终都得到了曹老师的精心指导。选题几经周折，才得以敲定。但是面对如此大的题目，我倍感艰难，几次都有打退堂鼓的想法，想缩小范围，或只研究一部文体著作，可当聆听了顺庆师的教诲，得到了点拨，又有了勇气，在艰辛的学术之路上一次次地爬起来继续蹒跚前行。还有许多难忘的事，在中国古代文学批评研究课上，曹老师要求我们背诵文论名篇，如陆机的《文赋》、钟嵘的《诗品序》、刘勰《文心雕龙》等几十篇。开始觉得还真有点可怕啊，我们都是老大不小的人，不像那些小孩子记性好，但是迫于严格要求，我们只有知难而进了，师兄弟们各有高招，把那些长而古奥的文章做成小卡片，揣在衣兜里，利用一切可以利用的时间默记诵读。现在想起来，还是心存感念。以前读过的书，甚至读过好几遍，也容易遗忘，而这些背诵过的东西是大不一样，我在教学科研中总是记忆犹新，体会也深。所以深感古人背诵之法乃一大好法啊！我们的课堂讨论课也是很有意思的。印象最为深刻的是，曹老师在组织我们讨论一个比较文学的问题时，大家情绪高涨，几个师兄弟争论得面红耳赤，几乎要吵起来了，过后什么事也没有。我们就在这样的氛围中学习，回味起来，真有些留恋。

　　学业上的长进，我也感谢过去这些年所有在专业上给我教益、帮助和或正或反的鼓励、鞭策的人们。感谢在博士生学习阶段为我们上课的、举办学术讲座的各位老师，从他们那里直接地或间接地学到了许多宝贵的知识，受到了启发。也感谢参加我们开题的徐新建老师和阎嘉老师，给我提出了宝贵的建议。也感谢蒋晓丽老师在我论文写作遇到困难时的关心和鼓励，一句鼓励的话"你有很好的功底"给了我很大的信心。也感谢四川大学文学与新闻学院的其他老师，为我们的学习提供的帮助和支持。这一切都是难忘的，本人虽拙于言辞，但感激之心充溢胸间。同时，我也感谢在博士研究生学习期间的师兄弟姐妹，他们给予我颇多的帮助和启发。他们的勤奋刻苦时常鞭策着我，他们对学业的执著感动着我，在课堂上激烈的辩论，碰撞出我思想的火花。有缘和他们在一起学习，是我人生的一笔财富。在我的心中永远保留着一份对他们的深挚的情意。

论文完成后，北京师范大学童庆炳教授、山东大学曾繁仁教授、首都师范大学杨乃乔教授、武汉大学张思齐教授和四川大学吴兴明教授评阅了论文。2005 年 11 月，我在四川大学的"碉堡楼"会议室通过了论文答辩。答辩委员会由冯宪光教授、皮朝纲教授、李益荪教授、陈应鸾教授和徐新建教授组成。评阅专家和答辩委员会的专家们都对论文作了充分的肯定和较高的评价，用一位师妹的话说，得到了很多的溢美之词。同时专家们也对论文提出了许多中肯和具有建设性的意见。此书就是根据诸位教授的意见，对论文作了修改。在此谨向以上各位先生表示衷心感谢。但遗憾的是，由于时间和精力的原因，许多问题还没有很好地深入展开，总觉得有太多的欠缺。对这个问题研究，我想在以后的学术生涯中还要坚持下去，祈望将来有满意的成果问世，不过这个满意恐怕很难找到。正如一位著名的作家面对"你最满意的作品是什么"的提问时的回答：希望是下一部。但愿我也有个最满意的下一部。

本书能够顺利出版，得到了我现在工作单位西南民族大学科研处的大力资助，也得力于中国社会科学出版社的责任编辑罗莉老师高效热忱的工作。谨此说明，并致以诚挚的谢意。

最后我还要感谢妻子鲁晓玲、女儿马亦嘉和其他的家人对我的鼓励和支持。也感谢许多亲朋好友对我的关心和期待。

2008 年 9 月于欧香花园

# Contents